utb 3431

Eine Arbeitsgemeinschaft der Verlage

Brill | Schöningh – Fink · Paderborn
Brill | Vandenhoeck & Ruprecht · Göttingen – Böhlau Verlag · Wien · Köln
Verlag Barbara Budrich · Opladen · Toronto
facultas · Wien
Haupt Verlag · Bern
Verlag Julius Klinkhardt · Bad Heilbrunn
Mohr Siebeck · Tübingen
Narr Francke Attempto Verlag – expert verlag · Tübingen
Psychiatrie Verlag · Köln
Ernst Reinhardt Verlag · München
transcript Verlag · Bielefeld
Verlag Eugen Ulmer · Stuttgart
UVK Verlag · München
Waxmann · Münster · New York
wbv Publikation · Bielefeld
Wochenschau Verlag · Frankfurt am Main

Markus Pospeschill

Testtheorie, Testkonstruktion, Testevaluation

2., aktualisierte Auflage
Mit 71 Abbildungen und 77 Fragen zur Wiederholung

Ernst Reinhardt Verlag München

Prof. Dr. *Markus Pospeschill* lehrt und forscht als Akademischer Direktor im Fach Psychologie an der Universität des Saarlandes in den Bereichen Methodenlehre, Empirische Forschungsmethoden, Computergestützte Datenanalyse, Testtheorie und Testkonstruktion sowie Psychodiagnostik.

Vom Autor außerdem im Ernst Reinhardt Verlag erhältlich: Pospeschill: „Empirische Methoden in der Psychologie" (UTB 2013, ISBN 978-3-8252-4010-3) und Pospeschill / Spinath: „Psychologische Diagnostik" (UTB basic 2009, ISBN 978-3-8252-3183-5).

Bibliografische Information der Deutschen Nationalbibliothek

Die Deutsche Nationalbibliothek verzeichnet diese Publikation in der Deutschen Nationalbibliografie; detaillierte bibliografische Daten sind im Internet über <http://dnb.d-nb.de> abrufbar.

UTB-Band Nr. 3431
ISBN 978-3-8252-5833-7 (Print)
ISBN 978-3-8385-5833-2 (PDF-E-Book)
ISBN 978-3-8463-5833-7 (EPUB)

2. aktualisierte Auflage
© 2022 by Ernst Reinhardt, GmbH & Co KG, Verlag, München

Dieses Werk, einschließlich aller seiner Teile, ist urheberrechtlich geschützt. Jede Verwertung außerhalb der engen Grenzen des Urheberrechtsgesetzes ist ohne schriftliche Zustimmung der Ernst Reinhardt GmbH & Co KG, München, unzulässig und strafbar. Das gilt insbesondere für Vervielfältigungen, Übersetzungen in andere Sprachen, Mikroverfilmungen und für die Einspeicherung und Verarbeitung in elektronischen Systemen. Der Verlag Ernst Reinhardt GmbH & Co KG behält sich eine Nutzung seiner Inhalte für Text- und Data-Mining i.S.v. § 44b UrhG ausdrücklich vor.

Printed in EU
Einbandgestaltung: Atelier Reichert, Stuttgart
Covermotiv © appler – Fotolia.com
Satz: ew print & medien service gmbh, Würzburg

Ernst Reinhardt Verlag, Kemnatenstr. 46, D-80639 München
Net: www.reinhardt-verlag.de E-Mail: info@reinhardt-verlag.de

Inhalt

Hinweise zur Benutzung dieses Lehrbuches 9
Vorwort zur zweiten Auflage 10
Road (Concept) Map 12

I Testtheoretische Grundlagen

1	**Kriterien wissenschaftlicher Testgüte**	16
1.1	Objektivität	18
1.2	Reliabilität	21
1.3	Validität	24
1.4	Normierung/Testeichung	28
1.5	Skalierung	30
1.6	Ökonomie/Wirtschaftlichkeit	30
1.7	Nützlichkeit/Utilität	30
1.8	Zumutbarkeit	31
1.9	Unverfälschbarkeit	31
1.10	Testfairness	31
1.11	Vergleichbarkeit	32
1.12	Transparenz	32
2	**Testentwicklung**	35
2.1	Testplanung	35
2.1.1	Festlegung der Erhebungsmerkmale	36
2.1.2	Festlegung der Testart	37
2.1.3	Festlegung des Geltungsbereichs	38
2.2	Strategien zur Testentwicklung	40
2.2.1	Rationale Konstruktionsstrategie	40
2.2.2	Externale Konstruktionsstrategie	41
2.2.3	Induktive Konstruktionsstrategie	42
2.2.4	Prototypenansatz	43

2.2.5	Intuitive Konstruktionsstrategie	43
2.3	Itemkonstruktion	44
2.3.1	Items mit offenem Antwortformat	45
2.3.2	Items mit gebundenem Antwortformat	47
2.4	Fehlerquellen bei der Beantwortung von Items	58
2.4.1	Soziale Erwünschtheit	59
2.4.2	Antworttendenzen	62
2.5	Prinzipien der Itemformulierung	63
2.5.1	Itemarten	64
2.5.2	Itemverständlichkeit	65
2.5.3	Itemvariabilität	66
2.6	Erstellung einer Test-Betaversion	67
2.6.1	Testanweisung	67
2.6.2	Anordnung des Itempools	68
2.6.3	Erprobung der Test-Betaversion	69
3	**Testevaluation**	**72**
3.1	Datenstruktur der Messungen	72
3.2	Itemschwierigkeit	73
3.2.1	Itemschwierigkeit bei Leistungstests	74
3.2.2	Itemschwierigkeit bei Persönlichkeitstests	76
3.3	Itemvarianz	77
3.4	Itemtrennschärfe	80
3.4.1	Berechnungen der Trennschärfe	80
3.4.2	Interpretation der Trennschärfe	82
3.4.3	Part-Whole-Korrektur	83
3.4.4	Selektionskennwert	83
3.5	Kriterien der Itemselektion	85
3.6	Testwertermittlung	86
3.6.1	Testwertermittlung bei Leistungstests	86
3.6.2	Testwertermittlung bei Persönlichkeitstests	87
3.6.3	Statistische Maße	88
3.6.4	Normalisierung schiefer Testwertverteilungen	93
4	**Klassische Testtheorie**	**97**
4.1	Axiome der Klassischen Testtheorie	97
4.1.1	Existenzaxiom	97

4.1.2	Verknüpfungsaxiom	98
4.1.3	Unabhängigkeitsaxiom	98
4.1.4	Zusatzannahmen	98
4.1.5	Erläuterungen zum Konzept des Messfehlers	99
4.2	Bestimmung des wahren Testwertes	101
4.3	Bestimmung der wahren Varianz und Fehlervarianz	102
4.4	Bestimmung der Reliabilität	103
4.5	Reliabilität und Testlänge	104
4.6	Standardmessfehler	105
4.7	Konfidenzintervall des wahren Testwertes	107
4.8	Minderungskorrekturen	107
4.9	Kritik an der Klassischen Testtheorie	109
4.10	Modellbasierte Methoden zur Schätzung der Reliabilität	113
5	**Probabilistische Testtheorie**	**114**
5.1	Manifeste und latente Variablen	114
5.2	Lokale stochastische Unabhängigkeit	116
5.3	Latent-Trait-Modelle (LTM)	119
5.3.1	Einparameter-Logistisches Modell (1PL)	122
5.3.2	Zweiparameter-Logistisches Modell (2PL)	132
5.3.3	Dreiparameter-Logistisches Modell (3PL)	133
5.4	Latent-Class-Modelle (LCA)	135
5.4.1	Allgemeine Modellgleichung der LCA	136
5.4.2	Parameterschätzung und Modelltests in der LCA	140
5.5	Modellerweiterungen	148
5.5.1	Mixed-Rasch-Modelle	148
5.5.2	Ordinales Rasch-Modell	150
5.6	Adaptives Testen	153
5.6.1	Strategien der Itemauswahl	154
5.6.2	Vor- und Nachteile adaptiven Testens	156
II	**Methodische Überprüfung**	
6	**Testgütebestimmung und Interpretation von Testresultaten**	**160**
6.1	Reliabilität	160

6.1.1	Test-Retest-Reliabilität	161
6.1.2	Paralleltest-Reliabilität	163
6.1.3	Splithalf-Reliabilität	165
6.1.4	Interne Konsistenz	167
6.1.5	Zusammenfassende Würdigung	170
6.2	Validität	177
6.2.1	Inhaltsvalidität	178
6.2.2	Kriteriumsvalidität	181
6.2.3	Konstruktvalidität	183
6.2.4	Zusammenfassende Würdigung	186
6.3	Norm- vs. Kriteriumsorientierung	187
6.3.1	Normorientierte Testwertinterpretation	188
6.3.2	Kriteriumsorientierte Testwertinterpretation	193
7	**Faktorenanalyse**	**199**
7.1	Exploratorische Faktorenanalyse	199
7.1.1	Extraktionsmethode	200
7.1.2	Fundamentaltheorem	201
7.1.3	Abbruchkriterien	204
7.1.4	Rotationsmethoden	206
7.1.5	Voraussetzungen zur Durchführung	208
7.2	Konfirmatorische Faktorenanalyse	212
7.2.1	Modellspezifikation	213
7.2.2	Modellidentifikation	216
7.2.3	Modellevaluation	220
7.2.4	Voraussetzungen zur Durchführung	227
7.2.5	Konfirmatorische MTMM-Analyse	231

Anhang

Notationstabelle lateinischer Buchstaben 238
Notationstabelle griechischer Buchstaben: 242
Literatur 243
Sachregister 249

Hinweise zur Benutzung dieses Lehrbuches

Zur schnelleren Orientierung werden in den Randspalten Piktogramme benutzt, die folgende Bedeutung haben:

 Begriffserklärung, Definition

 Pro und Contra, Kritik

 Beispiel

 Fragen zur Wiederholung am Ende des Kapitels

Vorwort zur zweiten Auflage

Die Kenntnis theoretischer Grundlagen der Testkonstruktion und die methodische Überprüfung der Güte wissenschaftlicher Tests stellen eine fundamentale Grundlage psychodiagnostischen Wissens dar. Das vorliegende Lehrbuch versucht in kompakter Weise, aber dennoch fundiert und vertiefend in diese Grundlagen mit der gebotenen didaktischen Sorgfalt einzuführen.

Dazu werden im ersten Abschnitt zu den testtheoretischen Grundlagen zunächst die verschiedenen Kriterien wissenschaftlicher Tests vorgestellt. Daran schließen sich Einführungen in die einzelnen Phasen der Testentwicklung, in die Arbeitsschritte der Testevaluation und schließlich in die grundlegenden klassischen und modernen Testtheorien an.

Der zweite große Abschnitt widmet sich der methodischen Überprüfung von Tests und erläutert, wie die dazu notwendigen Haupttestgütekriterien Reliabilität und Validität sowie das Nebengütekriterium der Testnormierung festgestellt bzw. umgesetzt werden können. Den Abschluss bildet eine eingehende Einführung in ein multivariates Verfahren, das im Rahmen psychodiagnostischer Tests und Fragebögen sehr häufig zum Einsatz kommt und als Faktorenanalyse bezeichnet wird.

An zahlreichen Stellen vertieft das Buch besondere Themen, wie z. B.: die Probabilistische Testtheorie, die Latent-Class-Analyse, das Konzept des adaptiven Testens, die Konfirmatorische Faktorenanalyse und die Konfirmatorische MTMM-Analyse bis hin zu kurzen Exkursen in die Berechnung von Reliabilitätskoeffizienten und die Durchführung Exploratorischer sowie Konfirmatorischer Faktorenanalysen mit IBM® SPSS® Statistics und AMOS™.

Das Buch ist in besonderer Weise an die Lern- und Verstehensbedürfnisse von Studierenden der Psychologie und angrenzender Studienfächer (wie Pädagogik, Sportwissenschaft und Medizin) in Bachelor- und Masterstudiengängen orientiert, um eine gut lesbare und vertiefende Einführung in die Themenfelder der Testtheorie, Testkonstruktion und Testevaluation zu erhalten. Es ist außerdem auch für praktizierende Psychologen, Pädagogen und Lehrer interessant, die sich über die Definition und Verwendung von Gütekriterien oder die Interpretation von Normen und Kennwerten, wie sie in den Manualen psychologischer Tests auftauchen, informieren möchten.

Neben Definitionen, Beispielen, Zusammenfassungen und Wiederholungsfragen verwendet – wie bereits in Pospeschill & Spinath, 2009 – auch dieses Buch sog. Concept Maps („Wissenslandkarten"). Gerade für das Verständnis und die Strukturierung der theoretischen Kapitel fördern diese „logischen Bilder" das Verstehen von strukturellen Beziehungen in dieser komplexen Thematik. Aber auch hier gilt: Concept Maps stellen eine Technik der Elaboration dar, die eine Strukturanalyse des Lerngegenstandes voraussetzt und im Ergebnis ein Kondensat impliziten und expliziten Wissens darstellt, das der Lerner erst im Zuge eines Verstehensprozesses entschlüsseln kann. Idealerweise sollten die diesem Buch beigefügten Concept Maps daher beim Lesen als Orientierungshilfe und beim Lernen als Strukturierungshilfe dienen.

In dieser 2. Auflage sind sämtliche Kapitel einschließlich der Angaben zur Literatur überarbeitet und mit zahlreichen Ergänzungen aktualisiert worden, ohne dabei die kompakte Darstellung und Grundstruktur des Buches zu verändern.

Der Autor dankt an dieser Stelle besonders Frau Landersdorfer vom Ernst Reinhardt Verlag für die sofortige Begeisterung für dieses Buch und die (wie immer) angenehme Zusammenarbeit.

Saarbrücken, Juli 2010/Oktober 2021   Markus Pospeschill

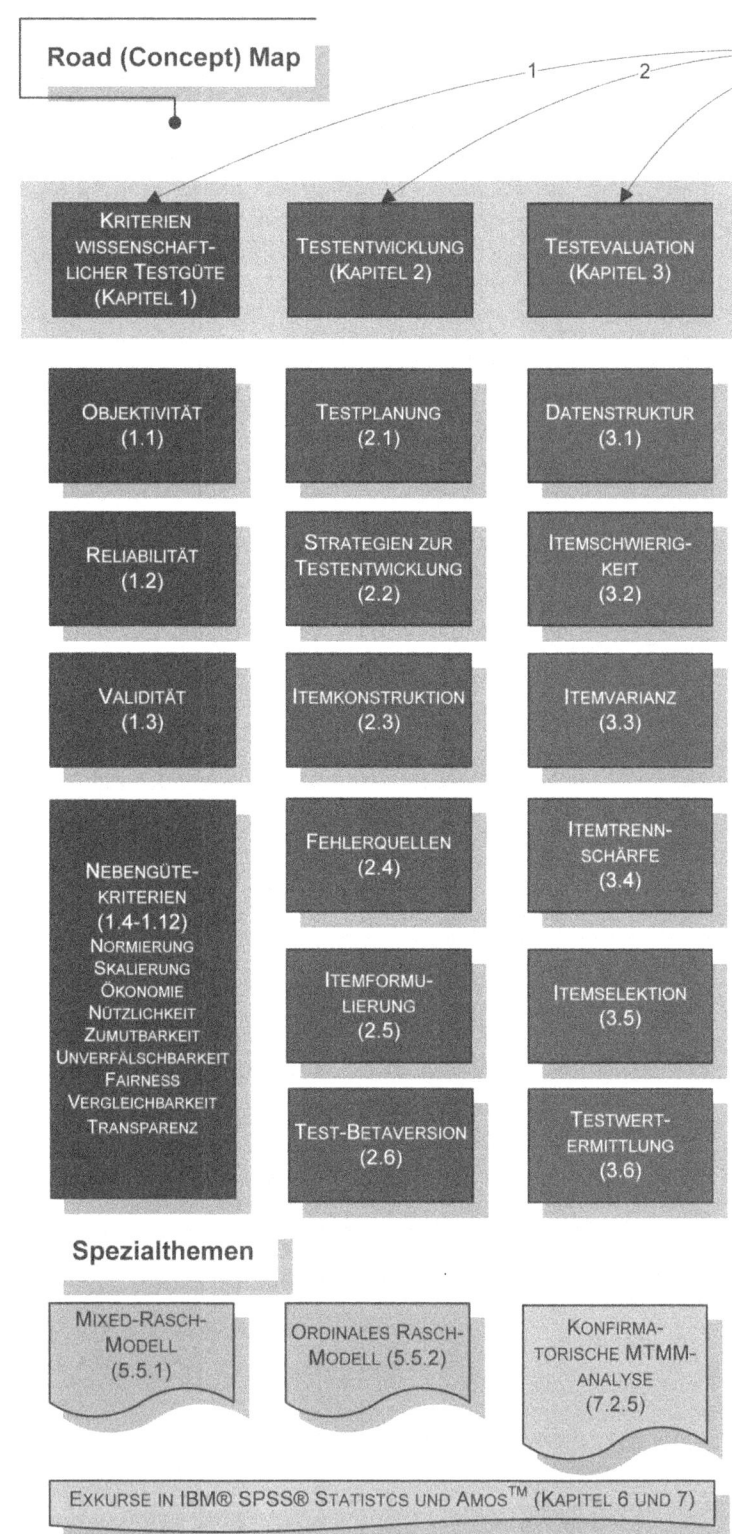

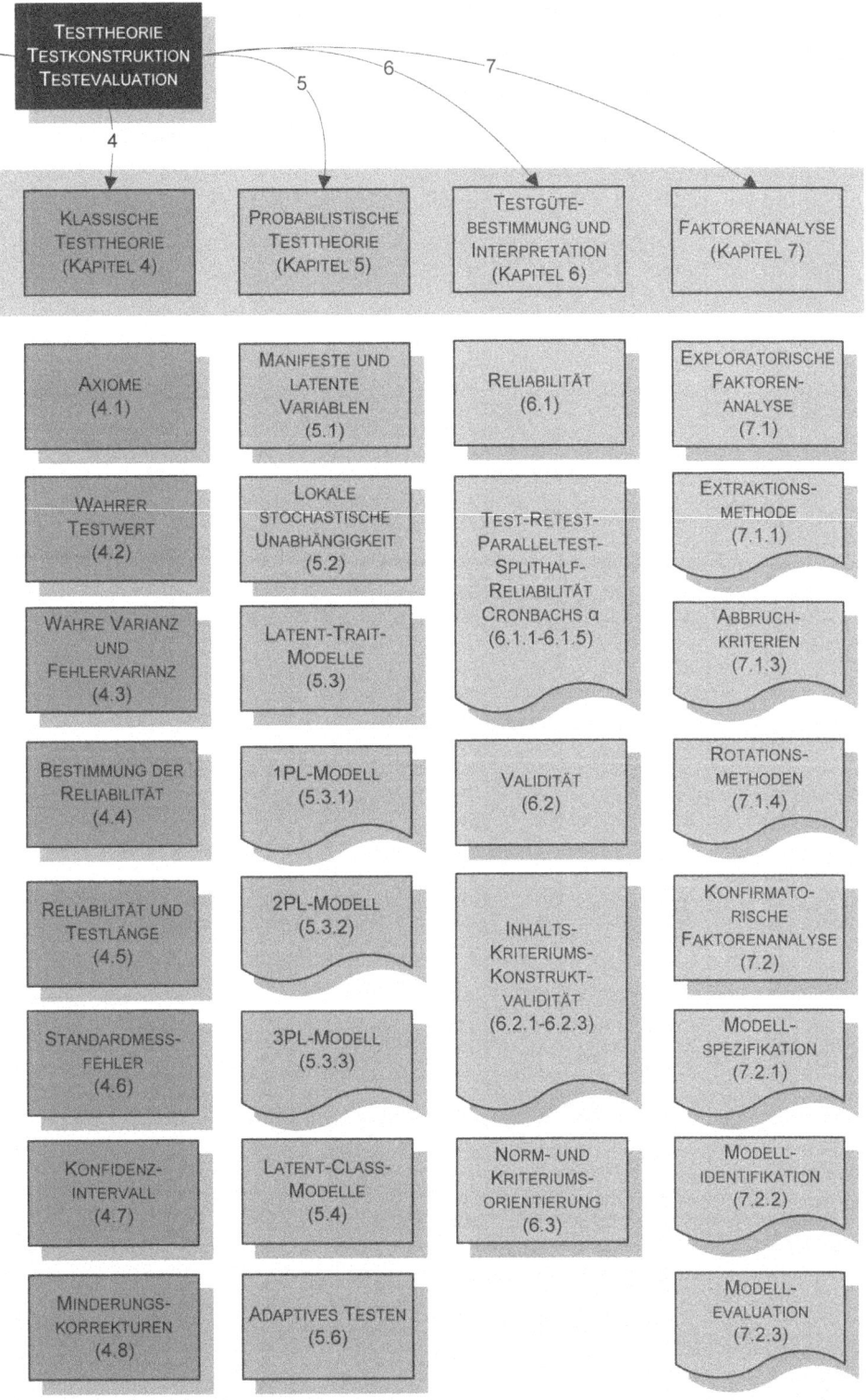

I Testtheoretische Grundlagen

1 Kriterien wissenschaftlicher Testgüte

> Im Rahmen der Thematik zur Testtheorie, Testkonstruktion und Testevaluation spielen solche Kriterien eine entscheidende Rolle, die einem Test das Prädikat „wissenschaftliches Testverfahren" zugestehen.
> Im Folgenden werden zunächst wichtige Grundbegriffe erklärt.

Psychologischer Test
Ein psychologischer Test wird zunächst wie folgt definiert:

Ein **psychologischer Test** ist ein wissenschaftliches Routineinstrument zur Erhebung oder Messung distinkter psychologischer Merkmale auf der Basis von einzelnen Messwerten, Skalenwerten oder kategorialen Werten mit dem Ziel, die klassifikatorische (qualitative) Zugehörigkeit oder den (quantitativen) Ausprägungsgrad individueller Merkmale zu bestimmen.

wissenschaftlicher Test Dabei unterscheidet sich ein wissenschaftlich fundierter, psychologischer Test von einem unwissenschaftlichen „Test" vor allem darin, dass ein wissenschaftlicher Test hinsichtlich der Erfüllung sog. *Testgütekriterien* empirisch überprüft wurde. Diese können sich auf verschiedene Elemente bzw. Aspekte des Tests beziehen:

- *Testobjekte* sind meistens Einzelpersonen, können aber auch Personengruppen oder Organisationen sein, ggf. auch Kombinationen aus Personen und Situationen (beim situationsspezifischen Testen) oder Zeitbereiche (bei einer Veränderungsmessung).
- Als *Testitems* werden die einzelnen zu bearbeitenden Aufgaben eines Tests bezeichnet.
- Eine *Testskala* bezeichnet einen Satz von Items (also mehrere Items, die Bestandteil eines Tests sind), die spezifischen, mit der jeweiligen Testskala verbundenen Skalierungseigenschaften genügen. Ihre Zusammenfassung zu einer Testskala erfolgt anhand theoretischer (das gemeinsame Konstrukt betreffend) und statistischer (z. B. korrelativer Beziehungen zwischen den Items) Eigenschaften.
- Eine *Testbatterie* stellt eine Kombination aus Einzeltests dar, mit dem Ziel, die Genauigkeit und Güte der Messung zu erhöhen.

Testtheorie
Die Basis zur Konstruktion eines Tests wird dabei aus einer sog. Testtheorie abgeleitet.

Eine **Testtheorie** ist eine Theorie über verschiedene Arten von Tests, ihren Aufbau und ihre Konstruktionsprinzipien. Sie beschäftigt sich mit dem Zusammenhang von Testverhalten (ausgedrückt in empirischen Testwerten) und dem zu erfassenden Merkmal. Aus den Vorgaben der Testtheorien können Gütekriterien abgeleitet werden.

Testgütekriterien
Testgütekriterien dienen daher in erster Linie als Instrumente der *Qualitätsbeurteilung* und *Wissenschaftlichkeit* psychologischer Tests, indem sie als Bestandteil in Testmanualen (Handanweisungen, die Auskunft über den Einsatzzweck und zur Verwendung eines Tests geben) darüber informieren, welche Gütekriterien in welcher Weise erfüllt sind. Als besonders etabliert gelten dabei die folgenden drei Hauptgütekriterien (s. Kubinger, 2003a), die durch weitere Nebengütekriterien ergänzt werden (s. Lienert & Raatz, 1998):

- *Hauptgütekriterien:*

    1. Objektivität
    2. Reliabilität
    3. Validität

- *Nebengütekriterien:*

    1. Normierung (Eichung)
    2. Skalierung
    3. Ökonomie (Wirtschaftlichkeit)
    4. Nützlichkeit (Utilität)
    5. Zumutbarkeit
    6. Unverfälschbarkeit
    7. Fairness
    8. Vergleichbarkeit
    9. Transparenz

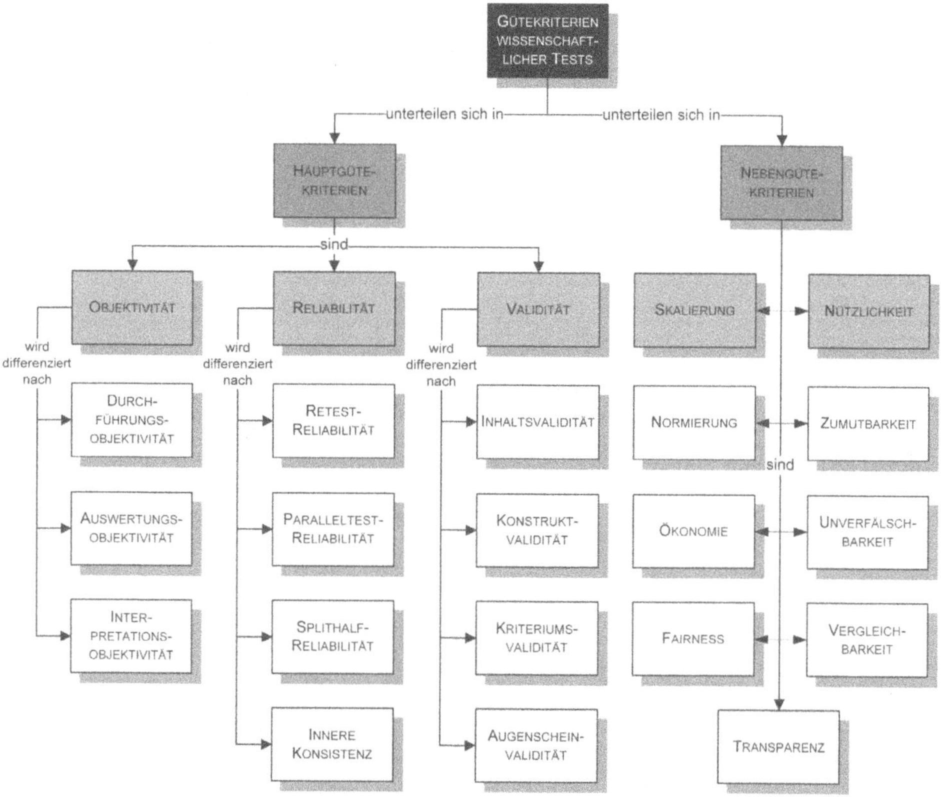

18 Kriterien wissenschaftlicher Testgüte

Abb. 1.1: Gütekriterien wissenschaftlicher Tests im Überblick

1.1 Objektivität

Die Objektivität eines Tests soll sicherstellen, dass die Ergebnisse eines Tests zwischen Personen vergleichbar sind.

Objektivität besteht für einen Test dann, wenn das Testergebnis unabhängig vom Untersuchungsleiter, vom Testauswerter und der Ergebnisinterpretation ist.

Hinsichtlich der verschiedenen Phasen beim Testverlauf werden diese drei Aspekte genauer bestimmt:

Durchführungsobjektivität

Die Durchführungsobjektivität soll sicherstellen, dass das Testergebnis eines Probanden nicht vom Testleiter abhängig ist. Die Testsituation wird dazu so standardisiert, dass möglichst nur die Testperson die einzige Quelle für Variationen in der Testsituation darstellt.

Standardisierung bedeutet in diesem Zusammenhang, dass durch eine genaue Anweisung dem Testanwender mitgeteilt wird, unter welchen Vorgaben und Bedingungen der Test eingesetzt werden muss, um objektive Resultate zu erhalten. Diese Vorgaben können das Testmaterial, die Testinstruktion (einschließlich dadurch ausgelöster Nachfragen durch die Testperson), das Testleiterverhalten (welche Interaktionen mit der Testperson zulässig sind), die Testumgebung (räumliche Gegebenheiten, zusätzliche Materialien), die zeitliche Erstreckung des Tests (ggf. eine maximale Bearbeitungszeit) usw. umfassen.

Standardisierung

Idealerweise werden dabei Bedingungen geschaffen, in denen alle potenziellen Störvariablen kontrolliert (z. B. durch Testung zur gleichen Tageszeit und mit gleichen Umgebungsvariablen), konstant gehalten (z. B. durch Verwendung einer einheitlichen Testinstruktion und gleichbleibender Testvorgabe) oder eliminiert werden (z. B. durch eine computerbasierte Testdurchführung, die einen Testleiter überflüssig macht). Geschieht diese Kontrolle nicht, ist nicht auszuschließen, dass Störvariablen in der Testsituation in unkontrollierter Weise Einfluss auf die Testleistung nehmen und damit das Testergebnis ungültig und stark fehlerbehaftet werden lassen.

Störvariablen

Durchführungsobjektivität kann z. B. durch eine genaue Beschreibung der Testsituation im Testmanual hergestellt werden:

„Die Bearbeitung des Fragebogens kann sowohl einzeln als auch gruppenweise erfolgen. Bei einer Vorgabe an Gruppen ist darauf zu achten, dass jeder Proband den Fragebogen unabhängig von anderen Teilnehmern ausfüllt. Folglich sollte sowohl jegliche Kommunikation zwischen den Probanden und Situationen, in denen potenziell ein Abschreiben möglich ist, verhindert werden. ... Bei der Durchführung in Gruppen wird organisatorisch mindestens ein Testleiter je 50 Teilnehmer/-innen benötigt. Das räumliche Umfeld sollte eine ungestörte Bearbeitung gewährleisten."

Auswertungsobjektivität

Bei der Auswertungsobjektivität ist entscheidend, dass das Antwortverhalten der Testperson genau quantifiziert wird und nicht etwa von der Person abhängig ist, welche die Testauswertung vornimmt. Insbesondere bei Aufgaben, deren Auswertung nicht anhand fester Auswer-

Übereinstimmungs-maße

tungsschablonen oder Auswertungsschlüssel festgelegt ist, müssen dazu ggf. genaue Auswertungsregeln aufgestellt werden.

Dabei kann die Objektivität auch dadurch verbessert werden, dass die Auswertung von mehreren Personen vorgenommen wird. Über *Konkordanzmaße* (z. B. der Konkordanzkoeffizient Kendalls W oder das Interrater-Reliabilitätsmaß Scotts *Pi*) oder *korrelative Maße* (z. B. die Intraclasskorrelation) kann dann empirisch das Ausmaß der Übereinstimmung ermittelt werden.

Auswertungsobjektivität kann z. B. durch genaue Auswertungsregeln hergestellt werden: Für die Beurteilung von Kandidaten in einem Assessment Center sind die erwarteten Leistungen, die ein guter Kandidat in einer Rollensimulation zeigen soll, klar zu formulieren.

Interpretationsobjektivität

Schlussfolgerungen aus Testresultaten

Die Interpretationsobjektivität muss sicherstellen, dass Schlussfolgerungen aus den Testergebnissen unabhängig vom Testanwender sind. Demnach sollten bei gegebener Interpretationsobjektivität verschiedene Testanwender bei den gleichen Testresultaten zu gleichen Interpretationen kommen. In den Testmanualen liegen dazu Skalenbeschreibungen (z. B. über arithmetische Mittel und Standardabweichungen) vor, die als Normtabellen zum Vergleich einzelner Testpersonen mit adäquaten Bezugsgruppen genutzt werden können (s. Kap. 6.3).

Interpretationsobjektivität kann z. B. durch normierte Werte erreicht werden: So deutet die Schulnote „1" in allen deutschen Bundesländern auf eine sehr gute Leistung, eine „5" auf eine nicht ausreichende/mangelhafte Leistung hin. Allerdings sagt die Interpretationsobjektivität dabei nichts über die inhaltliche Güte aus. Sind Noten z. B. zwischen den Bundesländern nicht ausreichend standardisiert (ein Problem der Durchführungsobjektivität), dann ist eine „2" in Bayern nicht unbedingt mit einer „2" im Saarland zu vergleichen.

Zusammengefasst: Das Hauptgütekriterium Objektivität kann als erfüllt gelten, wenn ein psychologischer Test hinsichtlich seiner Handhabung, Auswertung und Interpretation so festgelegt ist, dass sein Einsatz unabhängig von umgebenden Faktoren (wie Ort, Zeit, Testleiter und Auswerter) vorgenommen werden kann und unterschiedliche Testauswerter bei den gleichen Personen immer zu gleichen Ergebnissen kommen.

1.2 Reliabilität

Mit der Reliabilität wird die Qualität eines Tests bezeichnet, die auf seiner Zuverlässigkeit beim Erheben von Merkmalen beruht.

Reliabilität ist ein Maß für die Präzision, Zuverlässigkeit und Genauigkeit, mit der ein Test ein Merkmal misst. Präzise ist eine Messung dann, wenn sie möglichst frei von Messfehlern erfolgt.

Die Erfassung der Reliabilität im *Reliabilitätskoeffizienten* r_{tt} drückt in den Extremen ein Testergebnis vollkommen ohne Messfehler aus (r_{tt} = 1,0), oder ein Testergebnis, das nur durch Messfehler zustande gekommen ist (r_{tt} = 0). Damit schwankt der Reliabilitätskoeffizient zwischen Null (d. h. die Wiederholung eines Tests an der gleichen Person führt unter gleichen Bedingungen und ohne Veränderung des Merkmals zu völlig unterschiedlichen Resultaten) und Eins (d. h. die Wiederholung eines Tests an der gleichen Person führt unter gleichen Bedingungen und ohne Veränderung des Merkmals zu identischen Resultaten). Anhand des Reliabilitätskoeffizienten wird ausschließlich der Grad der Genauigkeit einer Merkmalsmessung ausgedrückt, unabhängig davon, ob der Test dieses Merkmal auch zu messen beansprucht (denn dies ist ein Aspekt der Validität).

Messgenauigkeit

Ungenauigkeiten bei einer Messung können zu Fehlurteilen führen, bei denen erzielte Messwerte das eigentliche Merkmal über- oder unterschätzen. Unreliabel wird ein Maß u. a. dann, wenn sich von Messung zu Messung die Maßeinheiten oder die Abstände zwischen den Einheiten verändern.

Als grobe Faustformel gelten Reliabilitätskoeffizienten ab r_{tt} = 0,7 als akzeptabel, ab 0,8 bis 0,9 als gut. Eine formale Definition kennzeichnet die Reliabilität als *Quotient von wahrer Varianz* (der Merkmalsstreuung der „wahren" Werte ohne den Messfehler) zur *Gesamtvarianz* (die Merkmalsstreuung der beobachteten Werte einschließlich des Messfehlers).

formale Definition

Reliabilitätsmaße werden mittels korrelativer Techniken bestimmt (s. Kap. 6.1). Dabei wird geprüft, ob Probanden in zwei Testungen gleiche Werte aufweisen. Dies kann zu zwei Zeitpunkten oder mit zwei Testformen geschehen (s. Abb. 1.2).

Abb. 1.2: Verfahren zur Reliabilitätsbestimmung unterschieden nach Anzahl der Testungen und Anzahl der Testformen

	Eine Testform	Zwei Testformen
Ein Zeitpunkt	Konsistenzanalyse oder Splithalf-Reliabilität	Paralleltest-Reliabilität
Zwei Zeitpunkte	Retest-Reliabilität	[Re-Paralleltest-Reliabilität]

Test-Retest-Reliabilität

Testwiederholung Zur Bestimmung der Test-Retest-Reliabilität (r_{tt}) wird derselbe Test wiederholt zu zwei Zeitpunkten präsentiert und die Testergebnisse korreliert. Die Korrelation der Testwiederholung liefert das Maß für die Reliabilität. Dabei wird unterstellt, dass das zu messende Merkmal konstant (also konstante wahre Werte und konstante Fehlervarianzen produziert) und auch das gewählte Zeitintervall zwischen den Testungen ohne Einfluss auf die Messung ist. Die Wahl des optimalen *Retest-Intervalls* muss bei instabilen Merkmalen kürzer und kann bei stabileren Merkmalen länger gewählt werden. Das Risiko von Merkmalsveränderungen und Erinnerungseffekten ist dabei stark abhängig von den Inhalten (s. Kap. 6.1.1).

Paralleltest-Reliabilität

Einsatz paralleler Tests Sind Übungs- oder Erinnerungseffekte nicht auszuschließen, kann eine Paralleltest-Reliabilität (r_{tt}) bestimmt werden. Benötigt werden dazu inhaltlich ähnliche Items („Itemzwillinge") aus zwei Tests (A und B), deren beobachtete Testwerte zu gleichen Mittelwerten und Varianzen führen. Werden die Testwerte dieser zwei Parallelformen korreliert, resultiert die gewünschte Reliabilität. Die Erstellung paralleler Testformen wird zwar für die Reliabilitätsprüfung einerseits gerne als optimale Lösung betrachtet, ist allerdings andererseits mit großem Aufwand verbunden und daher häufig nicht praktikabel (s. Kap. 6.1.2).

Splithalf-Reliabilität

Testhalbierung In vielen Fällen ist die Berechnung von Retest- bzw. Paralleltest-Reliabilität nicht durchführbar. Aus diesem Grund wurden Verfahren entwickelt, mit denen die Reliabilität auf der Basis von Testungen zu einem Zeitpunkt mit einer Testform möglich ist. Grundlegende Idee dabei ist, Teile eines Tests als parallele Testversionen aufzufassen und die Reliabilität als Zusammenhang der einzelnen Teile anzunehmen.

Durch Aufteilung eines Tests in zwei äquivalente Testhälften wird eine Splithalf-Reliabilität (r_{tta}) berechnet. Sie entspricht der Korrelation der beiden Testhälften. Da kürzere Tests i.d.R. weniger reliabel sind, muss die zwischen den beiden Testhälften festgestellte Korrelation mit Hilfe der *Spearman-Brown-Formel* auf die ursprüngliche Skalenlänge aufgewertet werden (s. Kap. 4). Die gewünschten Testhälften entstehen zumeist nach der *Odd-Even-Methode*, bei der geradzahlige und ungeradzahlige Items die jeweilige Testhälfte bilden (s. Abb. 1.3). Andere Testhalbierungsmethoden verwenden die Zeit der Testbearbeitung, um zu zwei gleich langen Testabschnitten zu gelangen (*Zeitpartitionierungsmethode*), oder entnehmen dem Test jeweils ein Itempaar gleicher Schwierigkeit und Trennschärfe (*Methode der Itemzwillinge*), die dann per Zufall der einen oder anderen Testhälfte zugeordnet werden (s. Kap. 6.1.3).

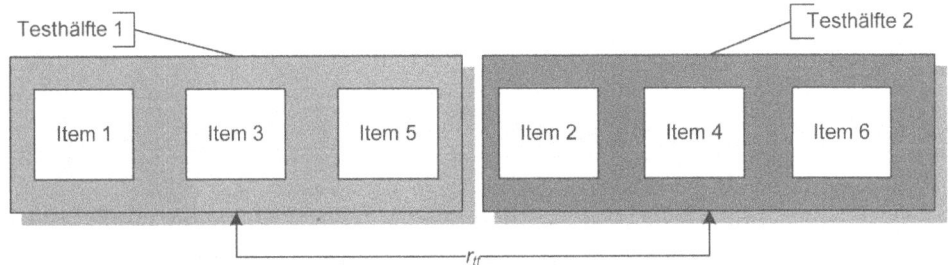

Abb. 1.3: Beispiel für die Aufteilung eines Tests in zwei äquivalente Hälften

Konsistenzanalyse

Problematisch an der Berechnung von Splithalf-Reliabilitäten ist, dass die Testhälften verschieden gebildet werden können, was (besonders bei kleinen Stichproben) zu Unterschieden zwischen den Koeffizienten führt. Einen Ausweg aus dieser Problematik bietet die Konsistenzanalyse (interne Konsistenz) unter Berechnung von *Cronbachs α* („alpha"). Dieser Koeffizient entspricht der mittleren Reliabilität, bei Bildung aller möglichen Testhalbierungen. Die Konsistenzanalyse verallgemeinert die Halbierungsmethode, indem jedes Item eines Tests als eigenständiger Testteil aufgefasst wird. Je stärker das Ausmaß an Korrelationen zwischen den Testteilen, desto höher die interne Konsistenz. Sinnvoll können α-Werte im Bereich zwischen Null und

Verallgemeinerung der Testhalbierung

Eins interpretiert werden. Dabei gilt als Untergrenze hinreichender Reliabilität ein Wert von 0,7, für eine gute Reliabilität ein Wert ab 0,9 (s. Kap. 6.1.4).

Zusammengefasst: Verschiedene Zugänge zur Beurteilung der Reliabilität eines Testverfahrens lassen sich unterscheiden:

- *Testhalbierung / interne Konsistenz* (Zusammenhänge zwischen Testteilen bzw. Items eines Tests);
- *Test-Retest-Reliabilität* (zeitliche Stabilität der Werte zwischen zwei Testungen);
- *Paralleltest-Reliabilität* (Zusammenhänge zwischen parallelisierten Testformen).

Keiner der besprochenen Reliabilitätskennwerte ist hierbei einem anderen generell vorzuziehen. Wichtig ist die gleichzeitige Betrachtung aller geschilderten Kennwerte, um einen möglichst umfassenden Überblick über die Reliabilität des Verfahrens zu gewinnen.

Inzwischen bieten modellbasierte Methoden der Reliabilitätsschätzung die Möglichkeit, mit weniger strengen Annahmen Reliabilitätskoeffizienten zu schätzen (Revelle & Zinbarg, 2009). Insbesondere Cronbachs α ist an die Erfüllung strenger Annahmen gekoppelt (wie die essentielle τ-Äquivalenz; vgl. Kap. 6.1.4), die häufig nicht erfüllt sind und sollte daher nur in angemessenen Fällen eingesetzt werden. Alternativ stehen sog. Omega-Koeffizienten (ω) zur Verfügung, die sich sowohl für ein- als auch mehrdimensionale Konstrukte als Punkt- und Intervallschätzer (vgl. Kap. 6.1.5) im Rahmen einer konfirmatorischen Faktorenanalyse (vgl. Kap. 7.2) schätzen lassen (s. Schermelleh-Engel & Gäde, 2020).

1.3 Validität

Mit der Validität soll festgestellt werden, ob zwischen dem was gemessen wird und dem was gemessen werden soll, tatsächlich Übereinstimmung besteht.

Validität bezieht sich auf die Frage, ob ein Test wirklich das Merkmal misst, was er messen soll bzw. zu messen vorgibt. Die Validität bezieht sich dabei auf die Gültigkeit verschiedener möglicher Interpretationen von Testergebnissen.

Die Validität gilt für die Testpraxis gemeinhin als wichtigstes Testgütekriterium. Objektivität und Reliabilität gelten zwar als notwendige, aber nicht hinreichende Bedingungen für Validität. Das bedeutet, dass ein Test, der eine niedrige Objektivität und Reliabilität besitzt, auch keine hohe Validität erzielen kann, dass aber eine hohe Validität über das reine Vorhandensein von Objektivität und Reliabilität hinausgeht. Bei gegebener Validität berechtigen die Ergebnisse dazu, das in der Testsituation gezeigte Verhalten auf beobachtbares Verhalten außerhalb dieser Testsituation zu generalisieren. Ein solcher Zusammenhang könnte z. B. durch Korrelation der Testwerte mit einem relevanten Außenkriterium überprüft werden.

Beziehungen der Kriterien

Zur Bestimmung der Validität eines Tests gibt es verschiedene Zugänge (s. Bryant, 2000). Moosbrugger und Kelava (2020) veranschaulichen dies am Beispiel eines Schulreife- bzw. Schuleignungstests:

- *Inhaltsvalidität:* Items, die Bestandteil des Tests sind, sollen inhaltlich das Konstrukt widerspiegeln, das der Test erfassen soll (z. B. Umgang mit Zahlen, Sprachverständnis);
- *Konstruktvalidität:* Das durch den Test gemessene Konstrukt „Schulreife" soll mit ähnlichen Konstrukten (z. B. Intelligenz, Entwicklungsstand) zusammenhängen und unabhängig von inhaltsfremden Konstrukten (z. B. Temperament, Persönlichkeit) sein.
- *Kriteriumsvalidität:* Mit dem Test soll vorhergesagt werden, inwiefern Kinder eingeschult werden können. Kinder mit höheren Testwerten sollten sich daher besser in der Schule zurechtfinden als Kinder mit niedrigen Werten.
- *Augenscheinvalidität:* Auch für Laien (z. B. Eltern oder Lehrer) besitzen Schuleignungstests eine gewisse Glaubwürdigkeit, da aufgrund der inhaltlichen Gestaltung solcher Tests nahegelegt wird, dass damit wirklich Schuleignung gemessen wird.

Inhaltsvalidität

Die Inhaltsvalidität kommt der oben angeführten Definition von Validität am nächsten, da der Inhalt bestimmt, was der Test misst bzw. messen soll (s. Murphy & Davidsdorfer, 2001). Mit der Inhaltsvalidität soll geklärt werden, inwieweit ein Test oder einzelne Items eines Tests eine repräsentative Stichprobe aus allen möglichen Testitems darstellen, die auf das zu messende Merkmal bezogen sind. Zentrale Fragen dabei sind: Erfassen alle enthaltenen Items das zu messende Konstrukt? Stellt die Auswahl der Items eine repräsentative Stichprobe dar? Eine Klärung erfolgt dabei selten aufgrund numerischer Kennwerte oder Statistiken, sondern eher anhand fachkompetenter Analysen durch kritische Beurteilungen auf Item- und Testebene (s. Michel & Conrad, 1982).

Repräsentativität von Items

Dabei ist entscheidend, dass das Konstrukt (die spezifische Fähigkeit oder Eigenschaft) auf der Inhaltsebene eingehend beschrieben wird, dass die verwendeten Items den abzudeckenden Inhaltsbereichen zugeordnet sind und dass die Struktur des Tests mit der Struktur des Konstrukts übereinstimmt. Das zu erhebende Merkmal kann dabei operational (also im Wesentlichen durch die Testinhalte) oder theoretisch (also als theoretisches Konstrukt) definiert sein (s. Kap. 6.2.1).

Konstruktvalidität

konvergent vs. divergent

Auf der Basis der Konstruktvalidität wird bestimmt, ob mit dem im Test gezeigten Verhalten auf zugrunde liegende Fähigkeits- oder Persönlichkeitskonstrukte geschlossen werden kann. Die Konstruktvalidität erlaubt entsprechende Aussagen, wie angemessen ein Test das beanspruchte Konstrukt misst. Praktisch kann dies so aussehen, dass theoriegeleitete Zusammenhänge zwischen Konstrukten des vorliegenden Tests mit anderen (konstruktverwandten bzw. konstruktfremden) Verfahren auf Ähnlichkeiten bzw. Unähnlichkeiten verglichen werden: Wird dabei eine hohe Korrelation zwischen vorliegendem Test und Vergleichstest angestrebt, liegt eine *konvergente Validität* vor. Soll bei dem vorliegenden Test nachgewiesen werden, dass er von Merkmalen anderer Tests abgrenzbar ist, wird von *divergenter* bzw. *diskriminanter Validität* gesprochen – entsprechende Korrelationen sollten dann möglichst niedrig ausfallen (s. Kap. 6.2.3).

Analysemethoden

Spezifische Kennwerte zur Bestimmung der Konstruktvalidität existieren allerdings nicht. Neben Korrelationen werden die Zusammenhänge zwischen Tests oder generell die Merkmalsstruktur von Testitems über sog. Explorative Faktorenanalysen (EFA) untersucht (s. Kap. 7.1). Aus den resultierenden Faktorladungen kann so eine deskriptive Einordnung homogener Items anhand theoretisch definierter Merkmalsdimensionen vorgenommen werden. Die in Explorativen Faktorenanalysen gefundene Struktur kann anhand neuer Datensätze mit Konfirmatorischen Faktorenanalysen (CFA) überprüft werden, sofern das Testmodell auf der Konzeption latenter Variablen beruht (s. Kap. 7.2). Eine andere Herangehensweise ist der sog. Multitrait-Multimethod-Ansatz (s. Campbell & Fiske, 1959). Er untersucht über verschiedene Korrelationsmatrizen den Zusammenhang von Merkmalen und Entfernung von Methodeneffekten (s. Kap. 7.2.5).

Kriteriumsvalidität

praktische Verwendung

Geht es um die praktische Anwendbarkeit eines Tests, um das Verhalten einer Person außerhalb der Testsituation anhand der produzierten

Daten in der Testsituation vorherzusagen, wird von Kriteriumsvalidität gesprochen. Dazu wird die Korrelation der Testvariablen und der Kriteriumsvariablen bestimmt: Liegt ein zeitgleiches Außenkriterium vor, resultiert eine *konkurrente* (Übereinstimmungs-)*Validität*. Ist hingegen eine Prognose hinsichtlich einer zukünftigen Merkmalsausprägung intendiert, wird eine *prognostische* bzw. *prädiktive* (Vorhersage-)*Validität* angestrebt. Soll die Vorhersage eines praktisch relevanten externen Kriteriums verbessert werden, indem zusätzliche Items oder Skalen hinzugefügt werden, kann eine *inkrementelle Validität* (z. B. als Zuwachs erklärter Varianz, wie sie im Rahmen einer hierarchischen Regressionsanalyse ermittelt werden kann) bestimmt werden. Schließlich ist auch eine *retrospektive Validität* zu unterscheiden, bei der Zusammenhänge mit zuvor ermittelten Kriterien hergestellt werden (s. Kap. 6.2.2).

Augenscheinvalidität
Die Augenscheinvalidität bezeichnet die offensichtliche Akzeptanz eines Tests durch Laien und sollte nicht mit der inhaltlichen Validität verwechselt werden. Dennoch besitzt sie hinsichtlich der Kommunizierbarkeit und Nachvollziehbarkeit der Ergebnisse eine nicht unerhebliche Relevanz. Wissenschaftlich betrachtet ist die Augenscheinvalidität allerdings nicht immer gewollt, da sie insbesondere in der Persönlichkeitsforschung bereits bei der Testbearbeitung Antworttendenzen verursachen kann.

Akzeptanz eines Tests

Die drei Hauptgütekriterien stehen in einem spezifischen Abhängigkeitsverhältnis (s. Abb. 1.4). Ein Test ohne Objektivität wird keine optimale Reliabilität erreichen können: Entstehen Fehler bei der Ermittlung oder Interpretation der Daten, beeinflusst dies die Messgenauigkeit. Ist die Reliabilität nicht gegeben, können keine gültigen Aussagen oder Vorhersagen getroffen werden, da der Test das Merkmal nicht genau messen kann: Ohne einen exakten Testwert lässt sich keine klare Beziehung zu einem Außenkriterium herstellen (s. Kap. 2.4).

abhängige Hauptgütekriterien

Zusammengefasst: Die Validität eines Tests kann als perfekt gelten, wenn ein individueller Testwert eine Person eindeutig auf einer Merkmalsskala lokalisiert. In diesem Fall erlaubt ein Testergebnis einen unmittelbaren Rückschluss auf den Ausprägungsgrad des zu erfassenden Merkmals. Dabei können verschiedene Aspekte der Validität unterschieden werden:

28 Kriterien wissenschaftlicher Testgüte

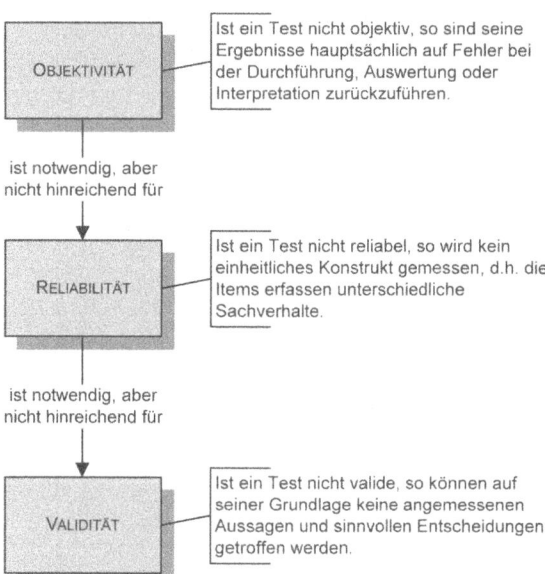

Abb. 1.4: Zusammenhänge zwischen den drei Hauptgütekriterien

- Inhaltsvalidität (die Testitems stellen das optimale Kriterium zur Erfassung des Merkmals dar);
- Konstruktvalidität (ein Test kann aufgrund theoretischer Erwägungen ein bestimmtes Konstrukt erfassen);
- Kriteriumsvalidität (das Ergebnis eines Tests korreliert mit unabhängig erhobenen Außenkriterien).

1.4 Normierung / Testeichung

Normen als Bezugssystem Ziel der Normierung ist es, dem Testanwender ein Bezugssystem aktueller Vergleichswerte (Normtabellen) von solchen Personen bereitzustellen, die der getesteten Person anhand relevanter Merkmale möglichst ähnlich sind. In diesem Fall wird von den Daten einer *Eich- oder Normierungsstichprobe* gesprochen. Anhand der Normdaten kann eingeordnet und interpretiert werden, ob die Ergebnisse einer getesteten Person zur Norm gehörend (durchschnittlich), oberhalb der Norm (überdurchschnittlich) oder unterhalb der Norm (unterdurchschnittlich) zu beurteilen sind (s. Kap. 6.3).

Normgüte Die Güte der Normen bestimmt die Güte der individualdiagnostischen Entscheidung mit. Wichtig ist, dass die Charakteristika der Testung eines Probanden denen der Testung der Normstichprobe möglichst gut entsprechen. Der *Geltungsbereich einer Norm* wird hierbei vor allem durch folgende Aspekte bestimmt:

- Die Repräsentativität legt fest, gegenüber welcher Stichprobe Aussagen getroffen werden können (z. B. gegenüber der Gesamtbevölkerung oder gegenüber einer spezifischen Personengruppe). Repräsentativität bezieht sich dabei immer auf eine bestimmte Zielpopulation bzw. darauf, dass eine Stichprobe bezüglich einer zuvor definierten Population (Grundgesamtheit) repräsentativ sein soll. *Global repräsentativ* wäre eine Stichprobe dann, wenn sie in zahlreichen Merkmalen mit der Population übereinstimmt (dies setzt die Ziehung einer echten Zufallsstichprobe entsprechenden Umfangs voraus). *Spezifisch repräsentativ* wäre eine Stichprobe hingegen, wenn sie nur in den Merkmalen mit der Population übereinstimmt, die mit den Testwerten des Tests in bestimmter Weise zusammenhängen (also z. B. Merkmale wie Geschlecht, Alter, Bildungsgrad und Beruf, um adäquate Normen bilden zu können). Dabei „schützt" eine große Stichprobe keineswegs vor mangelnder Repräsentativität. Spezifische Arten der Stichprobenziehung durch geschichtete (stratifizierte) oder Quotenstichproben können stattdessen eine höhere Repräsentativität gewährleisten (s. Döring & Bortz, 2015). Trotzdem sind Mindestgrößen für Normstichproben ab ca. 300 Probanden vorauszusetzen, um eine angenäherte Repräsentativität zu gewährleisten.
- Konkretisiert wird die Repräsentativität durch die *Normdifferenzierung*, mit der die Spezifität und Passung der Referenzstichprobe festgestellt wird. Vor allem in Vergleichssituationen (z. B. in Wettbewerbssituationen) ist entscheidend, dass die Bezugsgruppe adäquat gewählt wird. Dabei ist auch zu berücksichtigen, dass keine mit dem Untersuchungsmerkmal korrelierten Hintergrundfaktoren die Stichprobe kontaminieren dürfen (z. B. ein unterschiedlicher Übungs- oder Vertrautheitsgrad mit dem Testmaterial).
- Beim *Alter der Normen* spielt die Aktualität der Eichstichprobe die entscheidende Rolle. So sollten die Angaben nach DIN 33430 nicht älter als acht Jahre sein (s. DIN, 2002; 2016). Dass Testnormen dabei keine zeitinvariante Größe darstellen, zeigt z. B. der sog. *Flynn-Effekt* (Flynn, 1999). Flynn konnte zeigen, dass der mittlere Intelligenzquotient (IQ) in den westlichen Industrienationen über die Jahre 1932 bis 1978 einen kontinuierlichen Anstieg (etwa 1/3 IQ-Punkt pro Jahr) zeigt. In jüngster Zeit ist dieser Effekt allerdings wieder leicht rückläufig.
- Schließlich sind die *Testbedingungen* entscheidend, unter denen die Probanden in der Normstichprobe getestet wurden (z. B. eine Bewerbungssituation oder ein klinisches Setting).

1.5 Skalierung

empirisches und numerisches Relativ

Mit dem Gütekriterium der Skalierung verbindet sich die Forderung, dass Merkmalsunterschiede zwischen Probanden („empirisches Relativ") auch in entsprechenden Abständen zwischen Punktwerten des Tests („numerisches Relativ") abgebildet sein müssen. Ist diese Forderung erfüllt, sollten sich Unterschiede in den Testwerten adäquat auch in empirischen Merkmalsrelationen abbilden lassen. Dazu bedarf es entsprechender Verrechnungsregeln, damit die resultierenden Testwerte die empirischen Merkmalsrelationen auch korrekt abbilden.

Skalenniveau

Von Messinstrumenten wird allgemein erwartet, dass sie mit dem entsprechenden Skalenniveau ausgestattet sind, d.h. mindestens *Ordinal*- (um stärkere von schwächeren Ausprägungen zu unterscheiden), besser aber *Intervallskalenniveau* besitzen (um die Größe einer Merkmalsdifferenz angeben zu können).

1.6 Ökonomie / Wirtschaftlichkeit

Ein Test gilt dann als ökonomisch, wenn sich der angestrebte diagnostische Erkenntnisgewinn unter akzeptabler Aufwendung finanzieller (die Testbeschaffung, Lizenzgebühren und Verbrauchsmaterialien betreffend) und zeitlicher (die Bearbeitungszeit, den Auswertungsaufwand und die Ergebnisrückmeldung betreffend) Ressourcen einstellt.

Kosten vs. Erkenntnisgewinn

Mit der Ökonomie wird somit vorwiegend ein Aspekt der Wirtschaftlichkeit eines Tests angesprochen, Kosten möglichst zu minimieren, ohne dabei den Erkenntnisgewinn (und damit andere Gütekriterien) einzuschränken. Maßnahmen wie die computerbasierte Testung (anstatt mit Papier und Bleistift) oder das adaptive Testen (bei dem nicht alle Aufgaben eines Tests, sondern nur die mit dem größten Informationsgewinn vorgelegt werden) können sich allgemein förderlich auf die Ökonomie auswirken (s. Kap. 5.6).

1.7 Nützlichkeit / Utilität

praktischer Nutzen

Die Utilität befasst sich mit der praktischen Relevanz und Nützlichkeit eines Tests. Werden auf der Grundlage eines Tests Entscheidungen getroffen, so sollten daraus abgeleitete Maßnahmen mehr Nutzen als Schaden erwarten lassen. Neben der sinnvollen Verwendung sollte sich das Merkmal nicht mit anderen Tests erfassen lassen, die seitens der Gütekriterien mindestens genauso gut sind.

In der Eignungsdiagnostik sollte die Nützlichkeit eines verwendeten Auswahltests dadurch sichergestellt sein, dass möglichst viele geeignete Personen ausgewählt und möglichst viele ungeeignete Personen nicht ausgewählt werden.

1.8 Zumutbarkeit

Die Zumutbarkeit bezieht sich auf das Verhältnis „Testnutzen zu zeitlicher, psychischer und körperlicher Beanspruchung/Belastung der Testperson", das im jeweiligen Kontext einer Testverwendung zu definieren ist. Dabei kann die Belastung einer zu testenden Person erheblich variieren (z. B. werden an einen zukünftigen Astronauten sicherlich andere und höhere Belastungsanforderungen gestellt als an einen Büroangestellten). — **Beanspruchung durch einen Test**

1.9 Unverfälschbarkeit

Verfälscht werden können Testergebnisse vor allem dann, wenn im Sinne antizipierter, *sozialer Erwünschtheit* geantwortet wird (s. Kap. 2.4.2). Dabei glaubt die Testperson, das Messprinzip im Sinne des erwarteten oder geforderten Resultates durchschaut zu haben, und versucht, entsprechend „günstig" zu antworten. Dieses Verhalten kann durch eine hohe *Augenscheinvalidität* (leichter Nachvollziehbarkeit der Messintention) begünstigt werden. — **Verzerrung des Antwortverhaltens**

Unverfälschbar wäre ein Test dann, wenn durch seine Konstruktionsweise verhindert wird, dass die Testperson durch gezieltes Testverhalten ihre Testwerte steuern oder verzerren kann. *Objektive Persönlichkeitstests* versuchen diesem Anspruch dadurch gerecht zu werden, dass sie die eigentliche Messintention (z. B. durch eine unklare Beschreibung der Testabsicht) verschleiern und indirekt auf das zu messende Merkmal schließen. — **Verschleiern der Messintention**

1.10 Testfairness

Die Fairness eines Tests ist insbesondere dann gegeben, wenn die resultierenden Testwerte zu keiner systematischen Benachteiligung — **Bias von Tests** oder Diskriminierung bestimmter Personen oder Personengruppen aufgrund ihrer Zugehörigkeit zu ethnischen (z. B. Migrations- oder sprachlicher Hintergrund), soziokulturellen (z. B. sozioökonomischer Status, Bildungsnähe vs. Bildungsferne) oder geschlechtsspezifischen (Frauen vs. Männer) Gruppen führen (s. Testkuratorium, 1986). Liegt eine systematische Unfairness vor, besitzen die Items einen sog. *Itembias*.

Die Diskussion zur Testfairness hat u. a. zur Entwicklung sog. *Culture Fair Intelligence Tests* geführt, die Intelligenz kultur- und sprachfrei messen sollen. Testfairness spielt vor allem dort eine entscheidende Rolle, wo Auswahlentscheidungen aufgrund des Testergebnisses getroffen werden. Hohe Ansprüche an Testfairness werden daher eher bei psychologischen Leistungstests (z. B. Schul-, Studien- oder Berufseignungstests) als bei Persönlichkeitstests gestellt.

Einheitliche Kriterien für die Verbesserung der Testfairness stehen derzeit aus. Prinzipiell ist es möglich, Itemergebnisse nachträglich zu korrigieren (z. B. mittels der *Differential Item Functioning*-Analyse) oder (möglichst theoriegeleitet) neue Items zu generieren, die weniger diskriminieren. Umweltunterschiede zwischen den Bewerbern lassen sich schließlich z. B. auch durch spezifische Trainingsprogramme ausgleichen.

1.11 Vergleichbarkeit

Für die Vergleichbarkeit eines Tests ist vor allem das Vorhandensein paralleler Testformen oder validitätsähnlicher Tests maßgebend. Liegt eine echte Parallelform zu einem Test vor, sollten bei einem Probanden vergleichbare Ergebnisse resultieren. Dies ermöglicht eine *intraindividuelle Reliabilitätskontrolle*.

validitätsähnliche Tests Bei validitätsähnlichen Tests wird dasselbe oder ein ähnliches Konstrukt gemessen. Liegen Korrelationen zwischen zwei validitätsähnlichen Tests vor, können die Ergebnisse einer Testperson verglichen werden. Dies ermöglicht eine *intraindividuelle Validitätskontrolle*.

1.12 Transparenz

Verständlichkeit Die Transparenz eines Tests bemisst sich zunächst an der Verständlichkeit der Instruktion, die alle Kandidaten gleichermaßen auf die Bewältigung des Tests vorbereiten sollte. Ggf. kann dies auch die Be-

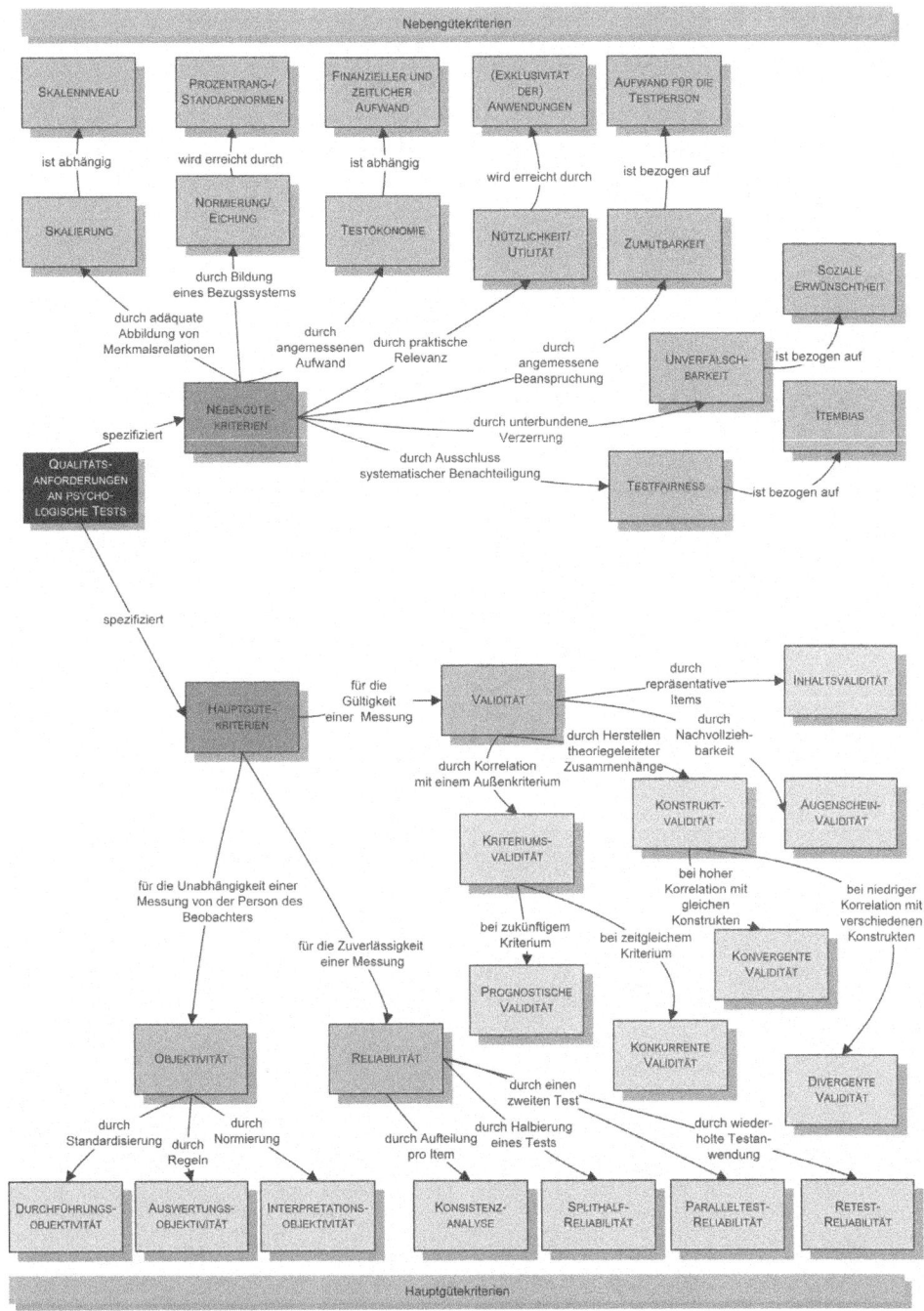

Abb. 1.5: Qualitätsanforderungen an einen psychologischen Test im Überblick

arbeitung einzelner Übungsitems in einer Vortestphase einschließen, so können Probleme bei der Instruktion ausgeschlossen werden. Schließlich gehört zur Transparenz eines Tests auch, die Probanden nach Abschluss des Tests über Messintention und Ergebnis ausreichend aufzuklären bzw. zu informieren.

Testfragen
1. Was sind die zentralen Merkmale eines diagnostischen Tests?
2. Welche Haupt- und Nebengütekriterien werden testtheoretisch unterschieden?
3. Welche Arten von „Objektivität" werden bei der Testgüte unterschieden?
4. Was bedeutet der Begriff „Reliabilität" und wie wird er operationalisiert?
5. Worin liegen einschränkende Faktoren bei der Bestimmung einer Test-Retest- oder Paralleltest-Reliabilität?
6. Ab wann gelten Reliabilitätskoeffizienten als hinreichend?
7. Was bedeutet der Begriff „Validität" und wie wird er operationalisiert?
8. Was bezeichnet man als „Augenscheinvalidität"?
9. Charakterisieren Sie die Beziehung zwischen den drei Hauptgütekriterien?
10. Beschreiben Sie, unter welchen Voraussetzungen Schulnoten vergeben werden müssen, damit sie die Haupt- und Nebengütekriterien erfüllen.

2 Testentwicklung

Der Prozess der Entstehung eines Tests verläuft von der ersten Testplanung über die Testentwicklung bis hin zur Erstellung und vorläufigen Erprobung einer Vorversion mit dem Ziel der Revision zum finalen Test. Gerade in dieser systematischen Genese liegt die Besonderheit psychometrischer Tests, die psychische Merkmale quantitativ auf der Grundlage testtheoretischer Überlegungen konzipieren und erfassen, systematisch anhand standardisierter Verfahren auswerten und damit eine metrisch vergleichende Diagnostik gewährleisten.

Psychologische Tests weisen aus diesem Grund eine komplexe Struktur auf. Ihre Bestandteile – die Testaufgaben bzw. Items – sind zumeist zahlreich, auf unterschiedliche Facetten eines Konstruktes gerichtet und sollen eine messgenaue Erfassung des Konstruktes unter Minimierung von Messfehlern erlauben. Ziel ist es, über mehrere Items eine Abschätzung der Reliabilität zu erzielen.

2.1 Testplanung

Die Planung eines Tests beginnt grundsätzlich mit Überlegungen, das zu messende Konstrukt möglichst genau zu definieren bzw. seine Charakteristika festzulegen. Dies geschieht im Idealfall auf der Basis eines *psychologischen Modells* oder einer *psychologischen Theorie*. Ist dies (noch) nicht möglich, müssen zunächst vorläufige Explikationen oder Arbeitsmodelle reichen, bis sie im Verlauf weiterer Forschungen präzisiert werden können (s. Fisseni, 2004). Auch Befragungen von Experten oder Personengruppen, die besonders hohe oder niedrige Ausprägungen der entsprechenden Fähigkeit oder Eigenschaft aufweisen, können wichtige Hinweise auf verhaltensrelevante Aspekte des Konstruktes liefern.

Zur weiteren Eingrenzung des Konstruktes sollte aus der Literatur (Lehrbüchern, Überblicksartikeln etc.), aus vorhandenen Theorien, empirischen Befunden und eigenen Überlegungen eine *Arbeitsdefinition* des Konstruktes formuliert werden. Auf der Basis einer psychologischen Theorie und einer ersten Eingrenzung des Konstruktes können

Definition des Konstruktes

dann weitere Entscheidungen hinsichtlich der Natur der Merkmale, der Testart und des angestrebten Geltungsbereiches des Tests getroffen werden.

2.1.1 Festlegung der Erhebungsmerkmale

Qualitäten von Erhebungsmerkmalen

In Abhängigkeit von der psychologischen Theorie und der Operationalisierbarkeit des Konstruktes können die Erhebungsmerkmale verschiedene Qualitäten und Eigenschaften aufweisen.

Qualitative Merkmale (mit kategorialen Ausprägungen) vs. quantitative Merkmale (mit graduellen Abstufungen): Aus der Natur der Merkmale resultieren im ersten Fall nominalskalierte, im zweiten Fall ordinal- oder intervallskalierte Messungen. Qualitative Merkmale unterteilen Personengruppen lediglich anhand einzelner Kategorien (z. B. Geschlecht, Familienstand oder letzter Schulabschluss), während quantitative Merkmale graduell abgestufte Merkmalseinteilungen erlauben (z. B. anhand eines Intelligenzquotienten oder anhand der erreichten Punktezahl in einem Test).

Eindimensionale (nur ein Konstrukt repräsentierende) Merkmale vs. mehrdimensionale (mehr als ein Konstrukt repräsentierende) Merkmale: Fragen zur Ein- oder Mehrdimensionalität eines Konstruktes lassen sich über Exploratorische Faktorenanalysen (EFA) oder andere Korrelationsstatistiken klären und später ggf. in einzelnen Subtests (Untertests) berücksichtigen. Ein typisches Beispiel für ein mehrdimensionales Konstrukt mit verschiedenen Faktoren ist z. B. „Lebensqualität", mit dem die materiellen und soziokulturellen Lebensbedingungen einzelner Individuen in einer Gesellschaft zusammengefasst werden (u. a. Einkommen, Bildung, Berufschancen, sozialer Status, Gesundheit). Tests, die entsprechend nur ein Konstrukt erfassen, werden als *unidimensionale Tests*, Tests die mehrere Konstrukte erfassen, als *multidimensionale Tests* bezeichnet. Letztere zerfallen häufig in sog. *Subtests*, die wiederum unidimensional sind.

Zeitlich stabile Merkmale (Traits) vs. zeitlich veränderliche Merkmale (States): Persönlichkeitsmerkmale werden als *Traits* aufgefasst, während situationsabhängige Zustände als *States* betrachtet werden.

2.1.2 Festlegung der Testart

Wiederum ist in Abhängigkeit vom Konstrukt eine Entscheidung bezüglich der Testart zu treffen (eine genauere Differenzierung findet sich in Pospeschill & Spinath, 2009):

Leistungstests
Fähigkeits- und Leistungstests erfassen Konstrukte, die sich auf Dimensionen der kognitiven Leistungsfähigkeit (maximales Leistungsverhalten) beziehen. Zentrale Konstrukte sind hier z. B.: Problemlösefähigkeit, Wissensreproduktion, spezifische Fähigkeiten, Ausdauer, Konzentrationsvermögen. Eine Unterteilung erfolgt nach: *Speed- oder Geschwindigkeitstests* (mit einfachen Aufgaben, aber mit Begrenzung der Bearbeitungszeit und Bewertung der richtigen Antworten), *Power- oder Niveautests* (mit schwierigen Aufgaben, ohne Zeitbegrenzung und Bewertung über das Schwierigkeitsniveau der Aufgaben) und Mischformen (*Speed-Power-Tests*) aus beiden Testarten.

Fähigkeiten und Leistung

Persönlichkeitstests
Persönlichkeitstests erfassen das für eine Person typische Verhalten im Zusammenhang mit spezifischen Ausprägungen von Persönlichkeitsmerkmalen (Verhaltensdispositionen), z. B. aktuelle Zustände (wie Angst), Motivation, Interesse, Einstellungen, Meinungen oder spezifische Persönlichkeitseigenschaften. Folgerichtig wird keine Leistung erwartet, sondern eine Selbstauskunft über persönliches Verhalten (Persönlichkeitsfragebogen). Es gibt keine „richtigen" oder „falschen" Antworten, sondern nur unterschiedlich hohe Ausprägungen von Merkmalen. Bei der Beantwortung spielen Aspekte der Spontaneität, der Wahrheitstreue und die Motivation der Probanden eine zentrale Rolle. Subjektive Angaben neigen dabei allerdings prinzipiell zur Verfälschbarkeit.

Einstellungen und Verhalten

Objektive Persönlichkeitstests
Objektive Persönlichkeitstests besitzen keine Augenscheinvalidität, d. h. die Probanden können aus der Testinstruktion und den Testaufgaben nicht (wirklich) erkennen, was der Test eigentlich misst. Entsprechend wird auf das Merkmal nicht über subjektive Urteile der eigenen Person, sondern über das Verhalten in einer standardisierten Testsituation zurückgeschlossen.

Projektive Verfahren
Projektive Verfahren (sog. Persönlichkeits-Entfaltungstests) erfassen die Gesamtpersönlichkeit anhand qualitativer Marker. Das Testmaterial ist dabei zumeist bildhaft und mehrdeutig. Dadurch soll den Probanden Gelegenheit gegeben werden, unbewusste und verdrängte Bewusstseinsinhalte in dieses Bildmaterial zu projizieren. So gesehen sind auch diese Verfahren für die Probanden undurchschaubar. Projektive Verfahren erfüllen die Testgütekriterien nur in Ausnahmefällen und dienen daher eher zumeist als Explorationshilfen. Vor einer Verwendung ist daher immer zu prüfen, ob sich die benötigten diagnostischen Daten nicht durch alternative Verfahren erheben lassen, deren psychometrische Gütekriterien besser erfüllt sind.

2.1.3 Festlegung des Geltungsbereichs

Der Geltungsbereich legt die Einsatzbereiche und Anwendungsmöglichkeiten eines Tests fest und ist von verschiedenen Faktoren abhängig.

Heterogenität vs. Homogenität von Aufgaben

inhaltliche Vielfalt — Mit Anwachsen des Geltungsbereichs eines Tests müssen auch mehr Informationen erfasst werden, damit die geforderten Kriterien mit ausreichender Genauigkeit vorhergesagt werden können. Dies erhöht allerdings auch die Heterogenität der Aufgaben. Dem steht die Empfehlung gegenüber, den Geltungsbereich unter testtheoretischen Gesichtspunkten möglichst eng zu definieren, also nur gezielte Verhaltens- oder Leistungsaspekte zu erfassen, was wiederum die Anzahl der erfassten Kriterien einschränkt. Damit gewinnen die Aufgaben an Homogenität. Die notwendige Entscheidung hat z. B. Auswirkungen auf die Kriteriumsvalidität, da mit der Auswahl der Aufgaben auch die Kriterien festgelegt werden, die der Test vorhersagen soll.

Analysestichprobe, Eichstichprobe und Personenkreis des Tests

Zielgruppe — Sowohl die Zusammensetzung der Stichprobe zur Erprobung des Tests (Analysestichprobe), zur Gewinnung von Normwerten (Eichstichprobe) sowie eine Entscheidung über die Zielgruppe beeinflussen den Geltungsbereich des Tests maßgeblich. Während die Analysestichprobe der Itemanalyse dient, soll anhand der Eichstichprobe die Validität des Tests festgestellt und eine Normierung der Ergebnisse vorgenommen werden. Beide Stichproben sind unabhängig voneinander zu ziehen. Beide Stichproben (insbesondere die Eichstichprobe) sollten die gleichen Ein- und Ausschlusskriterien erfüllen, die auch für den Personenkreis zutrifft, für den der Test Aussagen treffen will. Ist die avisierte Zielgruppe eher breit angelegt, müssen sich die Items über einen größeren Schwierigkeits- bzw. Merkmalsbereich erstrecken und ggf. inhaltlich breiter die möglichen Ausprägungen abdecken.

Testlänge (Anzahl der Testaufgaben)
Wie viele Items zur Erfassung eines Konstruktes benötigt werden, ist wesentlich von der Homo- bzw. Heterogenität der Merkmalsdimension(en) abhängig. Testtheoretische Annahmen zeigen, dass die Präzision einer Messung mit zunehmender Itemzahl steigt und der Messfehler der Items zunehmend zu vernachlässigen ist. Durch diesen Zuwachs an Testinformation (entsprechend der zunehmenden Testlänge) steigt auch die Reliabilität. Dieser Zugewinn an Reliabilität ist allerdings nicht unbeschränkt zu steigern, da zu viele Items auch testfremde Einflüsse (wie z. B. eine abnehmende Motivation oder Konzentration seitens der Probanden) wahrscheinlicher werden lassen, dem Test zunehmend seine Praktikabilität entziehen und das Testergebnis schließlich kontaminieren können. Hinzu kommt, dass Tests, die bereits eine sehr gute Reliabilität besitzen, durch eine Testverlängerung nur noch geringfügig verbessert werden können.

Itemanzahl und Testinformation

Testdauer (Zeit der Testbearbeitung)
Die Zeit, die einem Probanden zur Bearbeitung eines Tests zur Verfügung gestellt wird, hängt zum einen vom Faktor Testlänge, zum anderen von der Testart ab (ob der Test eher aus Schnelligkeits- oder Niveaukomponenten aufgebaut ist). Verfahren, die einer differenzierten Individualdiagnose dienen, benötigen zudem generell mehr Zeit als Screeningverfahren (besonders testökonomische Verfahren, die schnelle Ergebnisse liefern) oder Kurztests (aus Langformen abgeleitete verkürzte Versionen mit geringerer Itemzahl). Schließlich bestimmt auch die Zielgruppe (z. B. Erwachsene, Kinder oder ältere Menschen) die zeitliche Erstreckung eines Tests.

Bearbeitungszeit

Zusammengefasst: In der Phase der Testplanung ist zu bestimmen, auf welcher psychologisch-theoretischen Basis, mittels welcher Erhebungsmerkmale, unter Einsatz welcher Testart und mit welchem Geltungsbereich ein psychologischer Test entwickelt werden soll.

2.2 Strategien zur Testentwicklung

Die eigentliche Konstruktion eines Tests kann nach verschiedenen Strategien erfolgen, die in Abhängigkeit von den Faktoren theoretisches Vorwissen bzw. zugrunde liegende theoretische Modelle und Testzweck gewählt werden. Dabei wird die komplette Testkonstruktion nur selten anhand einer einzelnen Strategie vorgenommen. Durch eine zumeist mehrstufige Entwicklungsstrategie von Tests können verschiedene Strategien zur Anwendung kommen. Itempools entstehen zumeist anhand rationaler Aspekte, die dann konsistenz- und faktorenanalytisch (induktiv) bereinigt, gegenüber Extremgruppen (external) überprüft und schließlich von den Items befreit werden, die nur wenig zur Validität beitragen (s. Schmidt-Atzert et al., 2021).

2.2.1 Rationale Konstruktionsstrategie

deduktive Strategie Die rationale (deduktive) Konstruktionsstrategie basiert auf einer (mehr oder weniger elaborierten) psychologischen Theorie über das Erhebungsmerkmal (z. B. auf einer Theorie über Intelligenz, Aufmerksamkeit oder Persönlichkeitskonstrukten) und seine Unterschiedlichkeit an Ausprägungen bei Personen. Die Theorie dient dabei in erster Linie der Beschreibung interindividueller Differenzen. Dazu wird das zu messende Konstrukt definiert und spezifiziert sowie qualitativ bestimmt (z. B. ob es sich um eine Fähigkeit oder Einstellung, einen *State* oder *Trait* handelt). Je nach Häufigkeit oder Intensität des gezeigten Verhaltens wird es in möglichen Abstufungsgraden (von hoch bis niedrig ausgeprägt) unterschieden. Damit sind auch Hinweise auf das angestrebte Frage- und Antwortformat gegeben. Differenzen bei der Spezifikation des Konstruktes können sich in Abhängigkeit von der Elaboriertheit, der inhaltlichen Tiefe und Breite des Konstruktes ergeben. Dabei können auch Unterkonstrukte bzw. Unterfacetten entstehen, für die jeweils spezifische Verhaltensindikatoren gesammelt werden müssen.

Rational konstruierte Verfahren gelten gemeinhin als ökonomisch zu entwickeln und hinsichtlich der ermittelten individuellen Testwerte gegenüber den Testpersonen als gut kommunizierbar. Erwartet wird von diesen Verfahren ferner, dass ihre Reliabilität und Dimensionalität geprüft und die Skalen validiert werden.

„Intelligenz" ist ein klassisches Beispiel für ein rational entwickeltes Konstrukt der Differentiellen und Persönlichkeitspsychologie. Ein wesentliches Ziel der Entwicklung bestand darin, mit diesem Konstrukt begriffliche Unschärfen zu vermeiden, wie sie im alltäglichen Sprachgebrauch auftauchen, wenn geistige Fähigkeiten von Menschen charakterisiert werden. Grundlage dafür sind verschiedene Intelligenztheorien, die versuchen, die Ursachen und Auswirkungen von Intelligenz zu beschreiben. Ein typisches Verfahren, das auf diese Weise entstanden ist, ist der *Hamburg-Wechsler Intelligenztest* (Tewes, 1991; seit 2013 Wechsler Adult Intelligence Scales – Revision IV). Er wurde in den 1950er-Jahren von David Wechsler entwickelt und später von Curt Bondy modifiziert. In elf Teiltests werden solche Aspekte wie Allgemeinwissen, Wortschatz, rechnerisches Denken, audio-visuelle Aufnahmefähigkeit und Abstraktionsvermögen erfasst.

2.2.2 Externale Konstruktionsstrategie

Die externale (kriteriumsorientierte) Konstruktionsstrategie selektiert Items, die in der Lage sind, Personengruppen mit unterschiedlichen Ausprägungen in einem externen Kriterium möglichst gut zu differenzieren. Entsprechend werden aus einem großen Itempool, der zur Erprobung Mitgliedern derartiger Gruppen vorgelegt wird, die Items entnommen, welche die beste Differenzierung leisten. Die Testkonstruktion ist dabei nicht auf die Implementierung einer Theorie oder die Überprüfung eines Erklärungsmodells für die Differenzierungsleistung ausgerichtet (wie bei der rationalen Strategie). Vielmehr geht es um die Vorhersage geeigneter Kriterien, die möglichst großen Nutzen versprechen. Hypothesen darüber, welche Items differenzieren könnten, sind nicht erforderlich, wenn auch gelegentlich sinnvoll. External konstruierte Verfahren sind zumeist nur schwer verfälschbar, da den Testpersonen die Messintention nicht bewusst wird und es daher keine offensichtliche Richtung für eine „günstige" Antwort gibt.

kriteriumsorientierte Strategie

Ein für die externale Konstruktionsstrategie typisches Testsystem aus dem Persönlichkeitsbereich stellt das *Minnesota Multiphasic Personality Inventory (MMPI-2*; Hathaway & McKinley, 2000) dar. Dabei handelt es sich um einen Persönlichkeitstest, der in der Klinischen Psychologie und Psychiatrie zum Einsatz kommt, um psychische Störungen zu diagnostizieren. Der Test besteht aus 567 verschiedenen Skalen zugeordneten Statements, die mit „trifft zu" oder „trifft nicht zu" beantwortet werden. Als rein empirisch konstruiertes Testverfahren wurden die Items nur aufgrund der gemessenen Antwortwahrscheinlichkeiten ausgewählter Patientengruppen zu entsprechenden Skalen zusammengefasst. D.h. die Skalen wurden konstruiert, indem die Items zusammengefasst wurden, die von bestimmten Patienten (z.B. mit einem paranoiden Syndrom) häufiger in Schlüsselrichtung (ausgeprägte Paranoia) beantwortet wurden als von Patienten mit anderer Diagnose oder ohne Verhaltensauffälligkeit.

> **Exkurs**
> Insbesondere bei der externalen Konstruktionsstrategie spielt die sog. *Kreuzvalidierung* eine entscheidende Rolle. Bei der einfachen Kreuzvalidierung wird der Variablensatz an zwei Stichproben – einer Konstruktionsstichprobe und einer Validierungsstichprobe – erhoben. Wird nun in der Konstruktionsstichprobe das angestrebte Kriterium vorhergesagt, werden zur Validierung die in der Konstruktionsstichprobe ermittelten Beta-Gewichte aus der Regressionsgleichung zur Schätzung der Kriteriumswerte der Probanden der Validierungsstichprobe verwendet.

2.2.3 Induktive Konstruktionsstrategie

faktorenanalytische Strategie

Die induktive (faktorenanalytische) Konstruktionsstrategie sucht nach Items, die sich verschiedenen Verhaltensdimensionen zuordnen lassen. Auch dieser Konstruktionstyp ist theoriegeleitet, allerdings mit dem Ziel, eine Itemsammlung möglichst eindeutig und interpretierbar durch eine Faktorenanalyse in einzelne Dimensionen zu untergliedern. Dieses Vorgehen wird gelegentlich als „blind-analytisch" (besser: „explorativ") bezeichnet, da die Items anhand ihrer korrelativen Muster zu Skalen zusammengefasst werden. Die gefundenen Dimensionen werden als einzelne Subtests (Testlets) aufgefasst und sollten untereinander nur geringfügig korrelieren.

Beim Konstrukt „Neurotizismus" handelt es sich um ein faktorenanalytisch ermitteltes Persönlichkeitsmerkmal, das in der Differentiellen Psychologie erforscht wird. Es bildet zusammen mit der Extraversion, der Verträglichkeit, der Offenheit und dem Konstrukt Gewissenhaftigkeit die sog. *Big-Five*. Das Konstrukt spiegelt individuelle Unterschiede in der emotionalen Stabilität von Personen wider. Hohe Neurotizismuswerte gehen dabei mit geringer emotionaler Stabilität einher. Der Kern der Dimension liegt in der Art und Weise, wie Emotionen, vor allem negative Emotionen, erlebt werden. Personen mit hohen Neurotizismuswerten geben häufiger an, sie seien leicht aus dem seelischen Gleichgewicht zu bringen. Im Vergleich zu emotional stabilen Menschen berichten sie häufiger, negative Gefühlszustände zu erleben oder von diesen geradezu überwältigt zu werden. Sie berichten über viele Sorgen und geben häufig an, erschüttert, betroffen, beschämt, unsicher, verlegen, nervös, ängstlich oder traurig zu reagieren. Indessen wird Personen mit höheren Neurotizismuswerten auch eine höhere Empathie zugeschrieben. Personen mit niedrigen Neurotizismuswerten, also emotional stabile Menschen, beschreiben sich selbst als sehr ruhig, ausgeglichen, sorgenfrei, und sie geraten auch in Stresssituationen nicht zu leicht aus der Fassung. Der Prototyp eines emotional stabilen Menschen lässt sich durch nichts aus der Ruhe bringen. Diagnostiziert wird das Ausmaß an Neurotizismus über Adjektivlisten oder über Persönlichkeitstests wie dem NEO-FFI (Borkenau & Ostendorf, 1993; 2007).

2.2.4 Prototypenansatz

Eine besondere Strategie, die vor allem zur empirischen Überprüfung von vorhandenen Skalen bzw. zur Validitätssteigerung von Skalen verwendet wird, ist der Prototypenansatz (s. Schmidt-Atzert et al., 2021). Bei diesem Ansatz werden die Items Versuchspersonen vorgelegt, mit der Instruktion, zu jedem Item anzugeben, wie prototypisch dieses für das zu messende Merkmal oder die Dimension ist. Dabei können prototypische Items auch von den Probanden selber generiert werden. Dies geschieht z. B. dadurch, dass Probanden gebeten werden, sich Personen aus ihrem Bekanntenkreis vorzustellen, die eine bestimmte Eigenschaft sehr stark ausgeprägt zeigen. Dazu sollen sie entsprechende Situationen nennen, die dann von anderen Probanden hinsichtlich ihrer Prototypizität eingeschätzt werden. Des Weiteren lässt sich der Prototypenansatz heranziehen, um zu überprüfen, ob die Zuordnung einzelner Items zu Skalen mit entsprechenden prototypischen Zuordnungen konsistent ist. Skalen können so auch auf prototypische Items verkürzt werden.

Ein Ansatz, der in dieser Form vorgeht, ist der *Act Frequency Approach* (Buss & Craik, 1980). Hier wird eine Personengruppe gebeten, an jene zwei bis drei Personen aus ihrem Bekanntenkreis zu denken, bei denen eine bestimmte Eigenschaft besonders stark ausgeprägt ist (z. B. „Dominanz"). Dazu sollen sie konkrete Verhaltensweisen (*acts*) benennen, die sie bei der jeweiligen Referenzperson beobachtet haben. Die geäußerten Verhaltensweisen sollten für die fragliche Eigenschaft besonders indikativ sein. In einem weiteren Schritt werden diese geschilderten Verhaltensweisen einer anderen Personengruppe vorgelegt, die diese hinsichtlich ihrer Prototypizität (hoch bis niedrig) für die betreffende Merkmalsdimension einschätzen. Schließlich schätzen die Personen für sich selber ein, wie häufig sie dieses Verhalten schon gezeigt haben.

2.2.5 Intuitive Konstruktionsstrategie

Bei der intuitiven Konstruktionsstrategie werden die Items aus den Annahmen und Erfahrungen des Testkonstrukteurs abgeleitet, da kein modell- oder theoriegeleitetes Vorgehen möglich ist. Dieses eher seltene Vorgehen gestattet sich nur noch bei sehr neuartigen Forschungsfragen, die eine rationale Testkonstruktion noch nicht erlauben.

erfahrungsgeleitete Strategie

2.3 Itemkonstruktion

Items setzen sich aus einem *Itemstamm* (der eigentlichen Frage, Aufgabe oder Aussage) und einem spezifischen *Antwortformat* zusammen (s. Rost, 2004). Das Aufgabenformat bestimmt, wie und in welcher Form einzelne Items vorgegeben und wie diese beantwortet werden müssen. Welches Aufgabenformat für ein Item gewählt wird, hängt letztlich von der Testart ab. So ist dies z. B. bei einem Leistungstest eine Aufgabe oder Problemstellung, die gelöst werden soll, bei einem Persönlichkeitstest hingegen eine Frage oder eine Aussage, zu der Stellung bezogen werden soll. Eine idealtypische Zuordnung von Aufgabenformat zu Testart gibt es nicht. Lediglich für Persönlichkeitstests gibt es typische Antwortformate, z. B. werden in der Einstel-

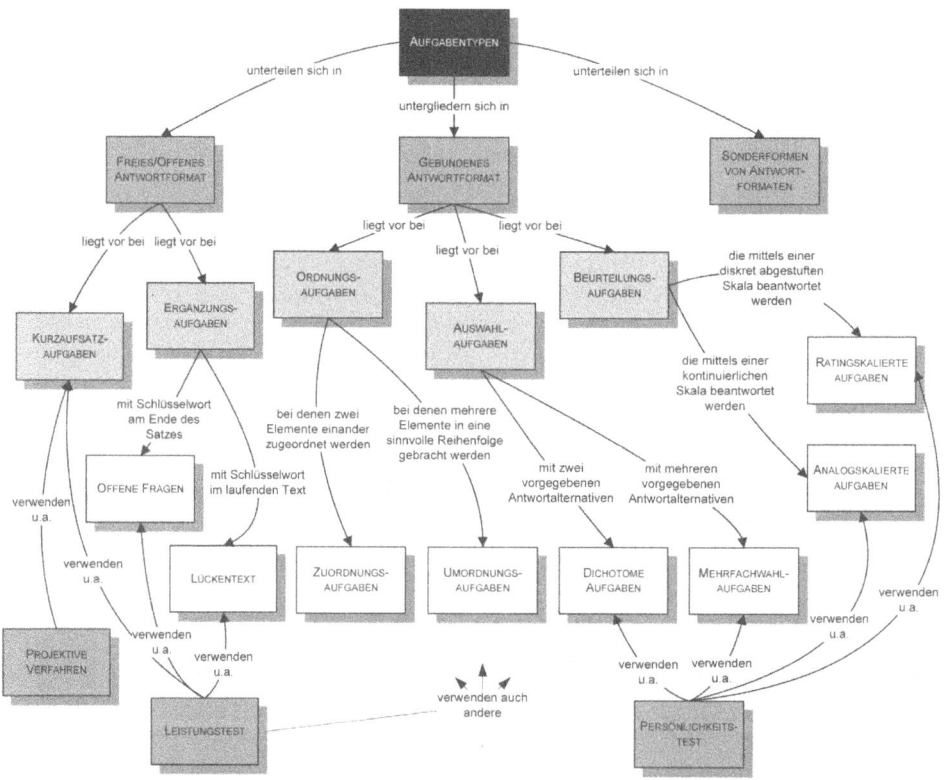

Abb. 2.1: Unterteilung von Aufgabentypen nach Aufgabenformat und Zuordnung zu typischen Testformen

lungs- und Meinungsforschung vornehmlich Ratingskalen eingesetzt. Für Leistungstests kommen prinzipiell alle Antwortformate infrage. Die Wahl bestimmter Aufgabentypen mit spezifischen Antwortformaten beeinflusst vor allem Aspekte der Objektivität eines Tests, wenn es um die Durchführung und Auswertung geht, und die Testökonomie, wenn es um den Aufwand bei der Testbereitstellung und Auswertung geht (s. Lienert & Raatz, 1998). Dabei ist vor allem entscheidend, ob bestimmte Antwortalternativen in strukturierter (gebundener) Form vorgegeben werden oder ob eine Antwort frei (offen) formuliert werden muss (s. Abb. 2.1). Gehören zu einem Itemstamm mehrere Aufgaben oder Fragen wird von einem *Testlet* gesprochen.

Aufgabentypen und Antwortformate

2.3.1 Items mit offenem Antwortformat

Beim offenen Antwortformat formuliert die Testperson die Antwort eigenständig auf der Grundlage einer strukturellen Vorgabe, die in der Instruktion festgelegt wird. Dies erfolgt in den meisten Fällen entweder in Form eines *Kurzaufsatzes* oder als *Ergänzungsaufgabe*. Freie Antwortformate werden insbesondere bei Merkmalen eingesetzt, die

---

Kurzaufsatz:
Definieren Sie den Begriff „Gesundheit" nach dem Verständnis der WHO.

(Lösung: Gesundheit ist ein Zustand des völligen körperlichen, seelischen und sozialen Wohlbefindens und nicht nur das Freisein von Krankheit und Gebrechen.)

Ergänzungsaufgabe: Offene Fragen
[Einfachantwort] (1) Nennen Sie das Hauptalkaloid des Tabakblattes?
[Reihenantwort] (2) Nennen Sie vier Rechte eines Käufers bei aufgetretenem Sachmangel?
[Analogieantwort] (3) Dienstag steht zu Mittwoch wie April zu ...?
[Folgeantwort] (4) 4 16 256

(Lösung: 1. Nikotin; 2. Nacherfüllung, vom Vertrag zurücktreten, Kaufpreisminderung, Schadenersatz; 3. Mai; 4. 65.536)

Ergänzungsaufgabe: Lückentext
Ergänzen Sie bei dem folgenden Text die fehlenden Wortteile:
La__ Saturday was Mr. Miller's 70th birth___. His son and h__ wife had a go__ idea. In the mor___ they and their chil____ prepared a nice brea_____ with ham and eg_ .

(Lösung: Last; birthday; his; good; morning; children; breakfast; eggs)

Abb. 2.2: Beispiele für Items mit offenem Antwortformat

Kurzaufsatzaufgabe

Ergänzungsaufgabe

sich nur indirekt oder teilstrukturiert erheben lassen – vor allem projektive Verfahren arbeiten mit offenen Antwortformaten. Aber auch beim Abfragen komplexer Wissensinhalte (z. B. im Rahmen von Fragenklausuren) sind offene Antwortformate durchaus üblich.

Bei der Kurzaufsatzaufgabe werden die Probanden gebeten, eine kurze schriftliche Abhandlung (von einem Wort bis ein oder mehrere Sätze) auf eine gestellte Frage oder Aufgabe zu erstellen. Bei längeren Abhandlungen können Begrenzungen der Wortzahl (z. B. auf maximal 150 Wörter oder eine halbe DIN-A-4 Seite) sinnvoll sein.

Bei der Ergänzungsaufgabe ist ein Aufgabenstamm durch bestimmte Schlüsselwörter oder Symbole sinnvoll zu vervollständigen. Dabei werden *offene Fragen* (mit einem Schlüsselwort am Ende des Satzes) von *Lückentexten* (mit zu ergänzenden Schlüsselwörtern im laufenden Text) unterschieden (s. Abb. 2.2).

Vor- und Nachteile von Items mit offenem Antwortformat sind:

- **Positiv:** Der Kurzaufsatz erfordert vom Probanden eine eigenständige Leistung. Das Erzielen von Zufallstreffern durch Raten der richtigen Antwort ist nicht möglich. Insbesondere Merkmale wie Motivation, Interesse, Kreativität, Sprachverständnis und komplexe kognitive Leistungen (wie die Reproduktion und Anwendung von Wissen) lassen sich dadurch überprüfen.

  Bei der vor allem im Leistungsbereich eingesetzten Ergänzungsaufgabe ist der Itemstamm durch ein spezifisches Schlüsselwort zu vervollständigen. Insbesondere die Reproduktion von Wissen bzw. von Teillösungen im Rahmen komplexerer Aufgabenstellungen kann durch diese Form erfasst werden. Auch hier ist eine zufällig richtige Beantwortung der Aufgabe kaum möglich. Die Auswertungsobjektivität kann durch eine eindeutige Vorgabe gültiger Ergänzungen gewährleistet werden.

- **Negativ:** Der Einsatz von Kurzaufsätzen (insbesondere bei zunehmender Antwortlänge) wird durch den hohen Auswertungsaufwand und eine erschwerte Auswertungsobjektivität eingeschränkt. Um der Mehrdeutigkeit von Antworten und der schwierigen Auswertbarkeit entgegenzuwirken, sind daher genaue Auswertungsschlüssel für mögliche (Präferenz-)Antworten unverzichtbar. Für die Probanden sind der zeitliche Bearbeitungsaufwand und die kognitive Belastung hoch. Zudem können Personen mit fremder Muttersprache sowie generellen Formulierungsschwierigkeiten benachteiligt werden.

  Bei Ergänzungsaufgaben kann die Objektivität eingeschränkt sein, wenn durch die Aufgabenkonstruktion verschiedene Ergänzungen möglich werden, die nicht alle bei der Konstruktion der Aufgabe berücksichtigt wurden. Zudem beschränken sich Ergänzungsaufgaben auf Faktenwissen, bei denen der eigentliche Inhalt nicht immer von Merkmalen allgemeiner Intelligenz und Lesefähigkeit zu trennen ist.

2.3.2 Items mit gebundenem Antwortformat

Beim gebundenen Antwortformat sind die Antwortalternativen ohne Freiraum für eigene Antworten fest vorgegeben, aus denen der Proband nach einer bestimmten Anweisung wählt. Da keine nachträgliche Kodierung bzw. Bewertung der Antworten stattfinden muss, lassen sich entsprechende Aufgaben besonders ökonomisch und objektiv auswerten. Unterschieden werden bei diesen Items Ordnungsaufgaben, Auswahlaufgaben und Beurteilungsaufgaben.

Ordnungsaufgaben

Ordnungsaufgaben werden eingesetzt, wenn eine bestimmte Zuordnung von jeweils zwei Elementen (Wörtern, Zahlen oder Symbolen) vorgenommen werden soll (*Zuordnungsaufgabe*) oder wenn Elemente umsortiert bzw. in eine sinnvolle Reihenfolge gebracht werden sollen (*Umordnungsaufgabe*).

- Zuordnungsaufgaben bieten sich vor allem bei Wissens- und Kenntnisprüfungen an, die ein korrektes Wiedererkennen testen sollen. Die Aufgabe besteht darin, zwei Elemente (Begriffe, Zahlen oder Abbildungen) einander korrekt zuzuordnen. — *Zuordnungsaufgabe*
- Umordnungsaufgaben bieten sich hingegen vor allem bei Verwendung bildlichen Materials an, die für den Nachweis schlussfolgernden Denkens oder von Lösungen zur Ursache und Wirkungsbeziehung eingesetzt werden sollen. Die Aufgabe besteht darin, Elemente so umzusortieren, dass sie in einer sinnvollen Reihenfolge auftreten (s. Abb. 2.3). — *Umordnungsaufgabe*

Umordnungsaufgabe:

Bringen Sie die Worte in eine sinnvolle Reihenfolge
Herrn   seinen   ein   rettete   treuer   Hund

(Lösung: Ein treuer Hund rettete seinen Herrn.)

Zuordnungsaufgabe:

Ordnen Sie dem jeweiligen Fachbegriff sein Synonym zu:

(a) Reliabilität   (1) Eichung
(b) Validität   (2) Zuverlässigkeit
(c) Objektivität   (3) Nützlichkeit
(d) Utilität   (4) Gültigkeit
(e) Normierung   (5) Intersubjektivität

(Lösung: a-2; b-4; c-5; d-3; e-1)

Abb. 2.3: Beispiele für Ordnungsaufgaben

Vor- und Nachteile von Items mit gebundenem Antwortformat sind:

- **Positiv:** Zuordnungsaufgaben sind konstruktionstechnisch einfach, für einen Test ökonomisch und hinsichtlich ihrer Auswertung objektiv. Sie eignen sich daher besonders für die kompakte Überprüfung von Wissen. Umordnungsaufgaben sind vor allem dort sinnvoll, wo eine Beeinträchtigung der Ergebnisse durch die Lesefähigkeit ausgeschlossen werden soll, da auch nicht verbale Aufgaben (z. B. Bildtafeln) konstruiert werden können. Im Leistungsbereich sind Aspekte wie schlussfolgerndes Denken oder Erkennen von Ursache-Wirkungs-Zusammenhängen gut zu erfassen.
- **Negativ:** Das Wissen muss nicht reproduziert oder angewendet werden, ein Wiedererkennen reicht aus. Da mit jeder richtigen Zuordnung die Freiheitsgrade für die verbleibenden Zuordnungen abnehmen, ist zu empfehlen, auch nicht zuordbare Antworten aufzunehmen, um die Ratewahrscheinlichkeit gering zu halten.

Die Materialentwicklung ist für Umordnungsaufgaben aufwendig. Die Verwendbarkeit für Gruppentestungen ist eingeschränkt (zumeist nur als Papier- und Bleistiftversion) und vom Materialeinsatz hoch.

Auswahlaufgaben

Antwortalternativen Bei Auswahlaufgaben ist/sind bei Vorgabe mehrerer Alternativen die zutreffende(n) Antwort(en) zu identifizieren (s. Abb. 2.4). Im Kontext von Leistungstests sind Antwortalternativen so zu formulieren, dass neben der richtigen Antwort auch richtig aussehende, aber doch inhaltlich falsche Antworten auftreten. Je mehr solcher *Distraktoren* (ablenkende bzw. zerstreuende Items) vorhanden sind, umso geringer wird die Wahrscheinlichkeit, die richtige Lösung per Zufall zu finden, und umso größer die Schwierigkeit, die Aufgabe zu lösen. Durch die mehr oder weniger große Ähnlichkeit oder Plausibilität der Distrakto-

---

Einfachwahlaufgabe:
Welche der nachfolgenden Zahlengruppen folgt nicht der Logik der übrigen:
(a) 2468 (b) 1369 (c) 1234 (d) 3546 (e) 6789

(Lösung: d)

Mehrfachwahlaufgabe:
Wählen Sie aus den nachfolgenden Begriffen diejenigen aus, die zu einer gemeinsamen Kategorie gehören:
Messer Butter Zeitung Brot Zigarre Armband

(Lösung: Butter, Brot mit der gemeinsamen Kategorie „Lebensmittel")

Abb. 2.4: Beispiele für Auswahlaufgaben

ren hinsichtlich der richtigen Antwort tangieren sie wesentlich die Auswahlwahrscheinlichkeit, die richtige Antwort unter den alternativen Möglichkeiten zu finden. Demgegenüber muss aber darauf geachtet werden, dass nur genau *eine* Antwort richtig ist, die anderen Antwortalternativen also das Kriterium der *Disjunktion* (Trennung) erfüllen, d. h. sich gegenseitig ausschließen und keine gemeinsame Schnittmenge besitzen.

Bei Persönlichkeitstests müssen die Antwortalternativen zudem auf *Exhaustivität* (Vollständigkeit) gerichtet sein, d. h. mit den Antwortalternativen sind alle Verhaltensvarianten abzubilden. Nur so kann sichergestellt werden, dass ein Proband auch die für ihn adäquate Antwort findet. Liegt keine Exhaustivität vor, muss durch eine entsprechende Instruktion darauf hingewiesen werden, dass sich die Probanden ggf. für die Antwort entscheiden sollen, die am ehesten zutrifft. Derartige *Forced-Choice-Antworten* („erzwungene" Antworten) werden z. B. in der Einstellungs- und Meinungsforschung eingesetzt (s. Abb. 2.5).

Vollständigkeit der Antworten

Für Leistungstests gilt die Forderung auf Exhaustivität nicht, da die Menge falscher Antworten praktisch unendlich ist. Demgegenüber kann allerdings von der üblichen Variante nur einer richtigen Lösung

---

Nicht disjunkte Antwortalternativen:
Welches ist der Oberbegriff für Birne?
(a) Strauchfrüchte   (b) Obst   (c) Gemüse   (d) Baumfrüchte   (e) Erdfrüchte

(Lösung: b und d)

Nicht exhaustive Antwortalternativen:
Hund steht zu Welpe wie Schwein zu ...
(a) Nutztier   (b) Lamm   (c) Sau   (d) Ferkel   (e) Eber

(Lösung: d)

Forced-Choice-Antwortalternativen:
Welche der folgenden Freizeitbeschäftigungen sagt Ihnen am meisten zu? Wählen Sie bitte die Antwortalternative, die am ehesten auf Sie zutrifft.
(a) zu Hause bleiben und fernsehen
(b) einen Spaziergang unternehmen
(c) sich mit Freunden treffen
(d) in die Stadt gehen und einen Einkaufsbummel machen

Abb. 2.5: Beispiele für nicht disjunkte, nicht exhaustive Auswahlaufgaben und Forced-Choice-Aufgaben

abgewichen werden, indem Antwortalternativen mit mehreren korrekten Lösungen konstruiert werden. Um die Ratewahrscheinlichkeit zu senken, kann in der Instruktion die Anzahl korrekter Antworten vorgegeben oder vom Probanden als zusätzliche Aufgabe gefordert werden.

Anzahl der Antworten Hinsichtlich der Anzahl der Antwortalternativen werden neben *dichotomen Aufgaben* (mit nur zwei Alternativen, wie z. B. „ja/nein", „richtig/falsch", „trifft zu/trifft nicht zu") *Multiple-Choice-Aufgaben* (Mehrfachwahlaufgaben mit mehreren Alternativen, aus denen die richtige[n] oder zutreffende[n] Antwort[en] auszuwählen ist/sind) unterschieden.

Vor- und Nachteile von Auswahlaufgaben sind:

- **Positiv:** Auswahlaufgaben sind einfach, ökonomisch und objektiv. Dichotome Antwortalternativen sind dabei in der Bearbeitungszeit besonders kurz, da nur aus zwei Alternativen ausgewählt werden muss. Um die Ratewahrscheinlichkeit im Leistungsbereich einzuschränken, bietet sich die Erhöhung der Antwortalternativen an.
  Die Ratewahrscheinlichkeit reduziert sich bei Auswahlaufgaben mit der Anzahl der Antwortalternativen oder wenn spezifische Kombinationen aus mehreren Antwortalternativen die korrekte Antwort ergeben. Bei Multiple-Choice-Aufgaben werden ggf. Fehlerkorrekturen notwendig, wenn mehrere Antwortalternativen richtig, aber falsche Antworten davon abgezogen werden sollen. Die Kenntnis darüber kann allerdings Probanden dazu verleiten, „vorsichtig" zu antworten, um Punktabzüge zu vermeiden.
- **Negativ:** Dichotome Aufgaben besitzen eine 50-prozentige Ratewahrscheinlichkeit und sind daher für den Leistungsbereich eher ungeeignet. Zudem ist ihr Informationsgewinn nur wenig differenzierend und erlaubt nur eingeschränkte statistische Auswertungen (sinnvolle Auswertungen sind allerdings über das Rasch-Modell möglich, sofern Differenzierungen im Schwierigkeitsgrad vorliegen; s. Kap. 5.5).
  Für Auswahlaufgaben gilt generell, dass nur eine Rekognitionsleistung erfasst wird. Kreativität oder besondere Problemlösefähigkeiten lassen sich anhand solcher Items nicht erfassen. Besonders die Entwicklung geeigneter Distraktoren ist aufwendig und kann zu Verzerrungen führen, wenn diese mit ungleich gewichteten Hinweisreizen ausgestattet sind. Dabei reduzieren nur schwere bzw. leicht mit einer richtigen Lösung zu verwechselnde Distraktoren die Ratewahrscheinlichkeit. Sind die falschen Antwortalternativen einfach zu entschlüsseln und die richtige Antwort leicht zu identifizieren, erhöht dies die Ratewahrscheinlichkeit. Darüber hinaus kann die Dimensionalität einer Skala eingeschränkt sein, wenn zur Beurteilung einzelner Antworten unterschiedliche Lösungsstrategien vom Probanden gefordert sind.

Beurteilungsaufgaben

Beurteilungsaufgaben werden häufig im Rahmen von Persönlichkeitstests oder bei Fragebögen eingesetzt. Typischerweise soll dabei eine vorgegebene Aussage (*statement*) mittels einer diskret gestuften *Ratingskala* (Stufenskala) oder einer kontinuierlich verlaufenden *Analogskala* eingeschätzt werden. Die Probanden entscheiden dabei durch Ankreuzen der geeigneten Stufe bzw. Markieren des geeigneten Grades über ihren Zustimmungs- oder Ablehnungsgrad zu der jeweiligen Aussage. Aus der gewichteten Antwort wird ein passender Punktwert abgeleitet und mit den Punktwerten anderer Antworten zu einem Gesamtpunktwert (*score*) verrechnet. Dazu ist es allerdings erforderlich, dass die verwendete Skala einheitlich formuliert wird. Bei einer Ratingskala hat dies die gleiche Anzahl von Antwortstufen zur Folge, bei einer Analogskala hingegen ein identisch langes Kontinuum mit gleich lautenden Extrempositionen. Aus den Gesamtpunktwerten werden dann Schlussfolgerungen hinsichtlich des untersuchten Persönlichkeitsmerkmals gezogen, die Aufgaben dienen daher als *schlussfolgernde Indikatoren*. Hinsichtlich der Konstruktion der Antwortskala sind bei Beurteilungsaufgaben zudem folgende zehn Aspekte zu berücksichtigen:

Rating- oder Analogskala

1. Die *optimale Anzahl von Skalenstufen* hängt bei einer diskret gestuften Ratingskala wesentlich von der Diskriminationsfähigkeit der Probanden bzw. der Differenzierbarkeit eines Urteils ab. Grob werden bei einer einzelnen Ratingskala 9±2 Kategorien empfohlen, bei Itembatterien 5±2 Skaleneinheiten; sieben Skalenstufen haben sich als optimal für den Informationsgewinn herausgestellt. Dass bei nur einer einzigen Ratingskala die Kategorienzahl größer sein muss als bei einer Itembatterie, folgt aus dem Umstand, dass die Weiterverarbeitung mehrerer Itemwerte zu einem Globalwert (etwa in Form eines Mittelwertes) den Wertebereich der Skalierung insgesamt automatisch erhöht. Eine geringere Zahl von Antwortkategorien verhindert allerdings tendenziell die Neigung, Extremurteile abzugeben.

Stufen einer Ratingskala

Die Entscheidung über Skalenstufen entfällt im Falle einer grafischen Analogskala, bei der das Item durch Ankreuzen eines Abschnitts auf einer Linie beantwortet wird. Ob die gewonnene Differenziertheit der Angabe (z. B. als Messung in Zentimeter) allerdings auch der Differenziertheit des Urteils entspricht, ist nicht in jedem Fall sichergestellt. Analogskalen werden zunehmend im Bereich von computergestützten Online-Erhebungen verwendet.

Kontinuum einer Analogskala

Forcierung des Ratings

2. Hinsichtlich der *geraden oder ungeraden Anzahl von Kategorien* verfügen Ratingskalen, die eine ungerade Anzahl von Kategorien aufweisen, zwangsläufig über einen Mittelpunkt, der verschieden oder uneindeutig interpretiert werden kann (*unforciertes Rating*). Die mittlere Kategorie wird dabei nicht immer auch als mittlere Merkmalsausprägung interpretiert, sondern ggf. als Ausweichoption, wenn sich ein

---

Verbale Ratingskalen (unforciert)

... zur Skalierung einer Häufigkeit

☐ nie ☐ selten ☐ gelegentlich ☐ oft ☐ immer   ☐ sehr selten ☐ selten ☐ gelegentlich ☐ oft ☐ sehr oft

... zur Skalierung einer Intensität

☐ gar nicht ☐ wenig ☐ mittelmäßig ☐ überwiegend ☐ völlig   ☐ sehr stark ☐ stark ☐ mittelmäßig ☐ wenig ☐ gar nicht

... zur Skalierung einer Wahrscheinlichkeit

☐ keinesfalls ☐ wahrscheinlich nicht ☐ vielleicht ☐ ziemlich wahrscheinlich ☐ ganz sicher   ☐ auf keinen Fall ☐ geringe Hoffnung ☐ zu 50% ☐ wahrscheinlich ☐ auf jeden Fall

... zur Skalierung einer Bewertung

☐ trifft gar nicht zu ☐ trifft wenig zu ☐ trifft teils teils zu ☐ trifft überwiegend völlig zu ☐ trifft völlig zu   ☐ falsch ☐ eher falsch ☐ mal so mal so ☐ eher richtig ☐ richtig

... zur Skalierung einer Einstellung

☐ starke Ablehnung ☐ eher Ablehnung ☐ weder noch ☐ eher Zustimmung ☐ völlige Zustimmung   ☐ positiv ☐ eher positiv ☐ weder noch ☐ eher negativ ☐ negativ

Abb. 2.6: Beispiele für verbale, unforcierte Ratingskalen

Proband in der Beantwortung unschlüssig ist oder die Frage nicht verstanden hat. Ebenso kann eine Mittelkategorie als „typische" oder „normale" Ausprägung missverstanden werden (s. Abb. 2.6). Allerdings ist auch eine gerade Kategorienzahl nicht in jedem Fall unproblematisch, da hier der Proband zu einem Urteil gezwungen wird (*forciertes Rating*). Es besteht somit keine Möglichkeit mehr, eine mittlere Position kundzutun (s. Abb. 2.7). Es ist daher genau abzuwägen, welches Rating auf dem Hintergrund des interessierenden Konstrukts und des antizipierten Antwortverhaltens adäquat ist. Die Wahl ungeeigneter Ratingformen kann zu einem unangemessenen Antwortverhalten führen, das erhebliche Validitätseinschränkungen hinsichtlich des zu messenden Konstruktes nach sich ziehen kann.

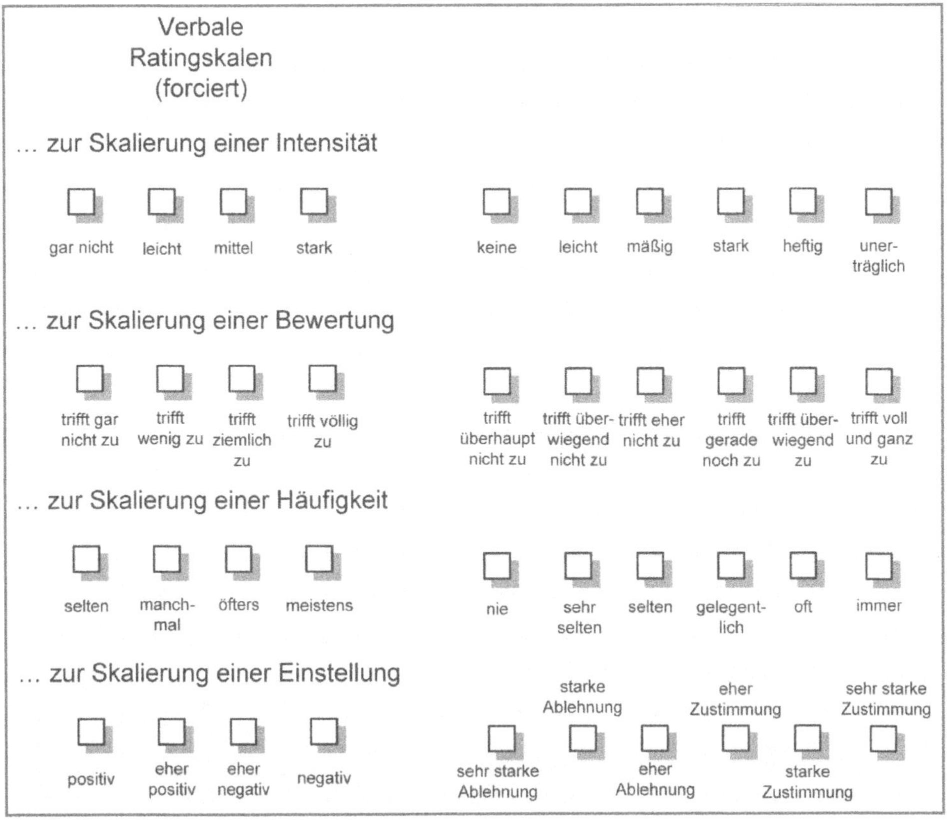

Abb. 2.7: Beispiele für verbale, forcierte Ratingskalen

"weiß nicht"- Kategorie

3. Insbesondere bei ungerader Kategorienzahl ist zu prüfen, ob nicht eine zusätzliche *Ausweichkategorie* sinnvoll ist, die optisch von den übrigen Kategorien getrennt und verbal mit „weiß nicht", „nicht anwendbar" oder „keine Meinung" etikettiert wird. Sie bietet sich vor allem dann an, wenn davon ausgegangen werden muss, dass einzelne Probanden nicht über die Fähigkeit oder Eigenschaft verfügen, eine Frage zu beantworten, oder um Fälle zu berücksichtigen, bei denen bestimmte Fragen nicht zutreffen. Eine Ausweichkategorie liefert ein verwertbares Datum, da sie zumindest Aufschluss über die Nichtbearbeitung der Aufgabe oder Nichtbeantwortung einer Frage gibt. Andernfalls würde in solchen Fällen ein fehlender Messwert (*missing value*) resultieren, der Anlass zu sehr unterschiedlichen Interpretationen geben kann (z. B. Frage wurde nicht verstanden, übersprungen, als nicht zutreffend interpretiert, die Beantwortung wurde verweigert oder blieb aus Unkenntnis unbeantwortet).

Polarität der Skala

4. Bei der *Polarität einer Antwortskala* können bipolare von unipolaren Skalen unterschieden werden. *Bipolare Skalen* sind durch einen positiven (starke Zustimmung ausdrückenden) und einen negativen (starke Ablehnung ausdrückenden) Pol gekennzeichnet – zur Mitte nimmt dabei der Grad der Indifferenz zu. *Unipolare Skalen* hingegen besitzen einen Bezugspunkt geringster Intensität (Zustimmung/Ablehnung) und einen Pol größter Intensität (Zustimmung/Ablehnung) – dabei steigt die Intensität nur in einer Richtung (s. Abb. 2.8). Eine Entscheidung hinsichtlich der Polarität muss vom erfragten Gegenstandsbereich und den jeweiligen Iteminhalten abhängig gemacht werden.

Abb. 2.8: Beispiele für uni- und bipolare Skalen

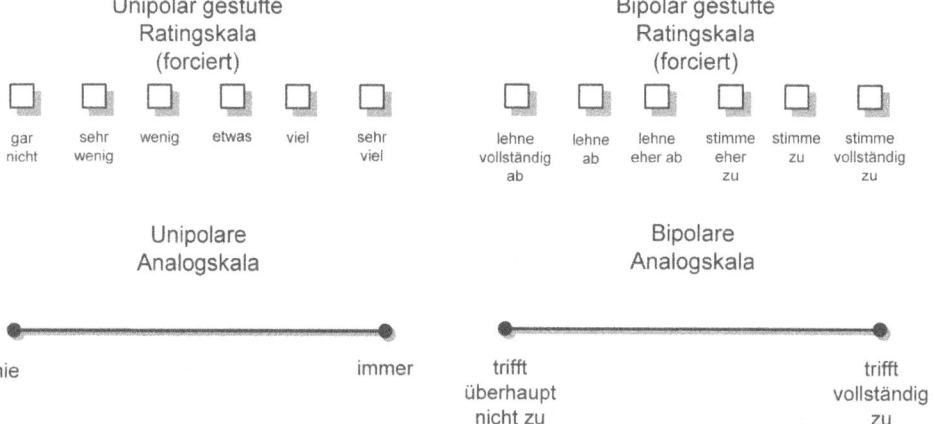

5. Bei der *Balancierung einer Skala* ist bei einer *balancierten* (symmetrischen) Ratingskala die Anzahl der positiven und negativen Kategorien gleich, während sie bei einer *unbalancierten* (asymmetrischen) Skala ungleich sind (s. Abb. 2.9). Im Allgemeinen sind balancierte Skalen vorzuziehen. Gibt es aber Annahmen über den vorwiegenden Bereich der Urteile (z. B. ein erwarteter positiver Bewertungsbereich) und soll dieser differenzierter abgestuft werden, sind unbalancierte Skalen durchaus adäquat und liefern differenziertere Urteile im antizipierten Bewertungsbereich.

Symmetrie der Skala

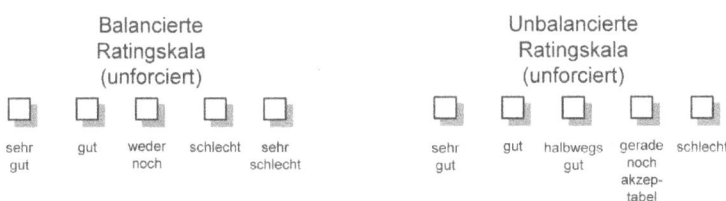

Abb. 2.9: Beispiele für (un)balancierte Ratingskalen

6. Unter *Verankerung einer Ratingskala* wird die Definition der Skalenendpunkte sowie der einzelnen Skalenstufen, d. h. der einzelnen Kategorien, verstanden. *Numerische Verankerung* liegt dann vor, wenn alle oder bestimmte Kategorien mit Zahlen (z. B. eine numerische Skala von -5 bis +5) bezeichnet werden. Dagegen erfolgt dies bei der *verbalen Verankerung* (z. B. verbale Ratingskala von „trifft voll und ganz zu" bis „trifft überhaupt nicht zu") mit Worten oder Sätzen (s. Abb. 2.10). Eine numerische Verankerung wirkt mathematisch präziser, stellt aber nicht sicher, dass die Gleichabständigkeit (*Äquidistanz*) der Zahlen auch gleichen Abständen in den Urteilen der Probanden entspricht. Dafür spricht auch eine gewisse Willkür bei der Wahl der Zahlenfolgen: Vom negativen in den positiven Bereich verlaufende Zahlenfolgen sug-

Beschriftung einer Skala

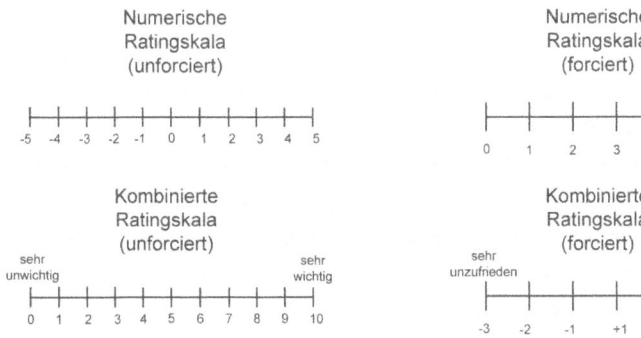

Abb. 2.10: Beispiele für numerische und kombinierte Ratingskalen

gerieren bei den Probanden eher ein bipolar skaliertes Merkmal, während rein positive Zahlenfolgen eher unipolare Merkmalsskalierungen andeuten. Eine verbale Verankerung erleichtert die Beantwortung durch die Probanden, ist allerdings erschwert durch das Auffinden und den Nachweis äquidistanter Beschreibungen für einzelne Skalenpunkte. Eine kombinierte Ratingskala beschreibt nur die Extrempositionen verbal und macht keine expliziten Vorgaben hinsichtlich der semantischen Interpretation einzelner Skalenpunkte. Dies erfordert allerdings von den Probanden, Distanzen zwischen den numerischen Skalenpunkten zu schätzen und in die Beurteilung einzubeziehen.

symbolische Skalen und Marker 7. Bei *symbolischen* (auch: *optische* oder *grafische*) *Skalen* können verschiedene Präsentationsrichtungen und eine verbundene oder getrennte Darstellungsweise unterschieden werden. Ferner sind *symbolische Marker* verwendbar (s. Abb. 2.11). Diese Art von Skalen erlaubt Beurteilungen ohne semantische Interpretation von Skalenpunkten und ist daher besonders für Personen anwendbar, die im Umgang mit Zahlen oder semantischen Kategorien ungeübt sind.

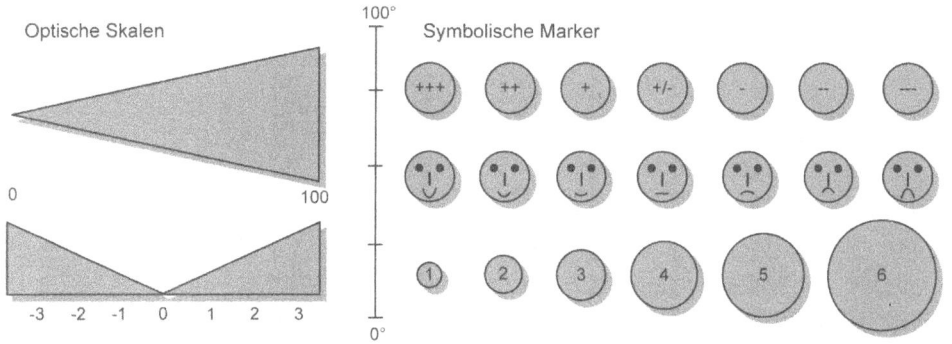

Abb. 2.11: Beispiele für optische Skalen und symbolische Marker

kombinierte Skala 8. Bei den verbalen und grafischen Skalen ist grundsätzlich eine Kombination mit numerischen Markern möglich. Durch diese Art *multipler Skalierung* können verschiedene Arten von Skalenbeschriftungen ergänzend genutzt werden. Wichtig dabei ist zu berücksichtigen, dass die Zuordnung von numerischen zu verbalen Markern für die Probanden nachvollziehbar erfolgt (z. B. „gar nicht" mit 0, „leicht" mit 1, „mittel" mit 2 und „stark" mit 3 oder wie bei Schulnoten „sehr gut" mit 1, „gut" mit 2, „befriedigend" mit 3, „ausreichend" mit 4 und „ungenügend" mit 5).

9. Hinsichtlich des *Skalenniveaus von Ratingskalen* gibt es keine Generalisierung des Skalentyps von Ratingskalen für alle Situationen. Die Ratingtechnik ist eine Einzelreizmethode, entsprechend lässt sich der Skalentyp nicht direkt bestimmen. Bei jeder Messung interagieren das zu messende Merkmal, die beteiligten Probanden und das Messinstrument. Ein Nachweis der Realisation eines bestimmten psychometrischen Messniveaus kann immer nur einen sehr eingeschränkten Geltungsbereich besitzen. Zulässig ist dabei lediglich der Schluss, dass ein Messinstrument in der Lage ist, ein bestimmtes Skalenniveau zu erreichen.

Skalentyp und Skalenniveau

10. Bei der Frage der *Relation zwischen Item und Merkmal* muss eindeutig sein, wie die Antworttendenz bei einem Item (z. B. Zustimmung oder Ablehnung) mit der Ausprägung des Merkmals (hoch oder niedrig) in Beziehung steht. Bleibt hinsichtlich der Itemformulierung diese (zumeist) monotone Relation immer gleich (z. B. Zustimmung als symptomatisch und Ablehnung als unsymptomatisch) kann dadurch eine Ja-Sage-Tendenz (Akquieszenz) bei der Itembeantwortung erzeugt werden. Ein Durchmischen von positiven oder negativen Itemformulierungen kann allerdings ebenso problematisch sein, wenn dadurch beim gleichen Konstrukt eine Mehr-Faktoren-Struktur entsteht. Dies sollte ggf. vorab überprüft werden.

11. *Reliabilität und Validität von Ratingskalen* werden unterschiedlich beurteilt. Hauptsächlich werden zwei Methoden der Reliabilitätsbestimmung verwendet: die Test-Retest-Methode (s. Kap. 6.1.1) sowie die Inter-Rater-Methode, wobei die letztere – sie beurteilt die Übereinstimmung (Konkordanz) verschiedener Urteiler – bei der Einstufung desselben Stimulus präferiert wird. Typisch scheint ein Inter-Rater-Reliabilitätskoeffizient von etwa 0,55 zu sein. Praktisch ist es aber nicht möglich, von einer generellen Reliabilität von Ratingskalen zu sprechen. Validitätskoeffizienten liegen häufig im Intervall 0,00 bis 0,50.

Gütekriterien einer Skala

Vor- und Nachteile von Beurteilungsaufgaben sind:

- **Positiv:** Beurteilungsaufgaben werden sehr häufig aufgrund ihrer leichten Handhabung, ihrer Ökonomie und der allgemeinen Akzeptanz durch die Probanden eingesetzt. Darüber hinaus lassen sie sich mit angemessenem Aufwand an verschiedene Differenziertheitsgrade hinsichtlich Fragestellung und Untersuchungszweck und an verschiedene Fähigkeitsniveaus der Probanden anpassen.

- **Negativ:** Messtheoretisch problematisch ist die Zuordnung von Zahlen zu den Skalenpunkten, denen eine Intervallskalierung unterstellt wird, obwohl die Abstufungen der Antwortkategorien nur eine Ordinalskalierung rechtfertigen. Zudem kann nicht ausgeschlossen werden, dass semantisch und/oder numerisch belegte Abstufungen von den Probanden subjektiv unterschiedlich interpretiert werden. Insbesondere die nicht extremen Kategorien (wie „selten" – „manchmal" – „oft") werden mit sehr unterschiedlichen Interpretationen belegt.

Zusammengefasst: Die verschiedenen freien (Kurzaufsatz und Ergänzungsaufgabe) und gebundenen (Ordnungs-, Auswahl- und Beurteilungsaufgaben) Antwortformate besitzen allesamt ihre Vor- und Nachteile. Bei einfachen Tests reicht häufig die Wahl einer Aufgabenart, bei komplexen Testsystemen wechselt hingegen der Aufgabentyp zwischen den Subtests. Eine klare Zuordnung von Aufgabeninhalt zu Aufgabentyp existiert nicht. Leistungstests lassen sich prinzipiell in jedem Format darstellen, während bei Persönlichkeitstests vorwiegend Auswahlaufgaben (dichotome oder Multiple-Choice-Aufgaben) zum Einsatz kommen. Allgemeine Aspekte zur Auswahl adäquater Aufgabentypen sind (s. Lienert & Raatz, 1998): gute Verständlichkeit, ökonomische Durchführbarkeit, möglichst kurze Lösungszeiten, geringer Testmaterialverbrauch, einfache und leichte Auswertbarkeit, möglichst geringe Wahrscheinlichkeit für Zufallslösungen, ein angemessener Komplexitätsgrad bei den Aufgaben und eine Entscheidung zur geforderten Gedächtnisleistung (Reproduktion oder Rekognition).

2.4 Fehlerquellen bei der Beantwortung von Items

systematische Fehler Fehler bei der Itembearbeitung sind immer dann zu berücksichtigen, wenn diese systematisch auftreten – also wenn z. B. Probanden aus bestimmten Gründen systematisch nicht die Antwortkategorien wählen, die der eigentlichen Merkmalsausprägung entsprechen – und damit *konstruktirrelevante Varianz* erzeugen. Die Gründe solcher die Validität einschränkenden Fehlerquellen können vielfältig sein: Sie können durch *verfälschende Einflüsse in der Testsituation oder Konstruktionsmängel der Items* ebenso verursacht sein wie durch unerwünschte *Kognitionen* oder *Emotionen*, die durch die Testsituation oder die Testanforderungen beim Probanden ausgelöst werden. Dabei spielen auch unterschiedliche Motive eine gewichtige Rolle, die einen Probanden an einem Test teilnehmen lassen und seine effektive Leistung bzw. sein Verhalten beeinflussen, wie z. B.:

- der Wille, sich bewähren zu wollen, oder aber die Angst, nicht versagen zu wollen,
- die Einstellung, mit sachgerechten Angaben behilflich sein zu wollen, oder aber die Einstellung, den Erwartungen des Testleiters oder einer antizipierten Norm gerecht werden zu wollen,
- die Erwartung, eine Belohnung zu erhalten, oder aber das Vermeiden einer Bestrafung.

2.4.1 Soziale Erwünschtheit

Ein sozial erwünschtes Verhalten liegt dann vor, wenn Personen Meinungen und Einstellungen unter der Annahme äußern, diese seien in Übereinstimmung mit den gesellschaftlichen Werten und Normen (Normanpassungseffekt). Eine solche Verhaltenstendenz kann sich vor allem auf Testverfahren auswirken, die eine Selbstbeschreibung der Probanden erwarten (wie z. B. Fragebogenverfahren). Der Effekt sozialer Erwünschtheit (*social desirability*) äußert sich dabei in dem Bestreben des Probanden, als günstig erachtete Merkmale in den Vordergrund zu stellen und gleichzeitig als unerwünscht vermutete Merkmale zu verbergen. Das Vortäuschen von Verhaltensweisen, die ein Proband eigentlich sonst nicht zeigt, wird dabei als *Simulation* (*fake good*), das Verbergen von Verhaltensweisen, die ein Proband eigentlich zeigt, als *Dissimulation* (*fake bad*) bezeichnet (s. Döring & Bortz, 2015).

Normanpassungseffekt

Des Weiteren wird bei der sozialen Erwünschtheit ein Aspekt der *Fremdtäuschung* (*impression management*) von der *Selbsttäuschung* (*self-deceptive enhancement*) unterschieden. Die Selbsttäuschung stellt dabei eine unbewusste Tendenz dar, sich selbst vorteilhaft darzustellen, ohne dies als Täuschung von anderen anzusehen. Bei der Fremdtäuschung hingegen wird der erzeugte Fehleindruck zur Steuerung und Kontrolle anderer Menschen (auch in alltäglichen sozialen Situationen) eingesetzt (s. Schmidt-Atzert et al., 2021; Brandt & Moosbrugger, 2020).

Täuschungsarten

Mit sozialer Erwünschtheit ist vor allem in Situationen zu rechnen, die durch einen besonderen Erfolgs- (z. B. eine Konkurrenz-, Auslese- oder Bewerbungssituation) oder Vermeidensdruck (z. B. dem drohenden Verlust von Privilegien, Funktionen, Aufgaben oder dem Arbeitsplatz) gekennzeichnet sind. Dabei sind Situationen mit direkter mündlicher Befragung für den Effekt sozialer Erwünschtheit anfälliger als stärker anonymisierte schriftliche Befragungen ohne direkten Kontakt zum Testleiter. Die Effekte vorgetäuschten Verhaltens (*fake good*) sind dabei noch stärker als die Effekte verborgenen Verhaltens (*fake bad*), wenn Testpersonen hierzu explizit in einer Instruktion auf-

Verfälschungsgrade

gefordert werden (s. Viswesvaran & Ones, 1999). Durch den Vergleich einer Bearbeitung unter regulären Bedingungen und einer instruierten Täuschung (z. B. einer Instruktion zu *fake good*) kann der Grad der Verfälschung eines Verfahrens abgeschätzt werden.

instruierte Vermeidung
Bezüglich einfacher Anweisungen in der Testinstruktion zur Vermeidung sozial erwünschten Verhaltens sind die Effekte uneindeutig. Aufforderungen zu korrekter Testbearbeitung oder auch die Zusicherung von Anonymität wirken (wenn überhaupt) lediglich im wissenschaftlichen Kontext. Auch der Hinweis, dass nicht korrektes Testverhalten erkennbar ist, führt nur in Ausnahmefällen (z. B. bei naiven Versuchspersonen) zu einer Reduktion von Verfälschungstendenzen. Hinzu kommt, dass einschüchternde Instruktionen ebenso Skepsis, Misstrauen und Verunsicherung bei den Probanden auslösen und damit zusätzliche Antwortverzerrungen induzieren können. Unabhängig davon sollte auf den Datenschutz persönlicher Angaben immer explizit hingewiesen werden.

Eine Kontrolle sozialer Erwünschtheit wird auch dadurch erschwert, dass es für aufrichtiges oder positiv bewertetes Verhalten keine Norm gibt. Vielmehr ist in Abhängigkeit von der untersuchten Personengruppe und den untersuchten Merkmalen damit zu rechnen, dass Probanden unterschiedliche Kriterien an ein erwünschtes Verhalten anlegen. Daraus können divergierende Verfälschungstendenzen resultieren, die dann auch bei einem Vergleich einer regulären gegenüber einer *fake good*-Instruktion (durch die Mittelwertbildung) nicht mehr sichtbar sind. Der bloße Vergleich beider Instruktionsformen liefert damit kein hinreichendes Indiz für die Unverfälschbarkeit des Verfahrens.

Im Zuge der Personalauslese wird anhand eines Persönlichkeitstests das Konstrukt „Dominanz" erhoben. Variablen, die dieses Konstrukt erheben, könnten von einigen Kandidaten als positive Eigenschaft interpretiert werden, da hierdurch Führungsstärke, Entscheidungswillen und Durchsetzungsvermögen signalisiert wird. Andere Teilnehmer könnten hingegen vermuten, bei solchen Items eher untertreibend zu antworten, weil dadurch Merkmale wie Kooperationsbereitschaft, Integrierbarkeit und Teamfähigkeit signalisiert werden.

Kontrolltechniken
Verschiedene Techniken werden eingesetzt, um die Tendenz sozial erwünschten Verhaltens zu kontrollieren oder gar zu unterbinden (s. Döring & Bortz, 2015):

Lügenskalen
Kontroll- oder Validitätsskalen: Die bekannteste Form ist die Verwendung sog. Kontroll- oder Validitätsskalen (auch Lügenskalen genannt). Dabei handelt es sich um Itemsets, die besonders empfindlich

auf Tendenzen sozialer Erwünschtheit reagieren oder auch unsystematische Beantwortungen von Items aufdecken sollen. Abgefragt werden dabei Eigenschaften, Einstellungen oder Verhaltensweisen, die eine spezifische Antwort als besonders unglaubwürdig erscheinen lassen. Dies sind z. B. Aussagen, die sozial erwünscht sind, aber eigentlich nicht vorkommen („Ich bin immer objektiv" oder „Ich bin immer freundlich und hilfsbereit"), oder sozial unerwünscht, aber vorkommen („Manchmal bin ich auch ungerecht" oder „Manchmal benutze ich Notlügen").

Bekannt für Validitätsskalen ist der *MMPI-2* (Hathaway & McKinley, 2000), ein Persönlichkeitstest, der allein drei solcher Skalen verwendet: Die *L*-Skala erfasst Tendenzen sozialer Erwünschtheit mit Items wie „Manchmal werde ich wütend" oder „Gelegentlich tratsche ich über andere". Die *F*-Skala prüft die Sorgfältigkeit der Bearbeitung und das Verständnis des Probanden anhand ungewöhnlicher Items, die abzulehnen sind, wie „Ich werde manchmal von bösen Geistern heimgesucht" oder „Manchmal rede ich mit Außerirdischen". Die *K*-Skala verwendet Aussagen, die häufig vorkommen, aber sozial unerwünscht sind, wie „Zuweilen möchte ich am liebsten etwas kaputtschlagen" oder „Es verletzt mich schrecklich, kritisiert oder beschimpft zu werden". Hohe Werte bei den „Nein"-Antworten gelten als Indiz für eine vorsichtige Interpretation der eigentlichen Testergebnisse.

MMPI-2

Ausbalancierung: Eine zweite Möglichkeit besteht darin, die Antwortalternativen der Items im Hinblick auf ihre soziale Erwünschtheit *auszubalancieren*, d. h. die Antwortalternativen so zu gestalten, dass diese hinsichtlich ihrer sozialen Erwünschtheit gleich attraktiv sind. Dadurch soll die Wahrscheinlichkeit erhöht werden, dass diejenige Antwortalternative gewählt wird, die tatsächlich zutrifft. Allerdings ist die Entwicklung balancierter Antwortalternativen aufwendig und führt zudem zu Minderungen in der Reliabilität.

balancierte Skalen

Objektive Persönlichkeitstests: Objektive Persönlichkeitstests versuchen das Problem sozialer Erwünschtheit dadurch zu lösen, dass Testabsicht und Testziel verschleiert werden. Solche Tests besitzen daher keine Augenscheinvalidität. Typisch für solche Tests ist auch, dass nicht personenbezogene, sondern überwiegend sachbezogene Inhalte vorgegeben werden. Auch dies soll Verfälschungstendenzen vorbeugen.

Tests ohne Augenscheinvalidität

2.4.2 Antworttendenzen

Durch die Form der Datenerhebung können Antworttendenzen (*response sets*) oder Antwortstile (*response style*) ausgelöst werden, die Probanden zu stereotypen (gleich bleibenden) Antworten verleiten können; die dadurch reduzierte Itemvarianz verzerrt die Daten.

Tendenz zur Mitte

Milde- / Härte-Effekt   Als unzureichend empfundenes Wissen oder die Unsicherheit mit den Antwortalternativen können dabei eine *Tendenz zur Mitte* (Milde-Effekt) zur Folge haben. Dabei wird von den Probanden vornehmlich die neutrale Mittelkategorie einer Skala gewählt. Auch das (wenn auch seltener auftretende) Gegenteil kann beobachtet werden, wenn Probanden eine *Tendenz zu Extremurteilen* zeigen (Härte-Effekt). Hier spielen häufig motivationale Probleme des Probanden eine Rolle. Beiden Tendenzen kann nur indirekt begegnet werden, indem bei der Skalierung auf eine Mittelkategorie oder auf extrem formulierte Beschriftungen der äußeren Skalenpunkte verzichtet wird. Auch die Einführung einer Ausweichkategorie („weiß nicht", „nicht anwendbar" oder „keine Meinung") kann gewisse Abhilfe schaffen.

Akquieszenz

Ja- / Nein-Sage-Tendenz   Ein ähnliches Phänomen lässt sich beobachten, wenn auf Aussagen unreflektiert (also ohne Rücksicht auf die erfragten Inhalte) reagiert wird. Die Folge kann eine *Zustimmungs-* (*Akquieszenz* oder Ja-Sage-Tendenz) oder *Ablehnungstendenz* (Nein-Sage-Tendenz) sein. Diese äußert sich bei Ratingskalen dann häufig in Antworten in den Extremkategorien. Vermieden werden können solche Tendenzen durch klare und eindeutige Itemformulierungen und ausbalancierte Schlüsselrichtungen der Items. Dabei werden die Items so formuliert, dass in gleichen Teilen bejahte und verneinte Items für die Existenz eines Merkmals sprechen. Allerdings zeigt sich bei der Invertierung von Fragen oder Statements, dass es Probanden generell leichter fällt, positiv formulierten Items zuzustimmen als negativ formulierte Items abzulehnen. Auch tendieren unterschiedlich gepolte Items dazu, bei faktorenanalytischer Untersuchung eigene Faktoren zu bilden (vermutlich durch eine gewisse Veränderung in der Bedeutung infolge der Invertierung), obwohl sie inhaltlich einer gemeinsamen Dimension zugeordnet sind.

systematisch fehlende Werte   Weitere Probleme entstehen durch das unsystematische Überspringen oder Verändern von Items. Die dadurch erzeugten fehlenden Werte (*missing values*) können die spätere Datenauswertung erheblich erschweren und einschränken. Erfolgt das Überspringen oder Verändern allerdings bei bestimmten Items systematisch, könnte dies auch ein Indiz für fehlerhafte Itemformulierungen sein und sollte Anlass zur Revision des oder der betroffenen Items geben.

Zusammengefasst: Für alle Antworttendenzen gilt, dass sie bei verschiedenen Probanden unterschiedlich stark ausgeprägt und unabhängig vom Testinhalt auftreten. Dies lässt vermuten, dass es sich um eine spezifische Prädisposition von bestimmten Probanden handelt. Zustimmungstendenzen manifestieren sich besonders schnell bei sehr einfachen Antwortformaten („Ja/Nein") oder sehr schwierigen Aufgaben. Dies wiederum lässt vermuten, dass auch kognitive Limitationen oder Aufmerksamkeitsprobleme bei Probanden Antworttendenzen hervorrufen können. Schließlich spielt die Motivation der Probanden eine entscheidende Rolle, die sich während der Testbearbeitung und mit zunehmender Testlänge verändern kann. Der Tendenz zur absichtlichen oder unabsichtlichen Verfälschung, um bei anderen oder vor sich einen bestimmten Eindruck zu erzeugen, kann mit drei generellen Schritten begegnet werden (s. Schmidt-Atzert et al., 2021):

- *Verhindern:* z. B. durch eine entsprechend formulierte Instruktion (ehrlich und gewissenhaft zu antworten oder durch den Hinweis, dass Täuschungsversuche aufgedeckt werden können) oder durch ausbalancierte Antwortalternativen;
- *Kontrollieren:* z. B. durch Verwendung von Kontroll- oder Validitätsskalen;
- *Ignorieren:* Diese „Gegenmaßnahme" klingt zunächst irritierend, erklärt sich aber aus empirischen Befunden, die belegen, dass Skalen zur sozialen Erwünschtheit verschiedene Aspekte von Persönlichkeit miterfassen (s. Ones, Viswesvaran & Reiss, 1996). So korreliert soziale Erwünschtheit positiv mit den Persönlichkeitskonstrukten „emotionale Stabilität" und „Gewissenhaftigkeit". Darüber hinaus zeigt sich, dass mit dem Grad sozial erwünschten Verhaltens der Ausbildungserfolg zunimmt. Den Effekt sozialer Erwünschtheit einfach zu entfernen, kann daher auch den Verlust bedeutsamer Varianzanteile bedeuten (s. Marcus, 2003).

2.5 Prinzipien der Itemformulierung

Bei der konkreten Formulierung von Items spielen Aspekte der Sprachwahl und der eindeutigen Verständlichkeit eine zentrale Rolle. Zudem soll durch gezielte Itemformulierung erreicht werden, dass sich die Unterschiede in den Ausprägungen des untersuchten Merkmals möglichst eindeutig nachweisen lassen.

2.5.1 Itemarten

Items unterscheiden sich nicht nur im Hinblick auf ihren Inhalt, sondern auch dahingehend, wie und in welcher Form ein Merkmal erfragt wird. Dabei lösen sie als Stimulus kognitive Prozesse beim Probanden aus, die möglichst kontrollierter Natur sein sollten (insbesondere dann, wenn Items bestimmte Emotionen auslösen). Items können dabei die interessierenden Merkmale in unterschiedlicher Form ansprechen (s. Brandt & Moosbrugger, 2020):

Art der Formulierung
- in *direkter* Formulierung („Leiden Sie unter Ängstlichkeit?") oder in *indirekter* Formulierung („Fühlen Sie sich unsicher, wenn Sie vor Menschen sprechen müssen?").

  Eine direkte Frage kann zu unterschiedlichen Bedeutungszuweisungen (z. B. von Ängstlichkeit) führen. Hier sollte daher sichergestellt werden, dass den angesprochenen Merkmalen klare Definitionen unterliegen. Indirekte Formulierungen hingegen erleichtern die Interpretation des Konstruktes. Allerdings sind auch diese exakt zu wählen.

Art der Situation
- auf eine *hypothetische Situation* bezogen („Stellen Sie sich vor, …?") oder auf eine *biografiebezogene Situation* bezogen („Was haben Sie getan als…?").

  Hypothetische Sachverhalte sind anfälliger für Fehleinschätzungen als biografiebezogene. Biografiebezogene Sachverhalte enthalten allerdings immer zusätzlich eine Situationskomponente, die hinsichtlich ihres uneingeschränkten Zutreffens für die Zielgruppe zu überprüfen ist.

Art des Bezugs
- mit *abstraktem* Bezug („Wie schätzen Sie es ein, …?") oder mit *konkretem* Bezug („Wie verhalten Sie sich, …?").

  Abstrakte Inhalte gewähren zumeist Interpretationsfreiräume, durch die ihre Eindeutigkeit eingeschränkt sein kann. Konkrete Inhalte können hingegen von situationalen Faktoren abhängig sein und setzen vergleichbare Erfahrungen des Probanden voraus.

Art der Personalisierung
- als *personalisierte Frage* („Verwenden Sie …?") oder als *depersonalisierte Frage* („Sollte man …?").

  Personalisierte Formen können als „zu direkt" und Verletzung der Privatsphäre aufgefasst werden, da sie vom Probanden eine direkte Auskunft erwarten (z. B. „Schützen Sie sich beim Geschlechtsverkehr?"). Depersonalisierte Formen hingegen laufen Gefahr, nur nach Maßstäben sozialer Erwünschtheit beantwortet zu werden, wenn dadurch bestimmte gesellschaftliche Werte oder Normen tangiert werden (z. B. „Sollte man beim Geschlechtsverkehr Kondome verwenden?").

- als *selbstbeschreibende Aussage* („Ich lache oft.") oder als *fremdbeschreibende Aussage* („Meine Kollegen halten mich für einen gewissenhaften Menschen.").   **Art der Beschreibung**

  Des Weiteren lassen sich Items hinsichtlich des Erfragens von Eigenschaften, Wissensaspekten, Motivationen, Interessen, Einstellungen, Wünschen und Meinungen differenzieren.

2.5.2 Itemverständlichkeit

Die Itemformulierung sollte so gewählt werden, dass bereits einmaliges Durchlesen den Iteminhalt eindeutig erschließt und keine Interpretationsspielräume für unterschiedliche Lesarten eröffnet. Nur durch ein intersubjektiv vergleichbares Verständnis der Items kann der Gefahr von Fehlinterpretationen begegnet werden. Um dies zu gewährleisten, gibt es (aus der Einstellungsforschung) verschiedene Kriterien, denen Items (auch *Statements* genannt) genügen sollten (s. Stier, 1999):   **Vorgaben zur Itemformulierung**

1. Items sollten einfach, klar, direkt und eindeutig formuliert sein.
2. Items sollten aus einfachen Sätzen mit einer klaren Aussage und nicht aus verschachtelten Satzgefügen oder Satzverbindungen bestehen. Beispiel: „Ich rege mich schnell auf, wenn Personen zu einem vereinbarten Termin zu spät kommen" anstatt „Wenn ein vereinbarter Termin ansteht, so würde ich mich, falls andere Leute aus irgendwelchen Gründen diesen nicht einhalten, zu spät kommen und sich dann nicht einmal entschuldigen, darüber aufregen".
3. Items sollten kurz sein und nur ausnahmsweise 20 Wörter überschreiten.
4. Ein Item sollte immer nur einen vollständigen Gedanken enthalten, der in einem Satz formuliert wird. Beispiel: „Manchmal verspüre ich eine innere Unruhe" anstatt „Manchmal bin ich sehr unruhig, finde keinen Schlaf, schaffe es nicht, mich zu entspannen, und kann mich nicht konzentrieren".
5. Items sollten keine Wörter wie „alle", „immer", „niemand" oder „niemals" enthalten. Beispiel: „Ich kann mich nur schwer auf eine Aufgabe konzentrieren" anstatt „Ich kann mich nie auf eine Aufgabe konzentrieren".
6. In Items sollten Wörter wie „nur", „gerade" oder „kaum" vorsichtig und nur ausnahmsweise verwendet werden.
7. Items sollten keine Wörter enthalten, die der befragten Personengruppe unverständlich sein könnten (wie z. B. Fremdwörter,

Fachausdrücke oder Abkürzungen) oder konstruktfremde Emotionen auslösen. Dabei muss ggf. gesondert auf das Alter, das Geschlecht, die Kultur, den Bildungsgrad und die Vertrautheit mit dem Untersuchungsmaterial und Untersuchungsgegenstand der befragten Zielgruppe Rücksicht genommen werden. Beispiel: „Ich befolge die Angaben meiner Vorgesetzten" anstatt „Angaben, die u. U. von meinen Vorgesetzten, wie z. B. meinem direkten Chef, meinem Dienstvorgesetzten usw. usf., an mich weitergereicht werden, widerspreche ich i. d. R. nicht".

8. Items sollten positiv formuliert sein und keine (doppelten) Verneinungen enthalten. Beispiel: „Ich habe häufig keinen Appetit" anstatt „Ich habe nicht selten keinen Appetit" oder „Ich beobachte den Klimawandel mit Sorge" anstatt „Ich finde keinen Gefallen am Klimawandel".
9. Items sollten Angaben zur Häufigkeit oder Intensität eines Merkmals oder einer Handlung nur enthalten, wenn sie eindeutig interpretierbar sind und über das Antwortformat auch korrekt eingeschätzt werden können.
10. Items sollten Angaben zu einem Zeitpunkt oder einer Zeitspanne nur dann enthalten, wenn diese eindeutig definiert sind. Beispiel: „Im letzten Monat war ich häufig mit Freunden zusammen" anstatt „In letzter Zeit war ich häufig mit Freunden zusammen".

Schließlich muss mit dem Item ein Antwortformat vorgegeben werden, bei dem die Kategorie bzw. der Grad des Skalenwertes eindeutig mit dem Ausprägungsgrad des interessierenden Merkmals korrespondiert. Insbesondere Ratingskalen, die zumeist innerhalb von Skalen einheitlich verwendet werden, müssen bei jedem Item in gleicher Weise eine schlüssige Beantwortung ermöglichen.

2.5.3 Itemvariabilität

Varianz im Antwortverhalten

Die Aufgabe von Items in einem Test oder Fragebogen besteht darin, Unterschiede in den Merkmalsausprägungen zu erfassen. Daher sind Items zu entfernen, die zu leicht bzw. von allen Befragten bejaht oder zu schwer bzw. von allen Befragten verneint werden. Denn diese Items erzeugen keine Varianz im Antwortverhalten. Entscheidend für die Feststellung interindividueller Unterschiede ist, dass die Itemformulierung so gewählt wurde, dass Probanden mit unterschiedlicher Merkmalsausprägung auch maximale Unterschiede bei der Lösungs- bzw. Zustimmungswahrscheinlichkeit aufweisen.

Sollen hingegen außergewöhnliche Merkmale erfasst (z. B. besondere Symptome bei Patienten im klinischen Kontext) oder extreme Schwierigkeitsgrade gemessen werden (z. B. überdurchschnittliche Leistungen bei Hochbegabten im Intelligenzbereich), kann von diesem allgemeinen Prinzip in angemessener Weise abgerückt werden. Gerade Leistungstests erheben häufig den Anspruch, nicht nur im mittleren Leistungsbereich, sondern auch besonders leistungsstarke bzw. leistungsschwache Personen differenzieren zu können. Zudem können auch andere Faktoren die Itemvarianz beeinflussen und sollten daher bei der Formulierung berücksichtigt werden:

- Items sind hinsichtlich einer anhaltenden Aktualität zu formulieren. Items, die sich zu stark an aktuellen Geschehnissen oder sprachlichen Moden orientieren, können im späteren Einsatz zu unterschiedlichen Auffassungen (erhöhter Fehlervarianz, z. B. weil für einige Probanden unbekannt oder nicht mehr korrekt erinnerbar) oder Verunsicherungen (reduzierter Itemvarianz, z. B. durch Rückzug auf eine Mittel- oder eine Ausweichkategorie) bei den Probanden führen. **Aktualität von Items**
- Items sollten möglichst keine Wertungen oder impliziten Wertorientierungen enthalten. Zum einen können damit bestimmte Antworten getriggert, zum anderen anders gelagerte Wertorientierungen vollständig aus dem Blickfeld geraten. Damit wird die Aussagekraft solcher Items erheblich eingeschränkt. **Wertfreiheit von Items**
- Items sollten keine Suggestivfragen beinhalten, die eine „gewünschte" oder „genormte" Beantwortung nahelegen (z. B. „Sie sind doch sicherlich auch der Meinung, ..."). **keine suggestiven Items**

2.6 Erstellung einer Test-Betaversion

Mit der Zusammenstellung der Items werden ausstehende Elemente wie die Testanweisung formuliert, die Items in die gewünschte Anordnung gebracht und durch ergänzende soziodemografische Angaben vervollständigt. Dazu gehört auch, das Instrument abschließend optisch ansprechend zu gestalten und auf die Bedürfnisse der Zielgruppe abzustimmen (z. B. durch Strukturierungshilfen, klare Zuordnungen von Item und Skala oder durch die Wahl gut lesbarer Schriftarten, insbesondere bei älteren Probanden).

2.6.1 Testanweisung

Mit der Testanweisung (Testanleitung oder Testinstruktion) wird ein erläuternder Text formuliert, der die Probanden mit allen notwendigen **Testinstruktion**

Informationen zur korrekten Bearbeitung des Tests oder Fragebogens ausstattet. Dabei werden folgende Angaben erwartet:

- Nennung verantwortlicher Personen, des Instituts oder der Organisation;
- Mitteilung eines „Forschungszwecks", wobei der wahre Zweck ggf. auch (zunächst) verschleiert wird;
- ein Satz zwecks Animierung zur Mitarbeit (z. B. zur Wichtigkeit der Forschungsfrage oder zum Nutzen für die Allgemeinheit);
- Verweis auf (möglichst) vollständige Beantwortung aller Items ohne Auslassungen;
- Vorgabe von Regeln für die Beantwortung (z. B. spontan, wahrheitsgetreu);
- Vorgabe eines Antwortbeispiels (Ankreuzbeispiel für richtige vs. falsche Beantwortung);
- Hinweis auf Anonymität der Daten und Auswertung (Datenschutz);
- Angabe der Institution, über die Auskünfte zur Testung eingeholt werden können (ggf. auch ein Angebot, über Ergebnisse informiert zu werden).

soziodemografische Angaben Typisch für Fragebögen sind die Abfrage ergänzender soziodemografischer Angaben (wie Alter, Geschlecht, Schulbildung, Beruf) am Anfang oder Ende des Instrumentes. Diese Angaben sollten hinsichtlich ihrer Relevanz für die Fragestellung (z. B. als Kontrollvariablen oder Kovariaten) erhoben werden.

2.6.2 Anordnung des Itempools

Unabhängigkeit der Beantwortung Die angemessene Anordnung von Items richtet sich entscheidend nach der Testart. Generell ist zu beachten, dass sich Items durch ihre Anordnung nicht wechselseitig erschweren/behindern oder erleichtern/begünstigen sollen; man spricht hier allgemein von der Vermeidung sog. *Ankereffekte*. In der logischen und inhaltlichen *Unabhängigkeit der Itembeantwortung* liegt eine wesentliche Forderung, wie sie nach testtheoretischen Axiomen aufgestellt wird (s. Kap. 4 und 5). So darf z. B. durch ähnlich gewählte Formulierungen von Items keine identische Beantwortung nahegelegt werden (*Konsistenzeffekt*). Gleichermaßen sollte durch abweichende Formulierungen eine unterschiedliche Beantwortung vermieden werden (*Kontrasteffekt*). Schließlich sollten durch die Beantwortung eines Items keine Kognitionen erzeugt werden, welche die Interpretation nachfolgender Items beeinflussen. Dieser *Aktualisierungseffekt* kann auftreten, wenn sich nach Beantwortung eines Items die Beantwortung des nachfolgenden Items daraus ableiten lässt.

Itemanordnung bei Leistungstests: Bei Leistungstests werden für die Itemanordnung Aspekte der Schwierigkeit bzw. Komplexität berücksichtigt. Aus motivationalen Gründen werden dabei leichte Items häufig an den Anfang eines Tests platziert. Die Itemschwierigkeit nimmt dann sukzessive zu. Am Ende des Tests befinden sich die Items mit der größten Schwierigkeit. Ausnahme sind Konzentrationsleistungstests, die aus Gründen der Konzentration schwierige Testelemente an den Anfang stellen. Es muss in diesem Fall davon ausgegangen werden, dass die Konzentrationsleistung im Zuge der Testbearbeitung nachlässt.

Itemanordnung bei Persönlichkeitstests: Bei Persönlichkeitstests sollten die Items durch ihre Anordnung nicht den Eindruck einer gleichen Merkmalsmessung erwecken – die identische Beantwortung aufeinanderfolgender Items könnte sonst die Folge sein. Diesem *Konsistenzeffekt* kann durch *Randomisierung* der Items (einer zufälligen Anordnung von Items über Merkmalsdimensionen hinweg) oder *Ausbalancierung* der Itemreihenfolge (einer spezifisch gewählten Anordnung der Items, welche die maximale Unabhängigkeit der Itembeantwortung gewährleistet) entgegengewirkt werden. Dies ist allerdings nur bei Verwendung identischer Antwortformate (über die Merkmalsdimensionen hinweg) möglich. Ggf. können auch Überbrückungsaufgaben in den Test eingestreut werden, die nur die Aufgabe haben, die Messintention zu verschleiern. Ähnliches kann zusätzlich durch eine neutrale Testbezeichnung erreicht werden, die nicht den eigentlichen Erhebungszweck nennt.

2.6.3 Erprobung der Test-Betaversion

Sind alle Testelemente vorhanden, kann die Phase der Erprobung eingeleitet werden. Diese dient dazu, Konstruktionsmängel bei der Testinstruktion, den Itemformulierungen, der Itemanordnung und den verwendeten Skalen aufzudecken und zu eliminieren. Hierfür gilt es, eine aussagekräftige Stichprobe potenzieller Adressaten zu gewinnen, diese unter möglichst realistischen Bedingungen zu testen und zahlreiche Rückschlüsse aus dieser Ersterprobung zu ziehen.

Der verwendete Itempool beinhaltet in dieser ersten Testphase zunächst deutlich mehr Items als für den endgültigen Test benötigt. Im Zuge einer *Itemselektion* sollen ungeeignete Items entnommen werden. Dabei hängt die Größe des Itempools vor allem von der geforderten Repräsentativität der Items und der gewünschten Reliabilität des

Größe des Itempools

Tests ab. Beide Kriterien lassen sich eher durch eine größere Zahl von Items erfüllen.

Diesen Bestrebungen entgegen wirkt dabei die *Testökonomie* und die *Zumutbarkeit* eines Tests. Sie erfordert eine Begrenzung der Itemanzahl, wie sie für eine diagnostische Situation angemessen sein soll. Diese wiederum variiert stark in Abhängigkeit von der Weite des zu erhebenden Merkmals. Als ungefähre Größe reichen bei der Entwicklung von Persönlichkeitstests pro Merkmal etwa 30 bis 60 Items als Itempool, aus dem zwischen 15 und 30 Items ausgewählt werden. Bei Leistungstests, die ein Merkmal wie allgemeine Intelligenz erheben, kann dieser Wert allerdings deutlich höher sein.

Probleme des Itempools

Während die Itemselektion primär von statistischen Kriterien geleitet wird (s. Kap. 3.5), können *retrospektive Befragungen* oder *problemorientierte Interviews* (sog. *Debriefings*) mit den Probanden aufschlussreiche Hinweise zu Problemen bei der Testbearbeitung liefern. Erfolgen diese Befragungen allerdings nicht standardisiert, hängt es wesentlich vom Testleiter ab, welche Items als problematisch in der Bearbeitung erkannt werden.

Ein Schritt zu einer erhöhten Standardisierung kann die *Methode lauten Denkens* (*think aloud*) liefern. Dabei werden die Probanden gebeten, nach Verlesen der Items, sämtliche Überlegungen laut auszusprechen, die sie zur Beantwortung des Items generieren (s. Fowler, 1995). Im günstigsten Fall kann diese Technik Einsichten in das Verständnis und die Interpretation von Items ebenso liefern wie in der Frage von Beantwortungs- bzw. Bearbeitungsstrategien. Handelt es sich für den Probanden allerdings um sehr schwere oder komplexe Aufgaben (z. B. Items zum Problemlösen), kann die mentale Belastung (*mental workload*) so hoch sein, dass sich die aktuellen Überlegungen nicht noch (zusätzlich) verbalisieren lassen. Dabei stellt sich auch die Frage, ob sich Denkprozesse und Lautsprache wirklich als „lautes Denken" synchronisieren lassen. Hinzu kommt, dass die zumeist elektronisch aufgezeichneten Äußerungen nur mit großem Aufwand auszuwerten sind.

Als weitere Methode können auch nicht teilnehmende Beobachter in die Testsituation einbezogen werden, die Testleiter und Probanden hinsichtlich ihres instruktionsgemäßen Verhaltens beobachten und Abweichungen protokollieren. Mittels dieser Technik der *Verhaltenskodierung* (*behavior coding*) können Schwierigkeiten bei Nachfragen durch den Probanden oder Erklärungsversuchen seitens des Testleiters aufgedeckt werden (s. Cannell, Miller & Oksenberg, 1981).

Zusammengefasst: Testitems lassen sich unter Herstellung verschiedener Bezüge, Situationsbeschreibungen und Formen der Personalisierung konzipieren. Für alle Items gilt, dass sie in gleichem Maße für die Probanden einfach und klar formuliert sowie eindeutig und unmissverständlich verstehbar sein müssen. Während der ersten Erprobung einer Vorversion des Tests müssen besonders diese Kriterien genau überprüft werden. Dazu gehört auch, die optimale Anordnung der Items zu finden und Schwierigkeiten bei der Bearbeitung durch die Probanden oder Probleme bei der Instruierung durch den Testleiter aufzudecken und zu beseitigen.

Testfragen

1. Nennen Sie die Phasen einer Testentwicklung und erläutern Sie kurz die einzelnen Abschnitte.
2. Was sind Aspekte, die den Geltungsbereich eines Tests bestimmen?
3. Wodurch ist der Prototypenansatz bei der Testkonstruktion gekennzeichnet? Wo bietet ein solcher Ansatz möglicherweise Vorteile?
4. Nennen Sie Vor- und Nachteile des offenen gegenüber des gebundenen Antwortformates?
5. Wie sieht eine optimal konstruierte Ratingskala aus?
6. Nennen Sie ein Beispiel, in dem eine unbalancierte Skala günstiger ist als eine balancierte Skala?
7. Was versteht man unter sozialer Erwünschtheit? Wie kontrolliert man sie?
8. Wie kann man die Tendenz zur Akquieszenz z. B. in einem Fragebogen verringern?
9. Worauf ist bei der Itemformulierung zu achten?
10. Welche Angaben finden sich in der Testinstruktion?

3 Testevaluation

Im Zuge der Testevaluation wird das entwickelte Itemset zunächst einer möglichst aussagekräftigen und hinsichtlich Größe und Zusammensetzung geeigneten Stichprobe vorgelegt. Die dabei gewonnenen Daten werden dann im Rahmen einer *Itemanalyse* evaluiert, die zur Beurteilung der Items deskriptive Statistiken verwendet. Für diese psychometrische Aufbereitung der Daten werden verschiedene Analyseschritte unterschieden:

- Analyse der Itemschwierigkeiten,
- Bestimmung der Itemvarianzen,
- Trennschärfeanalyse der Items,
- Itemselektion und Testrevision,
- Testwertermittlung und
- Bestimmung der Testwertverteilung und ggf. Normalisierung.

Diese Maßnahmen dienen einerseits der Qualitätsbeurteilung und andererseits der Einhaltung bestimmter Normen (wie sie vonseiten definierter Gütekriterien gefordert werden). Hinsichtlich der Datenqualität wird dabei i. d. R. von Intervallskalenniveau der Items ausgegangen.

3.1 Datenstruktur der Messungen

Datenmatrix Für die Berechnung von Itemstatistiken wird vorausgesetzt, dass die erhobenen Testwerte in einer einheitlichen Datenstruktur abgetragen sind. Dabei wird zumeist das Prinzip „Items in Spalten, Probanden in Zeilen und Werte in Zellen" verwendet. Die daraus resultierende Datenmatrix ist auch bei gängigen Statistikprogrammen üblich und erleichtert den Übertrag in entsprechende Softwaresysteme (s. Pospeschill, 2018).

Indizierung Nach diesem Schema werden die Itemwerte x_{vi} von insgesamt n Probanden gegen insgesamt m Items abgetragen (s. Abb. 3.1). Ein beliebiger Proband erhält ferner den Index v und ein beliebiges Item den Index i. Bei einem Leistungstest könnten ein Itemwert von Null für eine falsche und ein Wert von Eins für eine richtige Antwort stehen. Bei einem Persönlichkeitstest könnte x_{vi} für einen Wert von null bis sechs Punkten stehen, der den Grad der Zustimmung angibt.

Itemschwierigkeit 73

	Item 1	Item 2	...	Item i	...	Item m	Zeilensumme
Proband 1	x_{11}	x_{12}	...	x_{1i}	...	x_{1m}	$\sum_{i=1}^{m} x_{1i} = x_1$
Proband 2	x_{21}	x_{22}	...	x_{2i}	...	x_{2m}	$\sum_{i=1}^{m} x_{2i} = x_2$
...	...	...	...	...	...	...	...
Proband v	x_{v1}	x_{v2}	...	x_{vi}	...	x_{vm}	$\sum_{i=1}^{m} x_{vi} = x_v$
...	...	...	...	...	...	...	...
Proband n	x_{n1}	x_{n2}	...	x_{ni}	...	x_{nm}	$\sum_{i=1}^{m} x_{ni} = x_n$
Spaltensumme	$\sum_{v=1}^{n} x_{v1}$	$\sum_{v=1}^{n} x_{v2}$	...	$\sum_{v=1}^{n} x_{vi}$	...	$\sum_{v=1}^{n} x_{vm}$	$\sum_{v=1}^{n}\sum_{i=1}^{m} x_{vi}$

Abb. 3.1: Datenmatrix mit Items pro Spalte, Probanden pro Zeile und Werten pro Zelle

3.2 Itemschwierigkeit

Bei der Konstruktion von Items ist vor allem entscheidend, dass sie nicht von allen Befragten bejaht, richtig beantwortet oder gelöst bzw. verneint, falsch beantwortet oder nicht gelöst werden, die Antwort also nicht immer dieselbe (eine Konstante) ist (s. Kap. 3.3). Das bedeutet für die Itemkonstruktion, dass ein Item weder zu leicht noch zu schwer sein darf (z. B. in einem Intelligenz- oder Leistungstest) bzw. weder nur bejaht, nur verneint oder nur mit Zustimmung oder Ablehnung beantwortet werden darf (z. B. in einem Persönlichkeitstest). Diese „Schwierigkeit" eines Items kann mittels eines *Schwierigkeitsindex* angegeben werden. Für Fragebogenskalen wird auch gelegentlich synonym vom *Popularitätsindex* gesprochen (s. Lienert & Raatz, 1998). Damit ist der Anteil an Antworten gemeint, der von den Probanden in Schlüsselrichtung abgegeben wird.

Schwierigkeitsindex

Der **Schwierigkeitsindex** P_i stellt den prozentualen Anteil richtiger Antworten für das Item i in einer Stichprobe der Größe n dar. Der Wert von P_i ist hoch, wenn die Aufgabe leicht ist, und wird niedrig, wenn die Aufgabe schwierig ist. Er errechnet sich für ein beliebiges Item *i* aus dem Quotienten der tatsächlich erreichten Punktwerte und der maximal erreichbaren Punktsumme aller Probanden, multipliziert mit Hundert.

$$P_i = \frac{\sum_{v=1}^{n} x_{vi}}{n \cdot \max(x_i)} \cdot 100$$

Beginnt der Wertebereich eines Items *i* bei Eins oder höher (und nicht bei 0), muss der Minimalwert eines Items von jeder Itemantwort und der maximalen Punktsumme subtrahiert werden:

$$P_i = \frac{\sum_{v=1}^{n} [x_{vi} - \min(x_i)]}{n \cdot [\max(x_i) - \min(x_i)]} \cdot 100$$

Interpretation von P_i Die Multiplikation mit Hundert führt zu Schwierigkeitsindizes zwischen Null und Hundert. Bei der Interpretation sollte berücksichtigt werden, dass der Schwierigkeitsindex eigentlich einen „Leichtigkeitsindex" darstellt: Dieser wird umso *größer*, je häufiger ein Item gelöst bzw. im Sinne des Merkmals beantwortet wird – je „leichter" also ein Item, desto größer P_i.

3.2.1 Itemschwierigkeit bei Leistungstests

Um den Schwierigkeitsindex bestimmen zu können, sind in Abhängigkeit von der verwendeten Testform unterschiedliche Berechnungen vorgesehen. Bei Leistungstests ergibt sich eine typische Datenanordnung, bei denen wiederum die *n* Probanden in den Zeilen und die *m* Items in den Spalten abgetragen sind.

Schwierigkeitsindex bei Speed-Tests

Richtig- vs. Falschantworten Bei *Speed-Tests*, die mit einer Zeitbegrenzung versehen sind, werden *Richtig-* von *Falsch*antworten und *a*usgelassene (übersprungene) von unbearbeiteten Antworten (aufgrund der Zeitbegrenzung) unterschieden (s. Lienert & Raatz, 1998):

- Pro Proband *v* ergibt sich dabei (pro Zeile): $m = m_R + m_F + m_A + m_U$
- Pro Item *i* ergibt sich (pro Spalte): $n = n_R + n_F + n_A + n_U$
- Als bearbeitete Items ergibt sich: $n_B = n_R + n_F + n_A$
- Damit ist der *Schwierigkeitsindex P_i bei Speed-Tests* (s. Abb. 3.2):

$$P_i = \frac{n_R}{n_B} \cdot 100$$

	Item 1	Item 2	Item 3	Item 4	Item 5	m_R	m_F	m_A	m_U	
Proband 1	R	R	F	F	U	2	2	0	1	Zeilensumme
Proband 2	R	F	U	U	U	1	1	0	3	
Proband 3	A	R	A	R	R	3	0	2	0	
n_R	2	2	0	1	1					Spaltensumme
n_F	0	1	1	1	0					
n_A	1	0	1	0	0					
n_U	0	0	1	1	2					
P_i	66,66	66,66	0	50	100					

Abb. 3.2: Datenstruktur für einen Speed-Test mit Beispieldaten

Schwierigkeitsindex bei Power-Tests

Power- bzw. *Niveautests* hingegen, die ohne eine Zeitbegrenzung durchgeführt werden, unterscheiden *R*ichtig- von *F*alschantworten und *a*usgelassene Antworten ohne Beantwortung. Unbearbeitete Aufgaben entfallen bei dieser Berechnung, da kein Zeitlimit die Probanden daran hindert, alle Aufgaben des Tests zu beantworten:

- Pro Proband *v* ergibt sich (pro Zeile): $m = m_R + m_F + m_A$
- Pro Item *i* ergibt sich (pro Spalte): $n = n_R + n_F + n_A$
- Für den Fall, dass geratene Lösungen auf das erzielte Ergebnis keinen Einfluss nehmen können, ergibt der *Schwierigkeitsindex P_i ohne Ratekorrektur* bei Niveautests (s. Abb. 3.3):

$$P_i = \frac{n_R}{n} \cdot 100$$

- Für den Fall des Auftretens geratener Zufallslösungen kann ein *Schwierigkeitsindex P_i mit Ratekorrektur* ermittelt werden:

$$P_i = \frac{n_R - \left(\frac{n_F}{k-1}\right)}{n} \cdot 100$$

Dabei sind n_F die Anzahl der Probanden mit einer Falschantwort und *k* die Anzahl der Antwortalternativen. Durch diese Korrektur werden

	Item 1	Item 2	Item 3	Item 4	Item 5	m_R	m_F	m_A	
Proband 1	R	R	F	A	F	2	2	1	Zeilensumme
Proband 2	R	F	A	A	A	1	1	3	
Proband 3	A	R	A	R	R	3	0	2	
n_R	2	2	0	1	1				Spaltensumme
n_F	0	1	1	0	1				
n_A	1	0	2	2	1				
P_i	66,66	66,66	0	33,33	33,33				

Abb. 3.3: Datenstruktur für einen Power-Test mit Beispieldaten

von den Richtig-Antworten die zufällig richtig geratenen Antworten (ein an den Wahlmöglichkeiten relativierter Anzahl falscher Antworten) subtrahiert.

Sollte dieser Index mit Ratekorrektur ein negatives Vorzeichen erhalten, ist er *nicht* zu interpretieren. Typisch kann dies bei der Berechnung für Items sein, die Probanden zu falschen Lösungen verleiten – z.B. durch Distraktoren, die zu der richtigen Lösung große Ähnlichkeit aufweisen (s. Kap. 2.3.2).

3.2.2 Itemschwierigkeit bei Persönlichkeitstests

(un)symptomatische Antworten

Bei Persönlichkeitstests werden Items nicht nach „richtig" oder „falsch", sondern nach „symptomatisch" (hohe Werte) und „unsymptomatisch" (niedrige Werte) für eine Merkmalsausprägung bewertet. Bevor Schwierigkeitsindizes für derart ausgeprägte Items ermittelt werden, ist die einheitliche Kodierung zu überprüfen. Dies gilt insbesondere für inverse Items, die vor der Berechnung ggf. umzukodieren sind.

Schwierigkeitsindex bei dichotomen Daten

Bei zwei Antwortkategorien (x_{vi}=1 für symptomatisch und x_{vi}=0 für unsymptomatisch) ist wie bei den Power-Tests zu verfahren. Dabei werden symptomatische („richtige") Antworten mit allen Antworten ins Verhältnis gesetzt. Bei mehr als zwei Antwortkategorien kann eine *Dichotomisierung* vorgenommen werden. Dies geschieht durch Aufteilung der Werte in zwei Kategorien (hoch und niedrig) anhand eines Grenzwertes.

Schwierigkeitsindex bei intervallskalierten Daten

Ist der damit verbundene Informationsverlust nicht akzeptabel, kann ein *Schwierigkeitsindex P_i für intervallskalierte Stufen* (Dahl, 1971) errechnet werden (mit k Antwortstufen des Items i von 0 bis k-1):

$$P_i = \frac{\sum_{v=1}^{n} x_{vi}}{n \cdot (k-1)} \cdot 100$$

Dabei wird ein Quotient aus der i-ten Spaltensumme und der maximal möglichen Spaltensumme, multipliziert mit Hundert, gebildet. Dieser kann als arithmetisches Mittel der n Probanden auf einer k-stufigen Antwortskala aufgefasst werden.

Zur generellen Interpretation von Schwierigkeitsindizes ist zu sagen, dass mittlere Werte für $P_i (\approx 50)$ die maximale Streuung der Itembeantwortungen bedeuten und damit auf eine hohe Differenzierung zwischen den Probanden hindeuten, welche die Aufgabe lösen bzw. nicht lösen. Ist auch eine Differenzierung von Probanden in den Extremen der Merkmalsverteilung angestrebt (bei P-Werten von 5 bis 10 oder 90 bis 95), ist eine breite Streuung der Schwierigkeitskoeffizienten anzustreben.

Interpretation von P_i

3.3 Itemvarianz

Mit der Itemvarianz wird angegeben, wie stark die Leistungen einer Stichprobe bei einzelnen Items streuen.

Itemvarianz bei dichotomen Items

Dabei hängt der Schwierigkeitsindex P_i bei dichotomen Items direkt mit der *Itemvarianz Var(x_i)* zusammen. Die Itemvarianz entspricht in diesem Fall dem Produkt der Wahrscheinlichkeiten, das Item zu lösen (p_i), und der Gegenwahrscheinlichkeit, das Item nicht zu lösen (q_i):

$$Var(x_i) = p_i \cdot q_i$$

Dabei sind $p_i = P_i / 100$ und $q_i = 1 - p_i$. Zur Ermittlung der Itemvarianz werden die Angaben m_R (Zeilensumme) und n_R (Spaltensumme) für richtige Antworten sowie m_F (Zeilensumme) und n_F (Spaltensumme) für falsche Antworten benötigt.

Die **Itemvarianz Var(x_i)** legt die Differenzierungsfähigkeit eines Items hinsichtlich der untersuchten Stichprobe fest. Im Falle eines zweistufigen Items ermittelt sich die Itemvarianz aus dem Produkt der Wahrscheinlichkeiten, das Item zu lösen und das Item nicht zu lösen.

Aus der Multiplikation von n_F und n_R kann die Anzahl der Differenzierungen ermittelt werden, die ein Item leistet. Für die Beispieldaten in Abbildung 3.4 bedeutet das, dass Item 1 keine Differenzierungen (0 · 10) leistet (keine Varianz besitzt), Item 2 neun Differenzierungen

	Item 1	Item 2	Item 3	Item 4	Item 5	m_R	m_F
Proband 1	1	1	1	1	0	4	1
Proband 2	1	1	1	1	0	4	1
Proband 3	1	1	1	1	0	4	1
Proband 4	1	1	1	0	0	3	2
Proband 5	1	1	1	0	0	3	2
Proband 6	1	1	0	0	0	2	3
Proband 7	1	1	0	0	0	2	3
Proband 8	1	1	0	0	0	2	3
Proband 9	1	1	0	0	0	2	3
Proband 10	1	0	0	0	0	1	4
n_R	10	9	5	3	0		
n_F	0	1	5	7	10		
p_i	1,00	0,90	0,50	0,30	0,00		
Var(x_i)	0	0,09	0,25	0,21	0		

Abb. 3.4: Datenstruktur mit Beispieldaten von gelösten (1) und nicht gelösten Aufgaben (0)

(geringe Varianz), Item 3 (5 · 5) 25 Differenzierungen (hohe Varianz), Item 4 (3 · 7) 21 Differenzierungen (mittlere Varianz) und Item 5 (10 · 0) keine Differenzierung (keine Varianz).

Demnach liefern Items mittlerer Schwierigkeit (im Beispiel Item 3) die meisten Differenzierungen und die höchste Varianz, während sich bei Items mit geringerer (Item 2) oder höherer Schwierigkeit (Item 4) die Differenzierungen verringern und die Varianz kleiner wird. Items, die zu leicht (Item 1) oder zu schwer (Item 5) sind, liefern keine Differenzierungen und besitzen entsprechend eine Varianz von Null. Die Itemvarianz erreicht entsprechend bei einem mittleren Wert für die Itemschwierigkeit ihr Maximum ($P_i = p_i \cdot 100 = 50$) und nimmt zu den Extremen kontinuierlich ab.

Zusammenhang: Schwierigkeit – Varianz

Itemvarianz bei intervallskalierten Items

Allgemein wird die *Differenzierungsfähigkeit Var(x_i)* berechnet nach:

$$Var(x_i) = \frac{\sum_{v=1}^{n}(x_{vi} - \bar{x}_i)^2}{n} \quad \text{oder} \quad Var(x_i) = \frac{\sum_{v=1}^{n}(x_{vi} - p_i \cdot (k-1))^2}{n}$$

Dabei sind $p_i = P_i / 100$ und k = Anzahl der Antwortstufen des Items i. Für zweistufige Items (gelöst und nicht gelöst) sei noch angemerkt, dass der Zusammenhang zwischen Itemschwierigkeit und Itemvarianz exakt quadratisch ist (s. Abb. 3.5): Danach erreicht die Itemvarianz ihr Maximum ($Var(x_i) = 0{,}25$) bei mittlerer Itemschwierigkeit ($P_i = 50$).

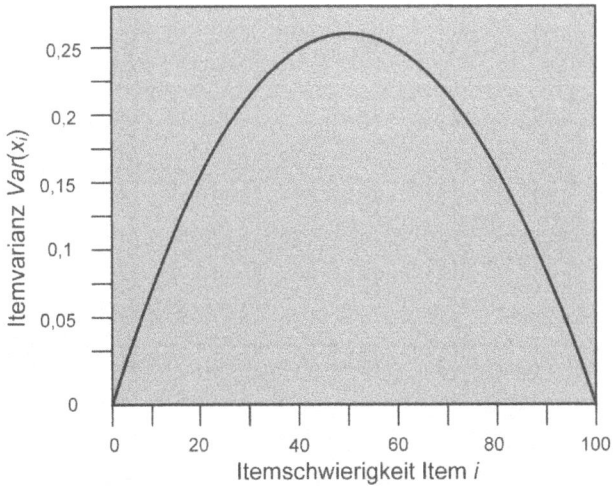

Abb. 3.5: Quadratischer Zusammenhang zwischen Itemschwierigkeit und Itemvarianz bei einem dichotomen Item

3.4 Itemtrennschärfe

Item-Test-Korrelation Für ein weiteres Maß der Itemanalyse ist entscheidend, wie substanziell die Korrelation zwischen den einzelnen Itemwerten und dem gesamten Testwert ausfällt. Diese *Item-Test-Korrelation* – also die Differenzierung eines einzelnen Items mit der Differenzierung der zu einem Testwert zusammengefassten übrigen Items – kennzeichnet die *Trennschärfe* r_{it} eines Items (s. Lienert & Raatz, 1998).

Die **Trennschärfe** r_{it} eines Items ermittelt sich als Korrelation zwischen Itemwert mit einem Testwert, der aus den (übrigen) Items des Tests gebildet wird. Die Trennschärfe drückt aus, inwieweit die Differenzierung durch das Item in erfolgreiche und erfolglose Testpersonen mit der Differenzierung durch den Test übereinstimmt.

3.4.1 Berechnungen der Trennschärfe

Testwert Zur Bestimmung der Trennschärfe wird für alle n Probanden der Zusammenhang eines Items i mit dem Testwert x_v bestimmt:

$$r_{it} = r(x_{vi}, x_v)$$

Dabei wird unter dem **Testwert** x_v eines Probanden v der Summenwert aller Itemwerte verstanden:

$$x_v = \sum_{i=1}^{m} x_{vi}$$

Bei wenigen Items ist es zu empfehlen, den Testwert als Summenwert ohne Item i zu berechnen, um die Trennschärfe nicht zu überschätzen (*Part-Whole-Korrektur*):

$$x_v = \left(\sum_{i=1}^{m} x_{vi}\right) - x_{vi}.$$

Entsprechend ermittelt sich dann: $r_{it(i)} = r(x_{vi}, x_{v(i)})$

Itemhomogenität Wichtig ist anzumerken, dass die Bildung eines Testwertes *Itemhomogenität* voraussetzt, d.h. alle Items sollten das gleiche Merkmal messen. Zudem wird eine hohe Trennschärfe zwar durch eine hohe Itemvarianz begünstigt, aber nicht garantiert.

In Abhängigkeit von der Skalierung der Items sind verschiedene Koeffizienten angemessen. Bei intervallskalierten Items bietet sich die *Produkt-Moment-Korrelation nach Pearson* an. Anhand der Rohwerte ermittelt sich die Korrelation zwischen der Itembeantwortung und dem Testscore nach:

$$r_{it} = \frac{n \cdot \sum x_v \cdot x_{vi} - \sum x_v \cdot \sum x_{vi}}{\sqrt{\left(n \cdot \sum x_v^2 - \left(\sum x_v\right)^2\right) \cdot \left(n \cdot \sum x_{vi}^2 - \left(\sum x_{vi}\right)^2\right)}}$$

Dabei sind x_v der Skalen-(Summen-)Score und x_{vi} der Itemscore, Σx_v und Σx_{vi} die Summen der Skalen- bzw. Itemscores, Σx_v^2, Σx_{vi}^2 die Quadratsummen und $\Sigma x_v x_{vi}$ die Produktsumme.

Aus der unkorrigierten *Item-Test-Korrelation* r_{it} kann die *(part-whole)korrigierte Trennschärfe* $r_{it(i)}$ berechnet werden:

$$r_{it(i)} = \frac{r_{it} \cdot SD(x) - SD(x_i)}{\sqrt{SD(x)^2 + SD(x_i)^2 - 2 \cdot r_{it} \cdot SD(x) \cdot SD(x_i)}}$$

Dabei sind $SD(x)$ die Standardabweichung der Testwerte, $SD(x_i)$ die Standardabweichung des Items i und $r_{it} \cdot SD(x) \cdot SD(x_i)$ die Kovarianz zwischen den Itemwerten x_{vi} von Item i und den Testwerten x_v.

Bei dichotomen Items vereinfacht sich die Berechnung zur *punktbiserialen Korrelation* r_{pbis}: **punktbiseriale Korrelation**

$$r_{pbis} = \frac{\overline{x}_{v_0} - \overline{x}_{v_1}}{SD(x)} \cdot \sqrt{\frac{n_0 \cdot n_1}{n \cdot (n-1)}}$$

Dabei sind x_{v_0} und x_{v_1} die Mittelwerte und n_0 und n_1 die Anzahl der Probanden, die in Item i entweder eine Null oder eine Eins als Antwort angegeben haben.

Aus der unkorrigierten Trennschärfe kann wiederum die *(part-whole)korrigierte Trennschärfe* $r_{pbis(i)}$ berechnet werden:

$$r_{pbis(i)} = \frac{r_{it} \cdot SD(x) - \sqrt{p_i \cdot q_i}}{\sqrt{SD(x)^2 + p_i \cdot q_i - 2 \cdot r_{it} \cdot SD(x) \cdot \sqrt{p_i \cdot q_i}}}$$

Dabei sind $SD(x)$ die Standardabweichung der Testwerte, p_i die Lösungswahrscheinlichkeit für Item i und q_i die Gegenwahrscheinlichkeit $1-p_i$.

Als vereinfachtes Maß zur Schätzung der Trennschärfe kann vor allem für ordinale Itemantworten auch der *Diskriminationsindex D (D-index for item analysis)* verwendet werden. *D* wird in sechs Schritten ermittelt (s. Schelten, 1997): **Diskriminationsindex**

1. Die Rohwerte eines Tests werden ranggeordnet.
2. Der Stichprobenumfang n wird mit 0,27 multipliziert und das Ergebnis n' zur nächsten ganzen Zahl auf- bzw. abgerundet (Lienert & Raatz, 1998, geben hier Multiplikatoren von 0,21 bzw. 0,5 an).
3. Nun werden zwei Gruppen gebildet: eine Gruppe der leistungsstärksten Probanden (+) im Umfang n' und eine Gruppe der leistungsschwächsten Probanden (-) im Umfang n'.
4. In beiden Gruppen wird nun der Quotient aus der Anzahl korrekter Antworten m_R dividiert durch n' gebildet:

$$x_v^+ = \frac{m_R}{n'} \quad \text{bzw.} \quad x_v^- = \frac{m_R}{n'}$$

5. Beide Werte ergeben gemittelt den Schwierigkeitsgrad P:

$$P = \frac{x_v^+ + x_v^-}{2}$$

6. Beide Werte ergeben subtrahiert den Diskriminationsindex D:

$$D = x_v^+ - x_v^-$$

Interpretation von D

Der Diskriminationsindex D kann Werte zwischen Null und Eins annehmen. Kleine Werte für D sprechen für eine geringe Trennschärfe und korrespondieren mit kleinen P-Werten (bei zu „leichten" oder zu „schwierigen" Items). Bei mittlerer Aufgabenschwierigkeit ($P = 0,5$) erreicht D sein Maximum.

3.4.2 Interpretation der Trennschärfe

Hinsichtlich der Interpretation eines Trennschärfekoeffizienten r_{it} deuten Werte zwischen 0,4 und 0,7 auf eine „angemessene" bis „ausgezeichnete" Trennschärfe hin.

- *Trennschärfe nahe dem Wert 1:* Ein *hoher Wert* zeigt an, dass die einzelnen Items homogen gegenüber dem Gesamttest messen und Probanden mit hoher Merkmalsausprägung das Item lösen, während es von Probanden mit niedriger Merkmalsausprägung nicht gelöst wird.
- *Trennschärfe nahe dem Wert 0:* Ein *kleiner Wert* deutet auf eine mangelnde Differenzierung durch ein Item in Zusammenhang mit der Differenzierung des Gesamttests hin und zeigt, dass das Item für eine Unterscheidung von Probanden mit unterschiedlicher Merkmalsausprägung ungeeignet ist.
- *Trennschärfe nahe dem Wert -1: Negative Werte* sind häufig ein Anzeichen fehlerhafter Itemformulierungen oder invertierter Itemskalen mit

geänderter Kodierungsrichtung und geben an, dass Probanden mit niedriger Merkmalsausprägung das Item lösen, während Probanden mit hoher Merkmalsausprägung das Item nicht lösen. Bei Items aus einem Persönlichkeitstest kann dieses Problem ggf. durch Rekodierung (Invertierung der Skala) gelöst werden – diese Veränderung sollte sich aber auf jeden Fall theoretisch rechtfertigen lassen.

Kleinere Werte von 0,30 bis 0,39 deuten auf Testaufgaben hin, die ggf. durch eine Anpassung verbessert werden könnten. Werte zwischen 0,20 und 0,29 kennzeichnen Items, die auf jeden Fall verändert werden sollten. Bei Werten unter 0,19 sollten die betroffenen Items ausgeschlossen oder ausgetauscht werden.

mittlere Trennschärfewerte

3.4.3 Part-Whole-Korrektur

Allen Trennschärfekoeffizienten gemeinsam ist, dass für ihre Berechnung das Item einmal als originales Datum und ein weiteres Mal als Summand für den Skalenscore in die Berechnung eingeht. Durch diese algebraische Abhängigkeit können überhöhte Koeffizienten resultieren, da die Korrelation partiell auch eine Korrelation der Variablen mit sich selbst darstellt.

Diese Überschätzung kann durch eine *Part-Whole-Korrektur* bereinigt werden, bei der der Beitrag des Items bereinigt wird, für den die Trennschärfe ermittelt werden soll (s. Kap. 3.4.1). Die Korrektur verringert sich mit zunehmender Zahl an Items und mit größerer Homogenität der Skala.

Teil-Ganzes-Korrektur

3.4.4 Selektionskennwert

Typisch für die Höhe der Trennschärfe ist, dass sie wesentlich von den Interkorrelationen der Items abhängig ist. Nur bei hohen Iteminterkorrelationen (und damit hoher Homogenität) können auch hohe Trennschärfeindizes erzielt werden. Demgegenüber führen aber Variationen der Schwierigkeitskoeffizienten zwischen den Items einer Skala dazu, dass sich die Interkorrelationen reduzieren. Um bei der Itemselektion sowohl die Trennschärfe als auch die Aufgabenstreuung zu berücksichtigen, ist der *Selektionskennwert* entwickelt worden (Lienert, 1989):

Trennschärfe + Streuung

$$S_{el} = \frac{r_{it}}{2 \cdot SD(x_i)} = \frac{r_{it}}{2 \cdot \sqrt{p_i \cdot q_i}}$$

Dabei sind r_{it} die Trennschärfe und $SD(x_i)$ die Standardabweichung der Aufgabe.

Interpretation von S_{el}

Werden Items entfernt, die einen niedrigen Selektionskennwert produzieren, reduziert sich damit die Gefahr, zu viele Items mit extremer Schwierigkeit zu verlieren. Gewöhnlich werden Items ausgeschlossen, die eine niedrige Trennschärfe besitzen, selbst wenn ihre Schwierigkeit optimal ist, bzw. es werden Items mit hoher Trennschärfe behalten, selbst wenn sie extrem schwierig oder leicht sind. Beim Selektionskennwert steht die Trennschärfe im Zähler, d. h. S_{el} wächst mit steigender Trennschärfe (bei gleichbleibender Schwierigkeit). Die Itemvarianz ist bei mittlerer Aufgabenschwierigkeit hoch. Da sie im Nenner steht, vermindert sie den Quotienten. Liegen extreme Schwierigkeiten vor, resultieren hohe Werte für S_{el}. D. h. Items mit extremen Schwierigkeiten haben eine größere Chance ausgewählt zu werden als Items mit mittlerer Schwierigkeit.

Beispiel 1: Hier wird angenommen, dass die Trennschärfe unterschiedlich und die Schwierigkeit konstant ist.

Item 1: $r_{it1} = 0{,}60$; Item 2: $r_{it2} = 0{,}40$

$$S_{el1} = \frac{r_{it}}{2 \cdot \sqrt{p_i \cdot q_i}} = \frac{0{,}60}{2 \cdot \sqrt{0{,}50 \cdot 0{,}50}} = 0{,}60; \quad S_{el2} = \frac{0{,}40}{2 \cdot \sqrt{0{,}50 \cdot 0{,}50}} = 0{,}40$$

Entsprechend liegt es nahe, Item 1 zu wählen.

Beispiel 2: Hier wird angenommen, dass die Trennschärfe konstant und die Schwierigkeit unterschiedlich ist.

Item 1: $p_i = 0{,}50$; Item 2: $p_i = 0{,}80$

$$S_{el1} = \frac{0{,}50}{2 \cdot \sqrt{0{,}50 \cdot 0{,}50}} = 0{,}50; \quad S_{el2} = \frac{0{,}50}{2 \cdot \sqrt{0{,}80 \cdot 0{,}20}} = 0{,}63$$

Entsprechend liegt es nahe, Item 2 zu wählen.

Zusammengefasst: Im Zuge der Itemanalyse werden Items über den Schwierigkeitsindex, die Itemvarianz, die Trennschärfe und optional über den Selektionskennwert beschrieben. Insbesondere die Trennschärfe soll einen ersten Aufschluss darüber geben, ob einzelne Testitems dasselbe Merkmal erfassen. Dies berührt die Frage der Dimensionalität der Items. Um diese Frage weiter zu verfolgen, sind insbesondere faktorenanalytische Verfahren entwickelt worden, wie die Exploratorische und die Konfirmatorische Faktorenanalyse (s. Kap. 7).

Kriterien der Itemselektion   85

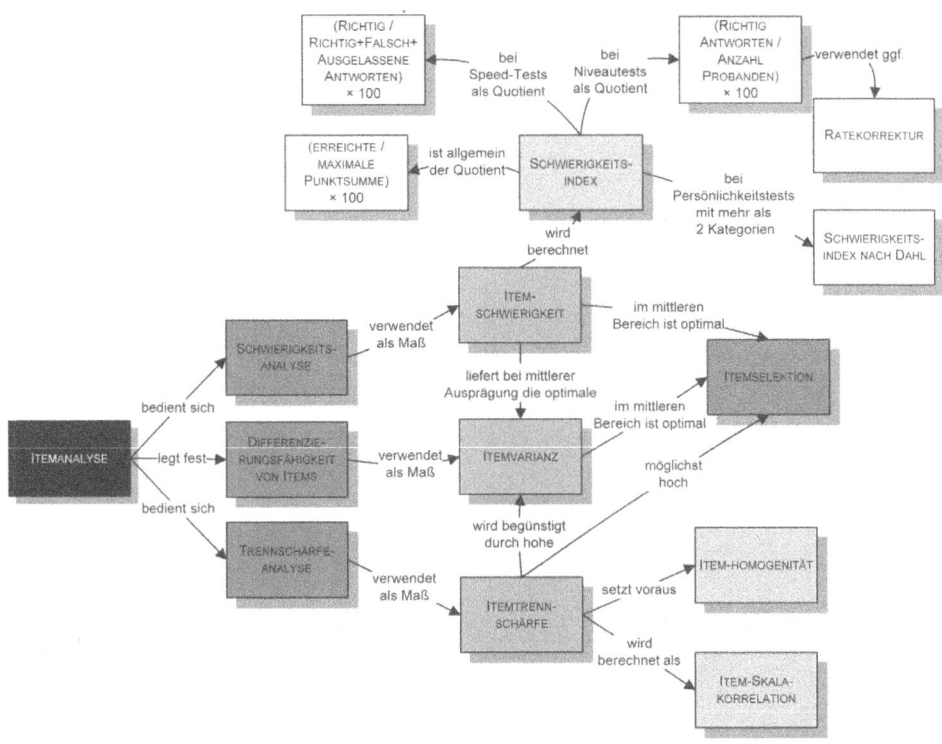

3.5 Kriterien der Itemselektion

Abb. 3.6: Statistiken der Itemanalyse im Überblick

Mit der Itemselektion verbindet sich die Aufgabe, die Items zu identifizieren, welche die beste Eignung (im Sinne des zu messenden Merkmals) für den geplanten psychometrischen Test besitzen. Die Selektion der Items erfolgt anhand der *simultanen Berücksichtigung* der Ergebnisse der Itemanalyse (Itemschwierigkeit, Itemvarianz und Itemtrennschärfe bzw. Selektionskennwert) und darüber hinausgehender Überlegungen im Hinblick auf die Reliabilität (s. Kap. 6.1) und Validität (s. Kap. 6.2) des Tests:

- Items mit mittlerer Schwierigkeit (P_i = 50) differenzieren dabei zwischen Probanden mit hoher und niedriger Merkmalsausprägung am besten. Zur Erfassung extremer Merkmalsausprägungen sind Items mit hoher oder niedriger Schwierigkeit auszuwählen ($5 \leq P_i \leq 20$ bzw. $80 \leq P_i \leq 95$). Grundsätzlich sollten Items dabei immer über eine gute Trennschärfe verfügen. Die zusätzliche Berücksichtigung des Selektionskennwertes kann hier hilfreich sein.

- Idealerweise differenziert ein Test über den gesamten Schwierigkeitsbereich ($5 \leq P_i \leq 95$).
- Items ohne Trennschärfe ($r_{it} \approx 0$) oder mit negativen Werten sind zu entfernen.
- Bei Items gleicher Schwierigkeit entscheidet die höhere Trennschärfe.

3.6 Testwertermittlung

Ein Testwert x_v – bei Lienert & Raatz (1998) auch „Rohwert" genannt – bezeichnet einen ausgezählten bzw. summierten numerischen Kennwert, der über mehrere Items x_{vi} erhoben, das Ergebnis für einen Probanden v wiedergibt. Dieser Testwert wird pro Zeile aus der üblichen Datenstruktur ermittelt (s. Kap. 3.1), dabei wird Intervallskalenniveau der Daten vorausgesetzt.

3.6.1 Testwertermittlung bei Leistungstests

Analog zur Bestimmung der Itemschwierigkeit werden wiederum richtige (R-)Antworten von falschen (F-)Antworten sowie ausgelassene (A-)Antworten und (zusätzlich im Falle von Speed-Tests) unbearbeitete (U-)Antworten unterschieden (s. Kap. 3.2.1).

Einfache Testwertermittlung

Im einfachsten Fall ist für einen Probanden v dann der Testwert x_v die Anzahl der *R*ichtig-Antworten (optional abzüglich der *F*alschantworten):

$$x_v = m_R \text{ (bzw. } x_v = m_R - m_F)$$

F-Antworten werden allerdings häufiger durch einen Bruchteil oder ein Vielfaches von den R-Antworten subtrahiert. Unter Verwendung eines empirisch ermittelten oder vorab definierten Gewichtungsfaktors c (z. B. 1/3 oder 2/3 etc.) resultiert eine *fehleradjustierte Testwertbestimmung*:

$$x_v = m_R - c \cdot m_F$$

Zusätzlich lassen sich auch einzelne Aufgaben i mit einem Gewicht g_i (z. B. 2, 3 oder mehr Punkte für eine richtige, 0 Punkte für eine falsche Antwort) versehen, wenn die R-Antworten in dieser Aufgabe von unterschiedlicher Bedeutung sind. Dadurch entsteht ein *aufgabengewichteter Testwert*.

Ratekorrektur

Zweckmäßiger als die Gewichtung der Aufgabenbeantwortung ist allerdings zumeist eine Korrektur von (geratenen) Zufallslösungen bei Auswahlaufgaben. Damit kann dem Umstand Rechnung getragen werden, dass („kritische") Probanden, die unsichere Antworten lieber zurückhalten, nicht benachteiligt werden gegenüber („unkritischen") Probanden, die unsichere Antworten auf Risiko abgeben. In diesem Fall kann ein Testwert um richtig geratene Aufgaben korrigiert werden (*Rate-/Zufallskorrektur*):

Korrektur von Zufallslösungen

$$m_G = m_{RG} + m_{FG}$$

Dabei setzt sich die Anzahl geratener Antworten (m_G) zusammen aus richtig (m_{RG}) und falsch (m_{FG}) geratenen Antworten. Als Wahrscheinlichkeiten, dass richtig oder falsch geraten wurde, ergeben sich dann:

$$p_{RG} = \frac{1}{k} \quad \text{und} \quad p_{FG} = 1 - \frac{1}{k}$$

Dabei ist k die Anzahl der Antwortkategorien (Distraktoren) einer Mehrfachwahl- oder R-F-Aufgabe. Vorausgesetzt wird dabei, dass alle Antworten die gleiche Attraktivität oder Schwierigkeit aufweisen. Unter der Annahme, dass alle F-Antworten per Annahme FG-Antworten sind, gilt:

$$\frac{p_{RG}}{p_{FG}} = \frac{m_{RG}}{m_F} = \frac{1}{k-1} \quad \text{und nach Umformung} \quad m_{RG} = \frac{m_F}{k-1}$$

Damit kann errechnet werden, wie viele richtige Antworten richtig erraten wurden. Diese Anzahl ist vom *zufallskorrigierten Testwert* x'_v abzuziehen:

$$x'_v = m_R - m_{RG} = m_R - \frac{m_F}{k-1},$$

bzw. bei dichotomer (R-F) Antwort (vereinfacht):

$$x'_v = m_R - m_F$$

Bei zwei Antwortalternativen gilt dabei: $m_{RG} = m_F$.

3.6.2 *Testwertermittlung bei Persönlichkeitstests*

Bei Persönlichkeitstests ergeben sich die Testwerte aus Angaben, die diskreten Ratingskalen oder kontinuierlichen Analogskalen entstammen. In beiden Fällen wird auch hier eine Intervallskalierung der Skalenwerte unterstellt. Die Testwertermittlung erfolgt im Falle eines *k*-fach gestuften Items durch Summenbildung über die Itemantworten:

$$x_v = \sum_{i=1}^{m} x_{vi}$$

Dabei wird jeder Itemantwort ein Wert zwischen 0 und *k*-1 zugeordnet. Der geringsten Merkmalsausprägung entsprechen 0 Punkte, der stärksten Merkmalsausprägung entsprechen *k*-1 Punkte.

Analoge Skalen können hingegen entweder durch Überlagerung mit einer Stufenskala in diskrete Abschnitte unterteilt werden oder als direkter „Messwert" (z. B. in der Maßeinheit 0 cm bis 10 cm) entnommen werden. Auch hier sollte der linke Punkt der Skala die geringste Ausprägung und der rechte Punkt die höchste Ausprägung des Merkmals bedeuten.

3.6.3 Statistische Maße

Über eine explorative Datenanalyse lassen sich für die ermittelten Testwerte typische Maße zur Testwertverteilung bestimmen, mit denen sich die Lage, die Streuung und die Verteilung genauer ermitteln lassen (s. Pospeschill, 1996; 2006).

Lagemaße

Maße der zentralen Tendenz — Als Lagemaße (*Maße der zentralen Tendenz*) gelten Mittelwert (für mindestens intervallskalierte Testwerte), Median (für mindestens ordinalskalierte Testwerte) und Modalwert (für nominalskalierte Testwerte):

Mittelwert: Das *arithmetische Mittel* (*mean*) für eine Verteilung stellt den Durchschnittswert aus mehreren Werten dar. Er errechnet sich aus der Addition aller Testwerte und anschließender Division durch die Anzahl der Testwerte:

$$\bar{x} = \frac{\sum_{v=1}^{n} x_v}{n} = \frac{1}{n} \cdot \sum_{v=1}^{n} \sum_{i=1}^{m} x_{vi}$$

Median: Der *Median* ist der Wert, der eine Verteilung halbiert und damit mit dem fünfzigsten Perzentilrang äquivalent. Ist die Anzahl der Messwerte ungerade, dann ist der Median der Wert, der die Daten (nach Größe geordnet) halbiert.

- Falls n ungerade, gilt: $\tilde{x} = x_{\frac{n-1}{2}+1}$
- Falls n gerade, gilt: $\tilde{x} = \frac{1}{2}\left(x_{\frac{n}{2}} + x_{\frac{n}{2}+1}\right)$

Modalwert: Der *Modalwert* (*mode*) repräsentiert in einer Häufigkeitsverteilung den Wert oder die Kategorie mit der größten Häufigkeit. Während Verteilungen grundsätzlich nur einen Mittelwert und einen Median besitzen, können in einer Verteilung mehrere Modalwerte auftreten. Eine Verteilung mit zwei Modalwerten wird als *bimodale* (zweigipflige) Verteilung, mit mehr als zwei Modalwerten als *multimodale* Verteilung bezeichnet.

Streuungsmaße

Als Streuungsmaße (*Dispersionsmaße*) gelten Spannweite, Interquartilabstand (für nominalskalierte Testwerte), Varianz und Standardabweichung (für mindestens intervallskalierte Testwerte): — **Dispersionsmaße**

Spannweite: Die *Spannweite* (*range*) ergibt sich aus der Differenz zwischen maximalem und minimalem Testwert:

$$Range = \max(x_1, \ldots, x_n) - \min(x_1, \ldots, x_n)$$

Interquartilabstand: Der *Interquartilabstand* (*interquartile range*) umfasst genau die mittleren 50 Prozent der Fälle, wobei aus dem Wert der unteren und oberen Grenze die Differenz gebildet wird. Zur Bestimmung werden die Messwerte herangezogen, die den unteren und oberen 25 Prozent der Verteilung entsprechen, also die Quartile Q_3 und Q_1:

$$IQR = Q_3 - Q_1$$

Streuung: Die *Varianz* (*variance*) beinhaltet die mittlere quadrierte Abweichung und stellt den Durchschnitt der quadrierten Abweichungswerte dar. Die *Standardabweichung* (*standard deviation*) standardisiert diese Distanzen auf die ursprüngliche Messskala durch Ziehen der Quadratwurzel. Die Testwertvarianz (Stichprobenvarianz) berechnet sich nach:

$$Var(x_i) = \frac{\sum_{v=1}^{n}(x_{vi} - \bar{x}_i)^2}{n-1} = \frac{1}{n-1} \cdot \left(\sum_{v=1}^{n} x_{vi}^2 - \frac{\left(\sum_{v=1}^{n} x_{vi}\right)^2}{n}\right)$$

Verteilungsmaße

Annahme der Normalverteilung

Schließlich werden die Verteilungsmaße Schiefe und Exzess unterschieden, mit denen die Annahme der Normalverteilung der Testwertverteilung überprüft werden kann (s. Pospeschill, 1996; 2006).

Schiefe: Die *Schiefe* (*skewness*) kann nach folgender Gleichung abgeschätzt werden:

$$S = \frac{1}{n \cdot s^3} \cdot \sum_{v=1}^{n}(x_v - \overline{x})^3$$

Dieser Kennwert liefert Informationen darüber, wie symmetrisch die Daten um den Mittelwert liegen. Ist $S = 0$, dann ist die Verteilung symmetrisch; wenn $S > 0$, dann ist die Verteilung linkssteil bzw. rechtsschief (positive Schiefe); wenn $S < 0$, dann ist die Verteilung rechtssteil bzw. linksschief (negative Schiefe). Bei der Erfüllung der Symmetriebedingung $S = 0$ ist allerdings Vorsicht geboten. Denn es lässt sich zeigen, dass bei manchen Verteilungen trotz einer Schiefe von Null eine deutliche Unsymmetrie vorliegt. Histogramme liefern hier u. U. genauere Abschätzungen.

Exzess: Der *Exzess* (*kurtosis*) gibt Auskunft über die Breit- bzw. Schmalgipfligkeit einer Verteilung. Je größer der Exzess wird, desto breitgipfliger die Verteilung. Der Exzess beschreibt damit eine ähnliche Dispersion wie die Varianz, allerdings unter Berücksichtigung besonders der Werte, die in der Nähe der Zentralwerte mit etwa gleich großer relativer Häufigkeit liegen. Zudem berücksichtigt der Exzess, wie schnell die relativen Häufigkeiten mit Abstand vom Modalwert kleiner werden. Die Berechnung des Exzesses sollte nur bei unimodalen (eingipfligen) Verteilungen vorgenommen werden. Eine Abschätzung erfolgt nach:

$$K = \frac{1}{n \cdot s^4} \cdot \sum_{v=1}^{n}(x_v - \overline{x})^4 - 3$$

Ist $K = 0$, entspricht die Verteilung einer theoretischen Normalverteilung; ist $K > 0$, dann ist die Verteilung breitgipfliger als eine theoretische Normalverteilung; und ist $K < 0$, dann ist die Verteilung schmalgipfliger als eine theoretische Normalverteilung.

Abweichungen von der Normalverteilung

anomale Verteilungen

Abweichungen von der Normalverteilung (sog. *anomale Verteilungen*) können verschiedene Ursachen besitzen (s. Lienert & Raatz, 1998):

1. *Schiefe* Verteilungen entstehen häufig durch zu leichte oder zu schwere Aufgaben, welche die Differenzierungsfähigkeit des Tests im Bereich der unterrepräsentierten Items einschränkt (s. Abb. 3.7A). Gründe dafür können ein genereller Konstruktionsmangel des Tests oder eine Fehlanwendung hinsichtlich der Zielgruppe sein.

    Ist die Aufgabenschwierigkeit insgesamt zu gering, resultiert eine linksschiefe bzw. rechtssteile Verteilung. Ist die Aufgabenschwierigkeit hingegen zu hoch, resultiert eine rechtsschiefe bzw. linkssteile Verteilung. Zu leichte Aufgaben, die von fast allen Probanden korrekt gelöst werden, produzieren einen *Deckeneffekt* (*ceiling effect*) in den Daten, während zu schwere Aufgaben, die von nur sehr wenigen Probanden gelöst werden, einen *Bodeneffekt* (*floor effect*) produzieren. In beiden Fällen häufen sich die erzielten Testwerte an einem Ende der Testwertverteilung. Dieser Umstand wird auch als *Testwertstutzung* (*truncation*) bezeichnet. **links- / rechtsschiefe Verteilungen**

    Ob asymmetrische Testwertverteilungen mit der Schwierigkeit des Tests zusammenhängen, kann durch Entnahme einer definierten Untergruppe von Probanden überprüft werden. Dazu wird einem scheinbar zu schweren Test eine Gruppe leistungsstarker Probanden entnommen. Zeigt sich bei der Untergruppe eine symmetrische Verteilung, ist der Test zu schwierig. Ist die Verteilung allerdings auch in der Untergruppe asymmetrisch, müssen strukturelle Eigenarten des Tests als Erklärung vermutet werden. **Symmetrie und Schwierigkeit**

    Auch kann der Schwierigkeitsverlauf in der Anordnung der Items Asymmetrien in der Testwertverteilung hervorrufen. Ändert sich die Schwierigkeit abrupt oder beginnt ein Test mit besonders schwierigen Items, können rechtssteile oder U-förmige Testwertverteilungen die Folge sein. Der ideale Schwierigkeitsverlauf der Items sollte daher möglichst geradlinig verlaufen (bei einem Speed-Test horizontal, da die Aufgaben die gleiche Schwierigkeit besitzen; bei einem Power-Test monoton steigend, da die Aufgaben zunehmend schwieriger werden). **Schwierigkeitsverlauf**

2. *Multiple* Verteilungen entstehen, wenn sich die Gesamtstichprobe aus heterogenen Unterstichproben (mit unterschiedlichen Mittelwerten und Varianzen) zusammensetzt, die zu einer nicht normalen Mischverteilung führen (s. Abb. 3.7B). Bimodale Verteilungen können entstehen, wenn Gruppen mit unterschiedlichen Mittelwerten zusammengefasst werden. Mit abnehmender Distanz der Mittelwerte geht dabei die bimodale in eine breitgipflige Verteilung über (s. Abb. 3.7C). Unterscheiden sich die Gruppen nur hinsicht- **Mischverteilungen**

lich der Varianzen, entstehen schmalgipflige Verteilungen, die sich je nach Größe des Varianzverhältnisses der beiden Gruppen verändern. Auch schiefe Verteilungen sind denkbar, wenn neben einer Mittelwertdifferenz noch Unterschiede in der Gruppengröße hinzukommen (s. Abb. 3.7D). Der Problematik heterogener Untergruppen kann ggf. bei der Testeichung durch differenzierte Testnormen pro Untergruppe begegnet werden.

3. *Beliebige* Verteilungen können entstehen, wenn das Merkmal in der Bevölkerung nicht normalverteilt ist. Können andere Gründe (Konstruktionsmängel im Testaufbau oder Stichprobenheterogenität) ausgeschlossen werden, sollte davon abgesehen werden, das Merkmal so zu erfassen, dass normalverteilte Testwerte resultieren.

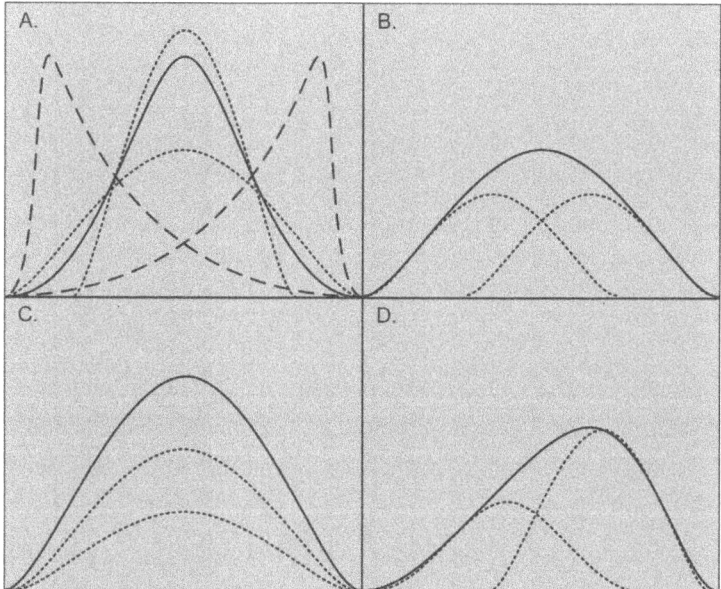

Abb. 3.7: Normale und anomale Verteilungsformen für Testwertverteilungen. A. normalverteilt (durchgezogene Linie), links-/rechtsschief (grob gestrichelte Linie) und breit-/schmalgipflig (fein gestrichelte Linie); B. bimodal/breitgipflig aufgrund von Mittelwert- und Varianzunterschieden; C. breit-/schmalgipflig aufgrund von Varianzunterschieden und D. schief aufgrund von Mittelwert-, Varianz- und Gruppengrößenunterschieden

3.6.4 Normalisierung schiefer Testwertverteilungen

Die Normalverteilung der Testwertverteilung kann als Indiz für die angemessene Wahl einer Analysestichprobe und eine adäquate Testkonstruktion gewertet werden. Damit sind i. d. R. auch die Voraussetzungen für eine gute Differenzierungsleistung durch den Test und der Entwicklung einer standardisierten Norm erfüllt.

Für den Fall, dass die Annahme eines normalverteilten Merkmals gerechtfertigt ist, sich aber die Testwertverteilung in der Stichprobe nicht normalverteilt, kann durch eine nicht lineare Transformation der Testwerte eine normalverteilte Testwertverteilung erreicht werden. Dieser Vorgang wird als *Normalisierung* bezeichnet und kann über zwei alternative Verfahrensschritte erfolgen. Diese Normalisierung sollte allerdings gründlich überlegt werden, da eine nicht lineare Transformation zu Items führt, die mit den originalen Items nur noch bedingt vergleichbar sind.

nicht lineare Transformation

Logarithmierung

Bei der Logarithmierung der Testwerte wird jeder Testwert durch seinen natürlichen Logarithmus ersetzt: $\log(x_v) = \ln x_v$. Dieser Schritt ist allerdings ausschließlich bei einer linkssteilen bzw. rechtsschiefen Verteilung anwendbar. Ausreißer auf der rechten Seite der Verteilung werden dadurch näher an die Verteilung herangeholt (s. Abb. 3.8).

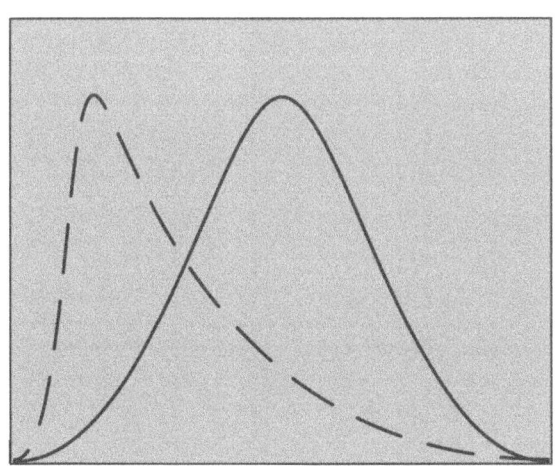

Abb. 3.8: Normalisierung einer linkssteilen/rechtsschiefen Verteilung (gestrichelte Linie) zu einer Normalverteilung (durchgezogene Linie)

Flächentransformation

Eine zweite Möglichkeit besteht in der Flächentransformation der Daten, bei der das Histogramm der Testwertverteilung bei unveränderter Fläche in Richtung einer Normalverteilung verschoben wird. Dabei werden die prozentualen Anteile (*Prozentränge*) an der Fläche unter der anormalen Verteilung an eine Standardnormalverteilung angepasst (s. Kelava & Moosbrugger, 2020a, zu den Verfahrensschritten).

Testrevision Andere Möglichkeiten einer „Normalisierung" bestehen schließlich in einer Testrevision. Zu große Aufgabenschwierigkeiten bei einem Power-Test (mit linkssteiler Verteilung) können durch Hinzufügen leichterer und Entnahme schwieriger Aufgaben angepasst werden. Bei Speed-Tests kann eine Verlängerung der Testzeit (Bearbeitungszeit) eine Normalisierung der Testwertverteilung bewirken.

Zusammengefasst: Die Evaluation eines Tests beginnt mit der deskriptiven Analyse der gewonnenen Daten anhand von Schwierigkeitsindizes, Itemvarianzen und Trennschärfeberechnungen. Daran schließt sich der Vorgang der Itemselektion an, mit dem anhand dieser Kennwerte die Eignung der Items festgestellt werden soll. Items mit geeigneter Schwierigkeit, hoher Varianz und guter Trennschärfe werden dabei bevorzugt gewählt, während Items mit einer Trennschärfe nahe Null ausgesondert werden. Im nachfolgenden Schritt der Testwertermittlung werden über Lage-, Streuungs- und Verteilungsmaße die Daten hinsichtlich ihrer statistischen Eigenschaften genau exploriert. Weichen die Daten dabei von der Normalverteilung ab, obwohl das Merkmal normalverteilt ist, kann zwischen verschiedenen Formen einer Normalisierung gewählt werden. In weiteren Analyseschritten können Gütemaße (z. B. Reliabilitätskoeffizienten) bestimmt und ggf. eine Normierung (Standardisierung oder Eichung) des Tests vorgenommen werden.

Testwertermittlung 95

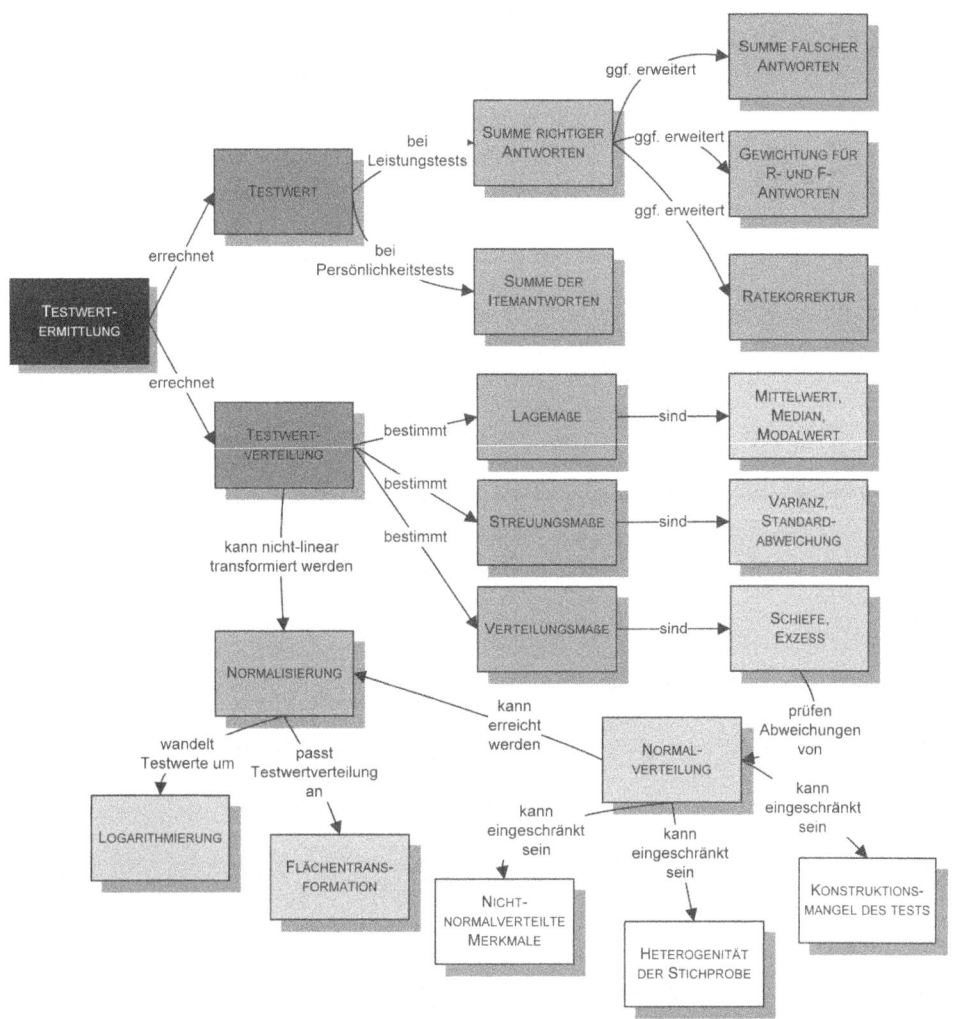

Abb. 3.9: Ermittlung von Testwerten und Testwertverteilungen im Überblick

Testfragen

1. Nennen Sie die Schritte der deskriptivstatistischen Evaluation eines Tests.
2. Was unterscheidet den Schwierigkeitsindex bei Speed- und Power-Tests und wie sind diese definiert?
3. Was bedeutet ein Schwierigkeitsindex von $P_i = 50$?
4. Welche Schwierigkeitsindizes P_i sollten Items besitzen, die extreme Merkmalsausprägungen erfassen sollen?
5. Was kennzeichnet den Zusammenhang zwischen Itemvarianz und Itemschwierigkeit bei dichotomen Items?
6. Was erfasst die Itemtrennschärfe und worauf deuten hohe, niedrige und negative Werte hin?
7. Wie ist das generelle Vorgehen bei der Itemselektion, welche Statistiken sind für die Selektion zentral?
8. Worauf kann eine Abweichung von der Normalverteilung bei den Ergebnissen eines Tests zurückzuführen sein?
9. Welche Möglichkeiten bestehen, die Testwertverteilung in einer Stichprobe zu normalisieren?

4 Klassische Testtheorie

Mit der Klassischen Testtheorie (KTT) wird Testentwicklern wie Testanwendern eine wichtige Grundlage für die Konstruktion und Interpretation psychodiagnostischer Testverfahren zur Verfügung gestellt. Da ihre Wurzeln bereits in den 1950er-Jahren gelegt wurden, gilt sie heute – inzwischen ergänzt durch Weiterentwicklungen wie die Probabilistische Testtheorie (s. Kap. 5) – als „klassisch" (s. Kristof, 1983). Trotz dieser neueren Entwicklungen und kritischer Einschränkungen basiert die überwiegende Zahl der auf dem Markt befindlichen psychometrischen Leistungs- und Persönlichkeitstests auf der KTT.

4.1 Axiome der Klassischen Testtheorie

Typisch für eine formale Theorie werden in der KTT sog. *Axiome* formuliert.

Allgemein handelt es sich bei einem **Axiom** um einen deduktiv abgeleiteten Grundsatz (Setzung, Definition oder grundlegende Aussage), die nicht weiter hinterfragt bzw. für die kein Beweis geführt wird. Axiome sind dabei häufig Bestandteil eines formalisierten Systems und erlauben es, dass aus ihnen logische Ableitungen gezogen werden.

Die (drei) Axiome der KTT beziehen sich dabei auf die beobachteten Testwerte und zwei theoretische Größen, die wahren Testwerte und einen Messfehler (s. Fisseni, 2004; Moosbrugger et al., 2020; Steyer & Eid, 2001; Rost 2004).

4.1.1 Existenzaxiom

Das erste Axiom ist das sog. Existenzaxiom. Es besagt, dass der wahre Wert (auch „true score" genannt) τ_{vi} („tau") als Erwartungswert der Messung x_{vi} eines Probanden v in Item i existiert:

wahrer Wert τ_{vi}

$$\tau_{vi} = E(x_{vi})$$

Damit wird postuliert, dass aus einer bestimmten Anzahl von Messungen x_{vi} auf die tatsächliche (wahre) Ausprägung des Merkmals τ_{vi} geschlossen werden kann. Der wahre Wert τ_{vi} bezieht sich dabei zunächst auf ein einzelnes Item i eines einzelnen Probanden v.

4.1.2 Verknüpfungsaxiom

zufälliger Fehlerwert ε_{vi} Das zweite Axiom ist das sog. Verknüpfungsaxiom. Es besagt, dass sich jede Messung x_{vi} aus einem wahren Wert τ_{vi} und einem *zufälligen Fehlerwert* ε_{vi} („epsilon") zusammensetzt:

$$x_{vi} = \tau_{vi} + \varepsilon_{vi}$$

Mit diesem Axiom wird postuliert, dass sich jede konkrete Messung x_{vi} additiv aus der Messung des tatsächlichen Merkmals τ_{vi} und der Messung eines Messfehlers ε_{vi} zusammensetzt.

Aus dem Existenz- und Verknüpfungsaxiom resultiert, dass der Zufallsfehler ε_{vi} einen Erwartungswert von Null besitzt:

$$E(\varepsilon_{vi}) = 0$$

Das bedeutet, dass bei unendlich vielen Messwiederholungen der Zufallsfehler gegen Null strebt.

4.1.3 Unabhängigkeitsaxiom

Unkorreliertheit von τ_{vi} und ε_{vi} Das dritte Axiom ist das Unabhängigkeitsaxiom. Es besagt, dass die Korrelation zwischen den wahren Werten τ und den Messfehlern ε bei beliebigen Personen und beliebigen Items Null ist:

$$Corr(\tau_{vi}, \varepsilon_{vi}) = 0$$

Das wiederum bedeutet, dass keine spezifische Abhängigkeit zwischen auftretenden wahren Werten und Messfehlern besteht.

4.1.4 Zusatzannahmen

paarweise Unabhängigkeit der Messfehler Neben der Zufälligkeit einzelner Messfehler wird darüber hinaus die paarweise Unabhängigkeit der Messfehler angenommen. Diese bezieht sich sowohl auf ein Itempaar als auch auf die Betrachtung zweier Personen.

Bei zwei Items i und j wird für die Fehlervariablen ε_{vi} und ε_{vj} und bei zwei Personen v und w für die Fehlervariablen ε_{vi} und ε_{wi} angenommen, dass die Fehlervariablen paarweise unabhängig sind.

unabhängige Items

$$Corr(\varepsilon_{vi}, \varepsilon_{vj}) = 0$$

Diese Gleichung besagt, dass die Fehlerwerte zweier Messungen mit beliebigen Items i und j für dieselbe Person unkorreliert sind. Das bedeutet, dass der Erfolg oder Misserfolg bei der Bearbeitung eines Items unabhängig von der Bearbeitung eines anderen Items bei derselben Person sein muss.

$$Corr(\varepsilon_{vi}, \varepsilon_{wi}) = 0$$

Diese Gleichung besagt ferner, dass die Fehlerwerte zweier Messungen mit beliebigen Personen v und w für dasselbe Item unkorreliert sind. Das bedeutet, dass die Itembearbeitung von unabhängigen Personen erfolgen muss.

unabhängige Personen

4.1.5 Erläuterungen zum Konzept des Messfehlers

Statistisch wird der Messfehler ε_{vi} als eine Zufallsvariable mit dem Erwartungswert Null und einer Fehlervarianz $Var(\varepsilon)$ aufgefasst, die für alle Personen gleich ist. Daraus wird die Schlussfolgerung abgeleitet, dass sowohl die Summe der Fehlerwerte einer Person bei unendlich vielen Messwiederholungen i als auch die Summe der Fehlerwerte einer Messung bei unendlich vielen Personen v Null ergeben muss:

Messfehler als Zufallsvariable

$$\sum_{v=1}^{\infty} \varepsilon_{vi} = 0 \quad \text{bzw.} \quad \sum_{i=1}^{\infty} \varepsilon_{vi} = 0$$

Vorausgesetzt wird dazu allerdings, dass die Wiederholungen unter konstanten Bedingungen stattfinden und jede aktuelle Messung nicht von der vorherigen Messung beeinflusst ist.

Der Messfehler ε_{vi} wird als eine Größe betrachtet, die durch den Vorgang des Messens den wahren Wert überdeckt und damit zu Abweichungen gegenüber dem wahren Wert führt. Zustande kommt der Messfehler ε_{vi} durch Einflüsse, die sich im Zuge der Messung unkontrolliert auf das Testverhalten der Probanden auswirken und damit das Messresultat kontaminieren (z. B. die Tageszeit des Experiments, das Klima im Untersuchungsraum, die Person des Versuchsleiters, die Motivation und Konzentration des jeweiligen Probanden).

Der IQ eines Probanden soll mit Hilfe eines Intelligenztests gemessen werden. Mögliche Fehlereinflüsse auf das Testergebnis könnten u. a. sein, dass der Proband

- zuvor ein Medikament zur Steigerung der Konzentration eingenommen hat;
- unter dem Einfluss von Restalkohol steht, bedingt durch einen vorabendlichen Kneipenbesuch;
- von einem fähigen benachbarten Probanden abschreibt;
- durch den/die gut aussehende(n) Testleiter(in) abgelenkt wird.

Die vorherige Einnahme eines Medikamentes könnte zu einer positiven Abweichung zwischen wahrer Testleistung (τ_{vi}) und beobachteter Testleistung x_{vi} führen, während der „Kater" aus dem Kneipenbesuch hingegen sehr wahrscheinlich das Gegenteil bewirken würde. Kommen Kneipenbesuch und die Ablenkung durch den Testleiter zusammen, könnte sich die Abweichung zwischen wahrer und beobachteter Testleistung zuungunsten des Probanden nochmals erhöhen. Demgegenüber würde das Zusammenspiel aus Medikament und Abschreiben möglicherweise eine Einflussgröße sein, die die beobachtete Testleistung noch weiter zugunsten des Probanden von der wahren Testleistung entfernt (s. Abb. 4.1).

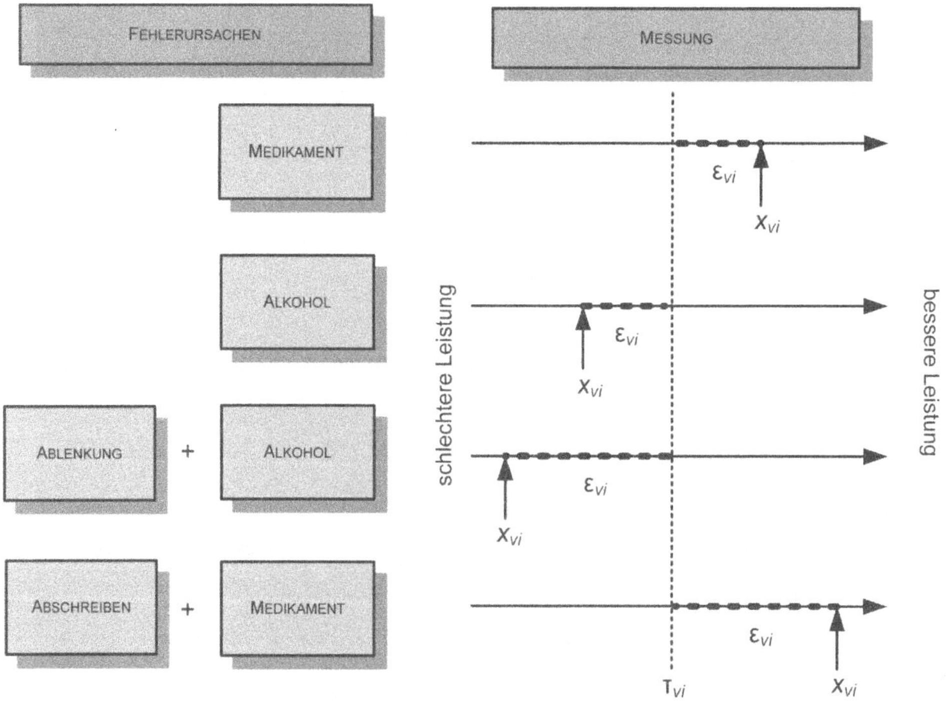

Abb. 4.1: Beispiel über die Auswirkungen von zufälligen Fehlern auf die Messung

Zusammengefasst: Beobachtbar ist nach den Axiomen der KTT nur die Messung x_{vi}. Diese setzt sich nach dem Verknüpfungsaxiom aus einem wahren Wert τ_{vi} und einem Fehlerwert ε_{vi} zusammen, die beide nicht beobachtbar sind. Wahrer Wert τ_{vi} und Fehlerwert ε_{vi} sind also unbekannte Größen. Liegt allerdings eine Messung mit mehreren Testitems ($i = 1,...,m$) vor, kann der wahre Testwert τ_{vi} einer Person v als Summe der beobachteten Messungen x_{vi} und die Fehlervarianz $Var(\varepsilon)$ als Varianz der Fehlerwerte ε_v mehrerer Personen v geschätzt werden. Angaben zum wahren Wert τ_{vi} und Fehlerwert ε_{vi} beruhen also auf Schätzungen. Diese Auffassung messfehlerbehafteter Messungen bei der KTT hat auch zur Bezeichnung „Messfehler-Theorie" geführt.

4.2 Bestimmung des wahren Testwertes

Um an den wahren Testwert zu gelangen, besteht das Hauptproblem darin, den Zufallsfehler zu neutralisieren, der in jeder beobachteten Messung steckt. Die wiederholte Messung der gleichen Items scheidet dabei aus, da sich Probanden zu leicht an ihre Lösungen oder Antworten erinnern könnten – damit wären die Messungen nicht mehr unabhängig voneinander. Stattdessen löst man dieses Problem dadurch, dass mehrere Messungen zu einem Merkmal anhand verschiedener Items (die aber alle das gleiche Merkmal messen) zu einem Testwert (Rohwert) verrechnet werden. Durch diese Verrechnung neutralisiert sich der Zufallsfehler. **Neutralisierung des Zufallsfehlers**

Der *Testwert* x_v errechnet sich dabei aus den einzelnen Itemwerten x_{vi}, indem zeilenweise summiert werden (s. Kap. 3): **Testwert x_v**

$$x_v = \sum_{i=1}^{m} x_{vi}$$

Nun muss gezeigt werden, dass dieser Testwert x_v mit dem gesuchten wahren Wert τ_v übereinstimmt. Unter Verwendung des Existenzaxioms $\tau_v = E(x_{vi})$ wird daher der Erwartungswert von x_v gesucht. Dabei zeigt sich:

$$E(x_v) = E\left(\sum_{i=1}^{m} x_{vi}\right) = \sum_{i=1}^{m} E(x_{vi}) = \sum_{i=1}^{m} \tau_{vi} = \tau_v$$

Der Erwartungswert von x_v entspricht somit dem wahren Wert τ_v. Die Messwertsumme x_v kann daher als Punktschätzung des wahren Wertes τ_v einer bestimmten Person v verwendet werden: **Schätzung von τ_{vi}**

$$x_v = \hat{\tau}_v$$

Das „Dach" auf dem Tau-Symbol zeigt dabei an, dass es sich um eine (Punkt-)Schätzung für den wahren Wert handelt. Auch eine solche Schätzung kann fehlerbehaftet sein und ist daher um eine Angabe zu ihrem Fehler (dem sog. Standardmessfehler) zu ergänzen (s. Kap. 4.6).

4.3 Bestimmung der wahren Varianz und Fehlervarianz

Varianzschätzung Da nur die beobachteten Testwerte x_v vorliegen, wird analog zur Schätzung des wahren Wertes eine Schätzung der wahren Varianz $Var(\tau)$ und Fehlervarianz $Var(\varepsilon)$ benötigt. Um diese Schätzungen vornehmen zu können, bedarf es allerdings der Betrachtung der Daten aller n (also mehrerer) Probanden. Begrifflich wird daher die Variable der einzelnen Testwerte x_v als *Testwertevariable x* bezeichnet, die Variable der einzelnen wahren Werte τ_v als *True-score-Variable* τ und die Variable der Fehlerwerte $\varepsilon_v = x_v - \tau_v$ als *Fehlervariable* ε. Die Schätzung der Varianzen wird in zwei Schritte – die Varianzzerlegung und die Varianzschätzung – unterteilt.

Varianzzerlegung

Durch Anwendung des Verknüpfungsaxioms $x_{vi} = \tau_{vi} + \varepsilon_{vi}$ wird die Testwertevariable x in die True-score-Variable τ und die Fehlervariable ε zerlegt:

$$x = \tau + \varepsilon$$

Da sich diese Zerlegung auf Varianzen bezieht, gilt: Die Varianz einer Summe von Variablen ist gleich der Summe der Varianzen der einzelnen Variablen plus der zweifachen Summe der Kovarianz beider Variablen:

$$Var(x) = Var(\tau + \varepsilon) = Var(\tau) + Var(\varepsilon) + 2 \cdot Cov(\tau,\varepsilon)$$

Zusammensetzung der Testwertevarianz Da die Korrelation zwischen wahrem Wert und Messfehler laut Unabhängigkeitsaxiom aber Null ist, ist auch der Term $Cov(\tau,\varepsilon)$ Null. Daher ergibt sich:

$$Var(x) = Var(\tau) + Var(\varepsilon)$$

Demnach setzt sich die Testwertevarianz $Var(x)$ zusammen aus der wahren Varianz $Var(\tau)$ (dies entspricht Unterschieden in den wahren Merkmalsausprägungen τ_v der Probanden) und der Fehlervarianz $Var(\varepsilon)$ (dem Messfehler ε_v der Probanden).

Varianzschätzung

Um die unbekannten Varianzen $Var(\tau)$ und $Var(\varepsilon)$ schätzen zu können, werden nun die Testwertevariablen zweier Tests x_p und x_q herangezogen. Unter Anwendung des Verknüpfungsaxioms wird dabei die Kovarianz der Testwertevariablen x_p und x_q zweier Tests p und q betrachtet:

parallele Tests

$$Cov(x_p, x_q) = Cov(\tau_p + \varepsilon_p, \tau_q + \varepsilon_q)$$

Da Messfehler und wahre Werte untereinander nach der KTT unkorreliert sind, ist der Kovarianzterm hinsichtlich der Fehlerwerte Null und kann entfallen:

$$Cov(x_p, x_q) = Cov(\tau_p, \tau_q)$$

Stammen x_p und x_q aus zwei parallelen (sog. τ-äquivalenten) Tests, dann gilt $\tau_p = \tau_q = \tau$, und die wahre Testwertevarianz ergibt sich aus der Kovarianz zweier paralleler Tests:

Schätzung wahre Varianz

$$Cov(x_p, x_q) = Cov(\tau_p, \tau_q) = Cov(\tau, \tau) = Var(\tau)$$

Somit kann die wahre Testwertevarianz $Var(\tau)$ als Kovarianz zweier τ-äquivalenter Tests geschätzt werden. Dies ermöglicht schließlich auch, die Fehlervarianz zu schätzen:

Schätzung Fehlervarianz

$$Var(\varepsilon) = Var(x) - Var(\tau)$$

4.4 Bestimmung der Reliabilität

Mittels der KTT gelingt es nun, die *Reliabilität* (die Messgenauigkeit eines Tests) als Quotient aus wahrer Varianz und beobachteter Varianz zu bestimmen:

$$Rel = \frac{Var(\tau)}{Var(x)}$$

Die **Reliabilität** eines Tests ergibt sich nach der Klassischen Testtheorie als Quotient aus dem Anteil der wahren Varianz der Werte und dem Anteil der beobachteten Varianz der Werte.

Reliabilitäts- Das resultierende statistische Maß, der *Reliabilitätskoeffizient*, zeigt
koeffizient bei einem Maximalwert von Eins, dass eine Messung frei von Fehlern ist ($Var(x) = Var(\tau)$) und bei einem Minimalwert von Null das Fehlen jeglicher wahrer Varianz ($Var(x) = Var(\varepsilon)$). Ein Test ist demnach umso reliabler, je größer der wahre Varianzanteil im Verhältnis zur beobachteten Varianz ist, und umso unreliabler, je kleiner der wahre Varianzanteil im Verhältnis zur beobachteten Varianz ist.

Test-Test-Korrela- Bei parallelen Tests kann der Anteil wahrer Varianz an der beobach-
tion teten Varianz zudem als *Test-Test-Korrelation* r_{tt} anhand der beobachteten Daten geschätzt werden. Da die wahre Varianz $Var(\tau)$ durch die Kovarianz zweier Tests $Cov(x_p, x_q)$ ersetzt werden kann, ergibt sich für zwei Tests mit gleicher Standardabweichung die Möglichkeit, die beobachtete Varianz durch das Produkt der beiden Standardabweichungen zu ersetzen:

$$Rel = \frac{Var(\tau)}{Var(x)} = \frac{Cov(x_p, x_q)}{SD(x_p) \cdot SD(x_q)} = Corr(x_p, x_q) = r_{tt}$$

Differenzierte Methoden der Reliabilitätsbestimmung erlauben es, die Reliabilität auch aus der Testform selber abzuleiten (und nicht nur unter Verwendung einer zweiten Parallelform) sowie dies zu einem oder zu zwei Messzeitpunkten vorzunehmen (s. Kap. 6.1).

4.5 Reliabilität und Testlänge

Reliabilitätssteige- Aus den Annahmen der KTT resultiert ferner, dass mit zunehmender
rung Zahl an Aufgaben zu einem Merkmalsbereich die Präzision einer Messung zunimmt. Das bedeutet, dass sich die Reliabilität eines Tests erhöhen lässt, wenn ein Test um parallele Testteile (also weitere Items) verlängert wird. Zwei Testteile p und q mit gleichen wahren Werten ($\tau_p = \tau_q = \tau$ und daher $E(x_p) = E(x_q)$) und gleicher wahrer Varianz ($Var(x_p) = Var(x_q) = Var(\tau) + Var(\varepsilon)$) stellen dabei sog. *parallele Testteile* dar.

gemeinsame Test- Wird der Testteil p um den Teil q verlängert, resultiert die gemein-
varianz same Testvarianz aus der Summe der Einzelvarianzen plus der zweifachen Kovarianz der beiden Tests:

$$Var(x_p, x_q) = Var(x_p) + Var(x_q) + 2 \cdot Cov(x_p, x_q)$$

Da $Var(x_p) = Var(x_q) = Var(\tau) + Var(\varepsilon)$ und da $Cov(x_p, x_q) = Var(\tau)$, kann die gemeinsame Testvarianz auch so ausgedrückt werden:

$$Var(x_p, x_q) = Var(\tau) + Var(\varepsilon) + Var(\tau) + Var(\varepsilon) + 2 \cdot Var(\tau) = 4 \cdot Var(\tau) + 2 \cdot Var(\varepsilon)$$

Das bedeutet, dass bei Verdopplung ($k = 2$) der Testlänge l durch einen parallelen Testteil die doppelte Fehlervarianz, aber die vierfache wahre Varianz resultiert.

Allgemeiner wird diese Beziehung zwischen Testverlängerung und Reliabilitätsgewinn in der *Spearman-Brown-Formel* ausgedrückt (s. Fisseni, 2004):

Spearman-Brown-Formel

$$r_{tt}(k \cdot l) = \frac{k \cdot r_{tt}}{1 + (k-1) \cdot r_{tt}}$$

Steigerungen der Reliabilität lassen sich dann am effektivsten erzielen, wenn die Ausgangsreliabilität niedrig ist. Die Gleichung kann zudem auch dann eingesetzt werden, um eine Reliabilitätsminderung infolge einer Testverkürzung abzuschätzen. Dies kann z. B. notwendig sein, wenn infolge des Entfernens von Skalen aus einem Test eine kritische Reliabilitätsgrenze nicht unterschritten werden soll. Dabei ist der Faktor k zu ersetzen durch den Quotienten k = (die Anzahl der Items nach der Korrektur)/(die Anzahl der Items vor der Korrektur).

Ein Test soll von 100 Items auf 60 Items gekürzt werden. Damit ergibt sich ein $k = 100/60 = 0{,}6$. Weist der ursprüngliche Test eine Reliabilität von $r_{tt} = 0{,}90$ auf, resultiert für die verkürzte Version:

$$r_{tt}(k \cdot l) = \frac{k \cdot r_{tt}}{1 + (k-1) \cdot r_{tt}} = \frac{0{,}6 \cdot 0{,}90}{1 + (0{,}6 - 1) \cdot 0{,}90} = 0{,}84$$

Die Reliabilität würde demnach durch die Verkürzung um den Faktor $k = 0{,}6$ auf $r_{tt} = 0{,}84$ absinken.

4.6 Standardmessfehler

Das Vorliegen des Reliabilitätskoeffizienten vereinfacht die Varianzzerlegung bei bekannter Testwertevarianz $Var(x)$:

$$Var(x) = Rel \cdot Var(x) + (1 - Rel) \cdot Var(x) = Var(\tau) + Var(\varepsilon)$$

Wird die Gleichung nach $Var(\varepsilon)$ aufgelöst, ergibt sich:

$$Var(\varepsilon) = Var(x) - Rel \cdot Var(x) = Var(x) \cdot (1 - Rel)$$

Var(ε) ist demnach der unerklärte Fehlervarianzanteil der Testwertevarianz *Var*(x). Die Wurzel daraus stellt den *Standardmessfehler* dar:

$$SD(\varepsilon) = SD(x) \cdot \sqrt{1 - Rel}$$

Der **Standardmessfehler** gibt denjenigen Anteil an der Streuung eines Tests wieder, der auf seine Ungenauigkeit zurückzuführen ist. Berechnet wird der Standardmessfehler aus der Standardabweichung der Messwerte multipliziert mit der Wurzel der Unreliabilität.

Standardschätzfehler $SD(\varepsilon_{tc})$ Wird ein Test eingesetzt, um die Ausprägung eines Kriteriums zu prognostizieren, kann ein *Standardschätzfehler* ermittelt werden, der die Streuung um den wahren Kriteriumswert eingrenzt:

$$SD(\varepsilon_{tc}) = SD(c) \cdot \sqrt{1 - Corr_{tc}^2}$$

Dabei sind $SD(c)$ die Standardabweichung des Kriteriums und $Corr_{tc}$ die Korrelation zwischen Test und Kriterium.

kritische Differenz $diff_{crit}$ Aus der Berechnung des Standardmessfehlers kann zudem eine Gleichung abgeleitet werden, mit der die Differenz zweier einzelner Testwerte auf Signifikanz geprüft werden kann. Diese sog. *kritische Differenz* berechnet sich wie folgt (s. Fisseni, 2004):

$$diff_{crit}(x_1 - x_2) = z_\alpha \cdot SD(x) \cdot \sqrt{2 - (r_{tt_1} + r_{tt_2})}$$

Dabei sind r_{tt1} und r_{tt2} die jeweiligen Reliabilitäten der beiden Tests, zu denen die Testwerte x_1 und x_2 gehören. Der Abstand zweier Testwerte x_1 und x_2 wird dann als signifikant (z. B. bei α = 0,05 ist z_α = 1,96) betrachtet, wenn dieser größer ist als $diff_{crit}$.

Ein Proband erzielt in einem ersten Untertest einen Testwert von 115 (bei einer Reliabilität des Tests von 0,86), in einem zweiten Untertest einen Testwert von 102 (bei einer Reliabilität des Tests von 0,90). Es stellt sich nun die Frage, ob dieser Abstand bei einem α = 0,05 signifikant ist:

$$diff_{crit}(x_1 - x_2) = 1,96 \cdot 10 \cdot \sqrt{2 - (0,86 + 0,90)} = 9,6$$

Demnach ist die beobachtete Differenz von 13 gegenüber der kritischen Differenz von 9,6 signifikant abweichend.

4.7 Konfidenzintervall des wahren Testwertes

Der Standardmessfehler $SD(\varepsilon)$ kann dahingehend verwendet werden, die Messwertsumme x_v als Punktschätzung um ein *Konfidenzintervall* zu erweitern, in dem der wahre Wert τ_v liegt:

$$\tau_v \leq \hat{\tau}_v \pm z_{\frac{\alpha}{2}} \cdot SD(\varepsilon)$$

Mit dem **Konfidenzintervall** wird derjenige Vertrauensbereich bezeichnet, in dem 95 ($\alpha = 0{,}05$) oder 99 Prozent ($\alpha = 0{,}01$) aller möglichen wahren Werte τ_v liegen, die den Stichprobenschätzwert erzeugt haben können (s. Abb. 4.2).

Die Bestimmung setzt allerdings voraus, dass die Fehler normalverteilt sind und dass die Stichprobe ausreichend groß ist ($n \geq 60$). Im Falle kleinerer Stichproben kann alternativ die t-Verteilung herangezogen werden. Ferner sollte der Test eine ausreichende Reliabilität besitzen ($Rel \geq 0{,}80$), da bei sinkender Reliabilität Punktschätzungen ungenau und Konfidenzintervalle zunehmend breiter werden.

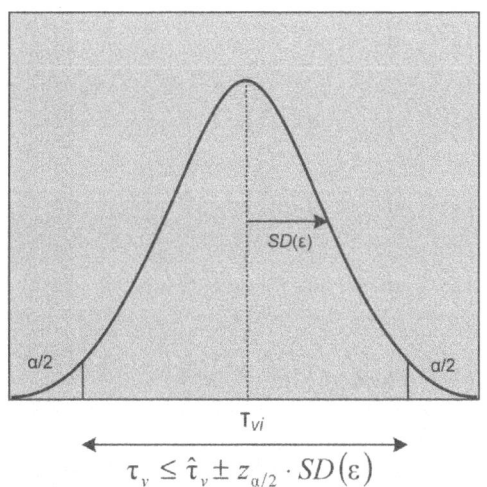

Abb. 4.2: Darstellung des Standardmessfehlers als Abweichung vom wahren Wert und des Konfidenzintervalls, in dem der wahre Wert liegt

4.8 Minderungskorrekturen

Eine gesondertes Problem bezieht sich auf die Frage, welche Auswirkungen Messfehler auf die Höhe einer bivariaten Korrelation ausüben (s. Schmidt-Atzert et al., 2021). Über die Minderungskorrektur kann

Auswirkung von Messfehlern

dazu eine Schätzung abgegeben werden, welche Korrelation zu erwarten ist, wenn die betrachteten Testverfahren vollkommen reliabel (also frei von Messfehlern) sind. Konkret soll dabei die Korrelation zwischen den wahren Werten zweier Tests geschätzt werden, wenn die Reliabilitäten der beiden Tests r_{tt1} und r_{tt2} sowie die Korrelation r_{12} der beiden Tests bekannt sind. Eine entsprechende *Minderungskorrektur* für die Korrelation berechnet sich nach:

$$r_c = \frac{r_{12}}{\sqrt{r_{tt_1}} \cdot \sqrt{r_{tt_2}}}$$

Die Korrektur erfolgt dahingehend, dass die Formel die Minderung des Korrelationskoeffizienten durch die Fehlerbehaftung der miteinander korrelierten Messwerte ausgleicht.

Die **Minderungskorrektur** erlaubt eine Schätzung der Korrelation zweier Variablen mit wahren Werten, wenn deren Reliabilitätskoeffizienten vorliegen. Dadurch lässt sich der Korrelationskoeffizient für den Fall korrigieren, wenn die miteinander korrelierten Werte fehlerbehaftet sind.

Ein erster Test besitzt eine Reliabilität von r_{tt1} = 0,90 und ein zweiter Test eine Reliabilität r_{tt2} = 0,80, bei einer Korrelation der Tests von r_{12} = 0,50. Die Korrelation zwischen den wahren Werten der beiden Tests beträgt:

$$r_c = \frac{0{,}50}{\sqrt{0{,}90} \cdot \sqrt{0{,}80}} = 0{,}59$$

r_{12} ist mit 0,50 kleiner als r_c mit 0,59, da beide Tests nicht vollkommen reliabel sind.

Doppelte Minderungskorrektur
Die Berechnung erfolgt analog, wenn für die unzureichende Reliabilität eines Tests und die unzureichende Reliabilität eines externen Kriteriums korrigiert werden soll. In diesem Fall wird von einer *doppelten Minderungskorrektur* gesprochen, da für die unzureichende Reliabilität des Tests und die unzureichende Reliabilität des Kriteriums korrigiert wird.

Ein Eignungstest und ein Maß des beruflichen Erfolgs (externes Kriterium) sind mit $r_{12} = 0{,}40$ korreliert, der Eignungstest besitzt eine Reliabilität von $r_{tt1} = 0{,}80$ und das Maß des beruflichen Erfolgs eine Reliabilität von $r_{tt2} = 0{,}60$. Als Korrelation resultiert:

$$r_c = \frac{0{,}40}{\sqrt{0{,}80} \cdot \sqrt{0{,}60}} = 0{,}45$$

Dies ist die maximal zu erreichende Korrelation (auch prädiktive Validität genannt; s. Kap. 6.2.3), wenn sowohl Test und Kriterium so optimiert werden, dass sie eine Reliabilität von Eins besitzen.

Einfache Minderungskorrektur

Eine dritte Form der Minderungskorrektur besteht für den Fall, dass nur die mangelnde Reliabilität einer der Variablen korrigiert werden soll (Test oder externes Kriterium) und für die andere Variable die Reliabilität dabei auf Eins gesetzt wird. Diese *einfache Minderungskorrektur* vereinfacht die Berechnung, da im Nenner nur noch die Reliabilität r_{tt1} der Variable aufgeführt wird, deren Unzuverlässigkeit korrigiert werden soll:

$$r_c = \frac{r_{12}}{\sqrt{r_{tt_1}}}$$

Sämtliche Korrekturberechnungen fallen umso deutlicher aus, je niedriger die empirisch ermittelten Reliabilitätskoeffizienten sind – für hohe Reliabilitäten resultieren nur geringfügige Korrekturen. Praktische Bedeutsamkeit kommt solchen Korrekturen vor allem dann zu, wenn einem empirischen Merkmal eine größere Stabilität zugeschrieben wird als mit einem Test messbar und/oder mit einem Kriterium vorhersagbar. Minderungskorrekturen liefern dann eine maximal erreichbare Obergrenze für korrelative Zusammenhänge zwischen Variablen.

Bedeutsamkeit von Minderungskorrekturen

4.9 Kritik an der Klassischen Testtheorie

Die Klassische Testtheorie (KTT) liefert einen bewährten und ökonomischen Ansatz zur Ermittlung von Testwerten und zur Beurteilung von Messgenauigkeiten bei psychometrischen Tests und Fragebögen. Auch liegen inzwischen Ansätze vor, die den berücksichtigten Rahmen an Varianzquellen (Probanden und Messfehler) auf zusätzliche Faktoren erweitern (z. B. Effekte, die durch die Verwendung spezifischer Methoden entstehen, oder Effekte, die durch unterschiedliche Beurteiler entstehen). Die Analyse und Bewertung solcher zusätzlicher Quellen, die Testvarianz erzeugen (können), werden in einer *Generalizability Theory* thematisiert (s. Brennan, 2001).

Dennoch bestehen gegenüber der KTT zahlreiche Einwände, die dem Geltungsbereich dieses Ansatzes klare Grenzen setzen und typische Probleme aufzeigen (s. Schmidt-Atzert et al., 2021; Bühner, 2021; Moosbrugger et al., 2020):

Schätzprobleme
- *Addition eines Testwertes aus wahrem Wert und Fehlerwert.* Dieses Axiom der KTT ist empirisch nicht überprüfbar, da es sich beim wahren Wert und Fehlerwert nur um theoretische (d. h. nicht beobachtbare) und maximal schätzbare Größen handelt.
- *Nullkorrelation zwischen wahrem Wert und Fehlerwert.* Diese Annahme der KTT ist ebenfalls empirisch nicht überprüfbar und zudem im Falle abhängiger Messungen (wiederholter Messungen an den gleichen Personen) nicht immer haltbar.
- *Konstanz wahrer Werte.* Dieses Theorem scheint, wenn überhaupt, nur für entsprechend kurze Zeiträume und spezifische Merkmale vertretbar. Für eine Vielzahl von Merkmalen muss hingegen angenommen werden, dass sie sich über die Zeit verändern.

Skalierungsproblem
- *Intervallskalierung von Testwerten.* Ob alle Tests das Kriterium intervallskalierter Daten erfüllen, ist fraglich. Zudem gelingt es mit den Mitteln der KTT nicht zu überprüfen, welches Skalenniveau die Testwerte aufweisen.

Konstruktprobleme
- *Annahmen über Eigenschaften der untersuchten Merkmale.* Die mit den statistischen Verfahren verbundenen Implikationen sind hinsichtlich des Merkmals in Teilen nicht überprüfbar. Dazu gehört z. B. auch die Annahme, dass Merkmale grundsätzlich normalverteilt sein sollen.
- *Annahmen über Eigenschaften der verwendeten Items.* Die KTT liefert keine direkte Möglichkeit der Überprüfung, ob die verwendeten Items hinsichtlich des untersuchten Merkmals homogen sind. Eingeschätzt werden kann diese Forderung lediglich über Angaben zur Trennschärfe (s. Kap. 3.4) und Angaben zur internen Konsistenz (s. Kap. 6.1.4).
- *Unabhängigkeit der Parameter.* Die Parameter der KTT sind populations- bzw. stichprobenabhängig. In Abhängigkeit von der Homo- oder Heterogenität der untersuchten Stichprobe verändern sich die Reliabilitätskoeffizienten. Besonders das Auftreten oder Fehlen extremer Werte nimmt dabei erheblichen Einfluss auf korrelative Beziehungen zwischen Variablen.

Stichprobenproblem
- *Populationen und Stichproben.* Populationen oder Stichproben können in weitere Subpopulationen oder Substichproben zerfallen, die hinsichtlich der Messwerte unterschiedliche Reliabilitäten und Validitäten aufweisen. Je nachdem, welcher Substichprobe dann die erzielte Merkmalsmessung einer Person zugeordnet wird, verändern sich die Schätzungen der wahren Werte und Varianzen.
- *Gruppenstatistiken und Einzelfall.* Von Gruppenstatistiken – die ein Aggregat über eine Klasse von Elementen darstellen – kann nicht auf den Einzelfall geschlossen werden, wenn die entsprechende Reliabilität und/oder Validität unter Eins liegt. Denn eine Wahrscheinlichkeitsaussage gilt nur für Elemente bestimmten Umfangs, kann aber nicht für den Grad einer Vorhersagegenauigkeit bezüglich eines Einzelfalls verwendet werden.

Kritik an der Klassischen Testtheorie 111

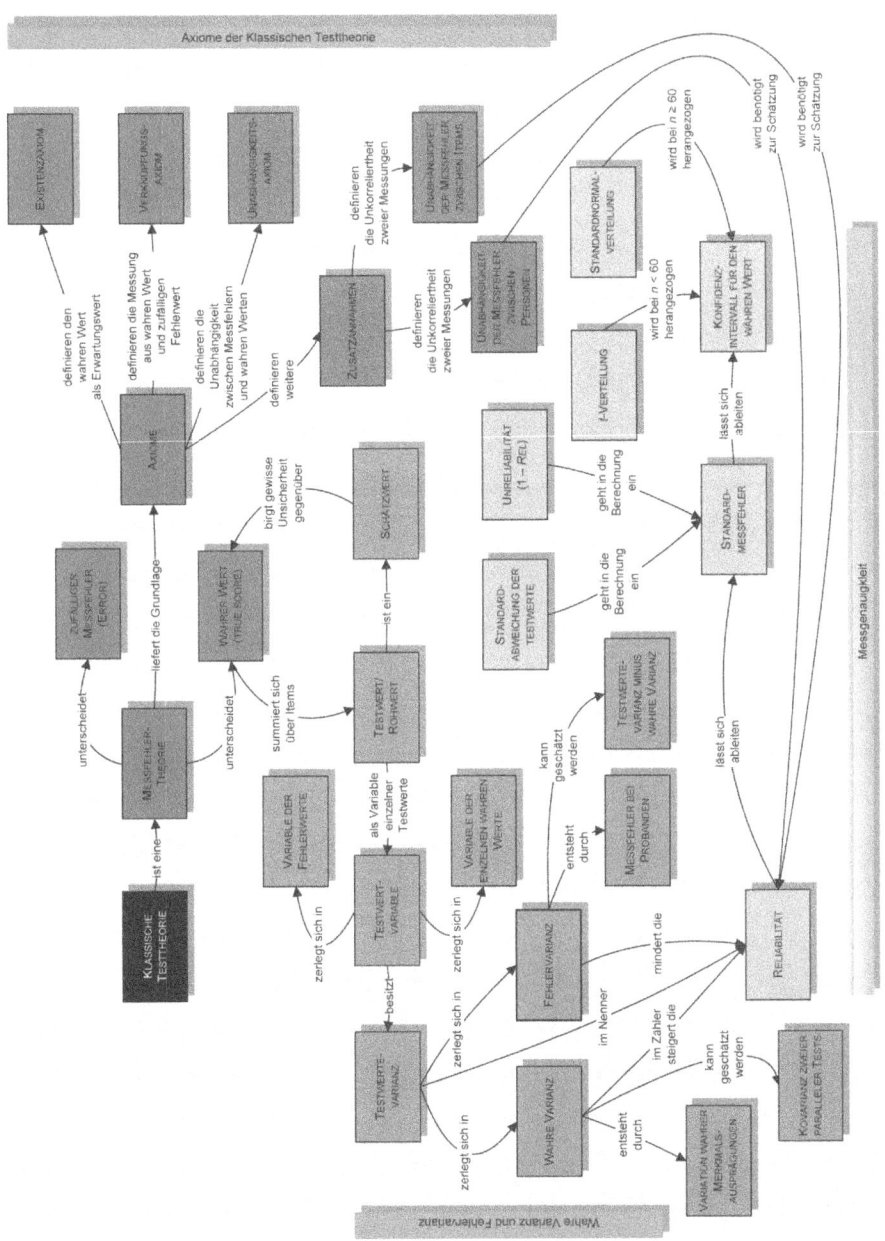

Abb. 4.3: Klassische Testtheorie im Überblick

Zusammengefasst: Die Klassische Testtheorie liefert auf der Basis ihrer Axiome und Zusatzannahmen das Fundament, um zu Aussagen über die Beschaffenheit von Messwerten zu kommen, vor allem im Hinblick auf die damit verbundenen Messfehler. Auf der Grundlage dieser Axiome entsteht das Konzept der „Reliabilität", als Anteil der Varianz der wahren Werte an der Varianz der beobachteten Werte. Ebenso leiten sich Statistiken wie der Standardmessfehler und die Bestimmung des Konfidenzintervalls für den wahren Wert daraus ab. Trotz durchaus gravierender Kritikpunkte sind es vor allem die konkreten Erfahrungen aus der Anwendung psychodiagnostischer Tests, die Anlass geben, dank objektiver und reliabler Messungen von inter- und intraindividuellen Unterschieden an den Prinzipien der KTT festzuhalten.

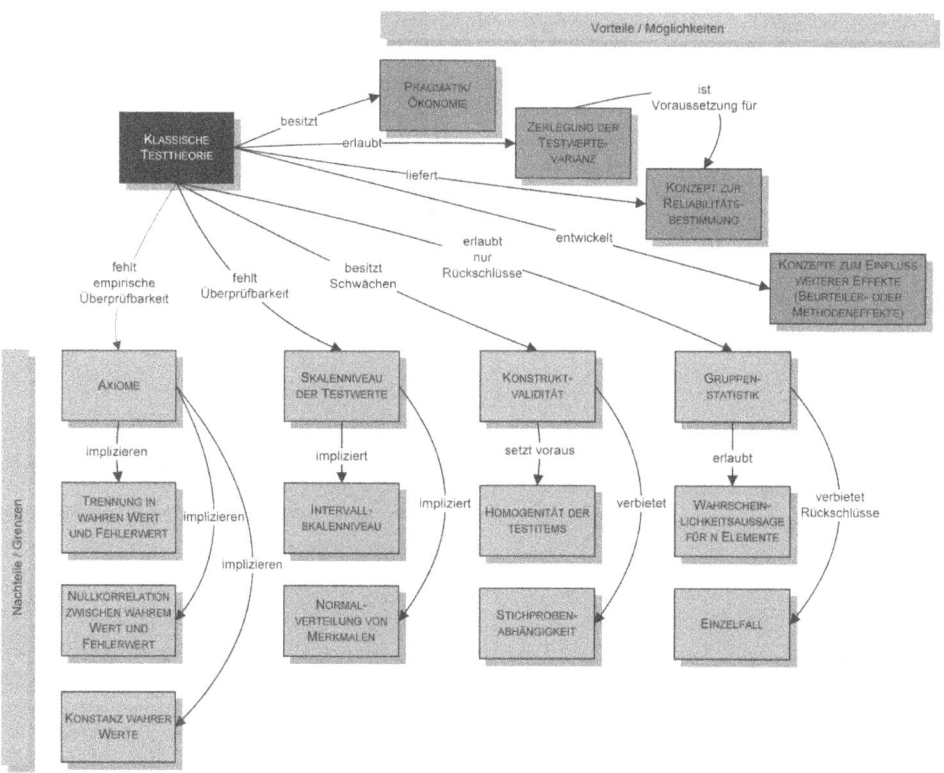

Abb. 4.4: Kritik an der Klassischen Testtheorie im Überblick

4.10 Modellbasierte Methoden zur Schätzung der Reliabilität

Neben der klassischen Methode gewinnen inzwischen modellbasierte Methoden zur Reliabilitätsschätzung zunehmend an Bedeutung, die im Rahmen einer konfirmatorischen Faktorenanalyse (vgl. Kap. 7.2) geschätzt werden können. Dabei wird mit einem Messmodell geprüft, ob den Messungen (Items) ein gemeinsames latentes Konstrukt (Merkmal) zugrunde liegt. In diesem Fall wird ein eindimensionales Modell bei einem unkorrelierten Messfehler angenommen. Die verwendeten Messmodelle können sich dabei allerdings durch verschiedene Restriktionen unterscheiden, wie der Gleichheit oder Ungleichheit der Faktorladungen (Diskriminationsparameter), der Interzepte (Leichtigkeitsparameter) oder der Fehlervarianzen der Items (s. Moosbrugger et al., 2020).

Testfragen
1. Nennen und erläutern Sie die Axiome der Klassischen Testtheorie.
2. Was unterscheidet einen systematischen von einem zufälligen Messfehler?
3. Warum müssen nach der KTT wahrer Wert und Messfehler unabhängig voneinander sein? Was könnten Gründe für die Verletzung dieser Annahme sein?
4. Wie wird der wahre Messwert bestimmt?
5. Wie werden wahre Varianz und Fehlervarianz bestimmt?
6. In welchem Verhältnis ändern sich wahre Varianz und Fehlervarianz bei einer Testverlängerung?
7. Was drückt der Standardmessfehler aus?
8. Unter welchen Voraussetzungen kann ein Konfidenzintervall für den wahren Wert ermittelt werden?

5 Probabilistische Testtheorie

Die Probabilistische Testtheorie (PTT) – auch Item-Response-Theorie (IRT) genannt – stellt eine sinnvolle und wichtige Ergänzung zur Klassischen Testtheorie dar. Sie erlaubt durch die Differenzierung latenter und manifester Variablen eine explizite Prüfung, ob alle Items das gleiche Merkmal messen (ob Itemhomogenität besteht) und beschreibt in spezifischen Modellen die Beziehung zwischen diesen Variablen. Die Bezeichnung „probabilistisch" kennzeichnet dabei die Annahme einer stochastischen (auf Wahrscheinlichkeiten basierenden) Beziehung zwischen dem Antwortverhalten der Person und definierter Modellparameter (wie z. B. die Itemschwierigkeit oder die Fähigkeit von Personen), die in einer sog. Itemcharakteristischen Funktion beschrieben wird (s. van der Linden & Hambleton, 1996).

5.1 Manifeste und latente Variablen

Die Ausgangsfrage der PTT bzw. IRT lautet wie folgt: Welche Rückschlüsse können hinsichtlich bestimmter Merkmale gezogen werden, wenn dazu lediglich Itembeantwortungen von Probanden vorliegen? Zur Klärung dieser Frage werden zunächst zwei Ebenen von Variablen unterschieden (s. Kelava & Moosbrugger, 2020b; Rost, 2004):

- *manifeste Variablen*, die sich durch das beobachtbare Antwortverhalten der Probanden auf spezifische Testitems ergeben, und
- *latente Variablen*, die für die Ausprägungen nicht beobachtbarer Fähigkeits- und Persönlichkeitsmerkmale stehen und die von den manifesten Variablen abhängig sind.

Konzept latenter und manifester Variablen
Die latente Variable ξ („ksi") gilt dabei als das Merkmal (z. B. ein Fähigkeits-, Persönlichkeits- oder Einstellungsaspekt), das für das Zustandekommen der Itemantworten verantwortlich ist. Die manifesten Variablen x_{vi} hingegen sind Indikatoren („Anzeiger" oder „Kennzeichen" im Sinne von Verhaltensäußerungen) der latenten Variable. In diesem Sinne sollten Probanden mit einer hohen Ausprägung der

latenten Variable zugehörige Items auch in Schlüsselrichtung beantworten („lösen"), während Probanden mit einer niedrigen Ausprägung der latenten Variablen zugehörige Items in gegenläufiger Richtung beantworten sollten („nicht lösen").

Die latente Variable ξ speist sich so gesehen aus den manifesten Variablen x_{vi} bzw. setzt diese voraus. Dabei werden wechselseitige Korrelationen zwischen den manifesten Variablen angenommen und auf den Einfluss der latenten Variable zurückgeführt (s. Abb. 5.1).

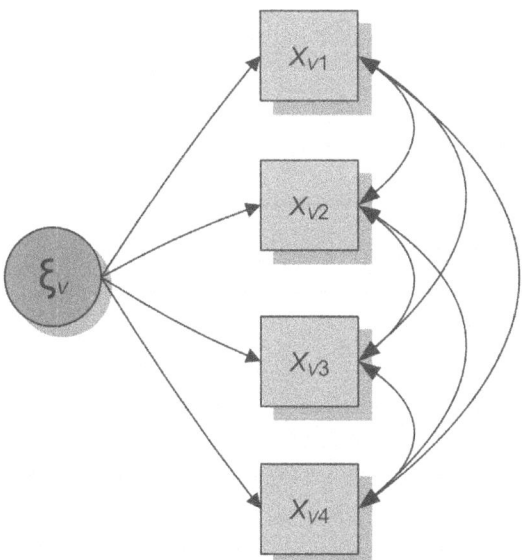

Abb. 5.1: Beziehung zwischen der latenten und den manifesten Variablen

Unterschiede zwischen PTT und KTT (Teil 1)
Bereits hier besteht ein wesentlicher Unterschied zwischen PTT und KTT: Bei der KTT wird bei der Testwertebildung die Antwort der Probanden auf die Items des Tests mit der Messung des im Test erfassten Konstruktes gleichgesetzt. Bei der IRT hingegen wird das im Test gezeigte Verhalten (also die Antworten auf die Items) auf eine Fähigkeit oder Eigenschaft zurückgeführt, die das Testverhalten „verursacht". Das beobachtete Verhalten (die manifeste Variable) ist nach der PTT also lediglich ein Indikator für das dahinterliegende Konstrukt (latente Variable), dessen Messung nur indirekt erfolgen kann. Die Ausprägung der latenten Variable kann daher nur erschlossen werden.

5.2 Lokale stochastische Unabhängigkeit

Um überhaupt von manifesten Variablen einen Rückschluss auf eine gemeinsame, zugrunde liegende latente Variable ξ ziehen zu können, bedarf es notwendigerweise einer Datenbasis mit korrelierten manifesten Variablen x_{vi}. Für diese Daten ist nun zu prüfen, ob Itemhomogenität bezüglich der latenten Variable ξ besteht. Das bedeutet, dass das Antwortverhalten auf die Items ausschließlich durch das latente Merkmal beeinflusst wird.

Feststellung lokaler stochastischer Unabhängigkeit
Itemhomogenität gilt dabei als gegeben, wenn die manifesten Variablen die Bedingung der *lokalen stochastischen Unabhängigkeit* erfüllen. Diese wird folgendermaßen festgestellt (s. Abb. 5.2):

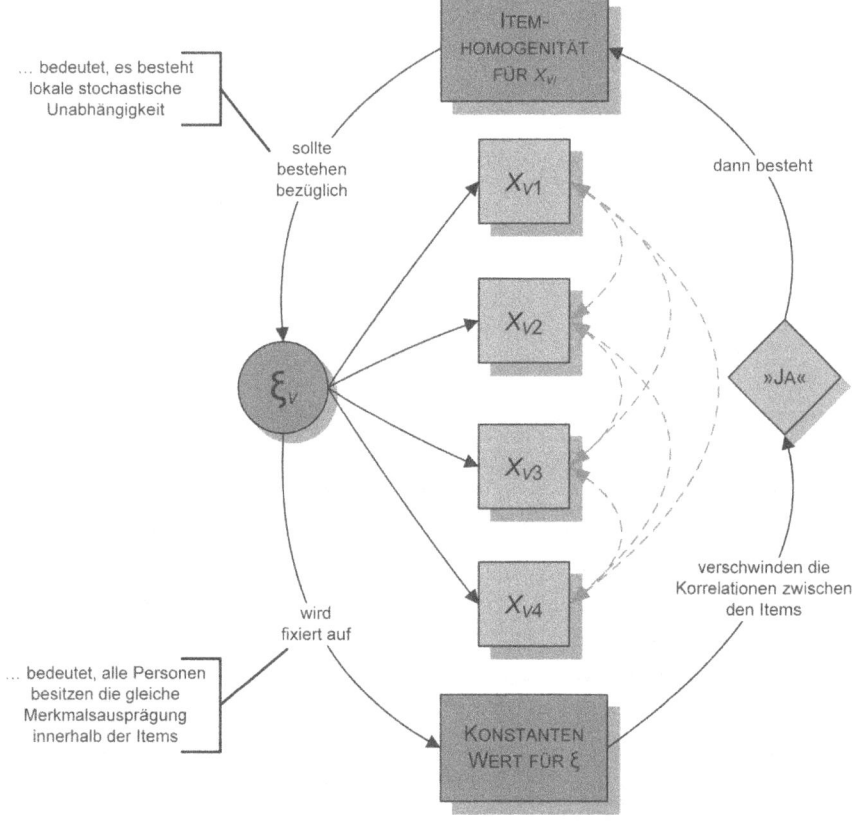

Abb. 5.2: Prüfung der lokalen stochastischen Unabhängigkeit

1. Die latente Variable wird auf einem bestimmten Wert ξ_v konstant gehalten.
2. Es werden die Korrelationen der Antwortvariablen an den Personen mit dieser Ausprägung in der latenten Variable ξ_v untersucht.
3. Liegt Itemhomogenität vor, verschwinden die Korrelationen zwischen den Antwortvariablen.

Die Bedingung der **lokalen stochastischen Unabhängigkeit** setzt voraus, dass die Antwort durch einen Probanden auf ein Item ausschließlich durch das zugrunde liegende latente Merkmal verursacht wird. Das impliziert auch, dass die Fähigkeit eines Probanden, ein Item zu lösen (in Schlüsselrichtung zu beantworten), nur von seiner Fähigkeit abhängt und unabhängig von der Lösung anderer Items ist. Die Beantwortungen der Items eines Tests sind dann lokal stochastisch unabhängig voneinander, wenn die Verteilungen der Punktwerte für alle Items bei allen Personen mit gleicher Merkmalsausprägung stochastisch unabhängig sind.

Eine Anzahl von Personen wird gewählt, die hinsichtlich der latenten Variable „Gewissenhaftigkeit" (einem Persönlichkeitsmerkmal, sorgfältig, genau, verantwortlich, zuverlässig und überlegt zu handeln) alle die gleiche Ausprägung aufweisen (also alle in gleichem Maße „gewissenhaft" sind). Betrachtet wird das Antwortverhalten auf zwei beliebige Items aus einem Itempool:

- Wenn die Items homogen sind, müssen (theoretisch) alle Personen mit gleicher Merkmalsausprägung innerhalb der jeweiligen Items denselben Wert erreichen. Würde nur der systematische Einfluss der latenten Variable wirken, würde in einem Streudiagramm beider Items ein Datenpunkt resultieren. Durch unsystematische Messfehler der manifesten Itemantworten resultiert aber eher eine runde Punktewolke, welche auf eine Nullkorrelation hindeutet.
- Wäre die Korrelation von Null verschieden, wären die Items bezüglich des Merkmals nicht homogen. Die Annahme läge nahe, dass die Items noch etwas anderes messen als das Merkmal und keine Itemhomogenität besteht (und keine Eindimensionalität der Items).

Überprüfung lokaler stochastischer Unabhängigkeit

Überprüft wird die Unkorreliertheit durch das *Multiplikationstheorem für unabhängige Ereignisse*. Es besagt, dass die Wahrscheinlichkeit für das gemeinsame Auftreten zweier Ereignisse dem Produkt ihrer Einzelwahrscheinlichkeiten entspricht (s. Bortz & Schuster, 2016). Übertragen auf den Kontext der PTT bedeutet es, dass sich die Wahrscheinlichkeit, den beiden Items *i* und *j* zuzustimmen (bei gegebener

Multiplikationstheorem

Merkmalsausprägung ξ), bei unabhängigen Ereignissen aus der Multiplikation der Einzelwahrscheinlichkeiten reproduzieren lässt:

$$P((i+, j+)|\xi) = P(i+|\xi) \cdot P(j+|\xi)$$

Indikatoren der latenten Variable Hiermit kann gezeigt werden, ob die Itemantworten auf die beiden Items *i* und *j* bei einer lokalen Stufe von ξ voneinander unabhängig sind. Ist dies der Fall, ist die einzige gemeinsame Verursachung die latente Variable ξ und das bedeutet die Items sind homogen und können als *Indikatoren der latenten Variable* bezeichnet werden.

Für zwei dichotome Testitems *i* und *j* werden die Zustimmungs- (P(i+),P(j+)), Ablehnungs- (P(i-),P(j-)) und Verbundwahrscheinlichkeiten (P(i+,j+) bzw. P(i-,j-)) bestimmt (s. Abb. 5.3). Item *i* ist im Beispiel das „leichtere/symptomatischere" Item (P(i+) = 0,60), Item *j* das „schwierigere/unsymptomatischere" Item (P(j+) = 0,40).

Abb. 5.3: Beispiel zweier Items *i* und *j* mit Angaben zu den Zustimmungs-, Ablehnungs- und Verbundwahrscheinlichkeiten

		Item *j*		
		P(j+)	P(j-)	
Item *i*	P(i+)	0,33	0,27	0,60
	P(i-)	0,07	0,33	0,40
		0,40	0,60	

Ferner sind die Itemantworten nicht unabhängig voneinander, sondern korreliert, da zu erkennen ist, dass P(i+) · P(j+) ≠ P(i+,j+) oder in Zahlen 0,60 · 0,40 ≠ 0,33 ist. Die Verbundwahrscheinlichkeit P(i+,j+) tritt also mit 0,33 häufiger auf, als nach dem Multiplikationstheorem (0,60 · 0,40 = 0,24) zu erwarten gewesen wäre.

Nach Aufteilung in zwei Substichproben gleichen Umfangs entsprechend einer niedrigen (ξ_v) und hohen (ξ_w) Ausprägung der latenten Variable ξ ergeben sich neue Wahrscheinlichkeiten (s. Abb. 5.4). Auf diesen lokal konstanten Stufen fällt für ξ = ξ_v die Randwahrscheinlichkeit, den Items *i* und *j* zuzustimmen, auf P(i+|ξ_v) = 0,30 bzw. P(j+|ξ_v) = 0,10 und steigt für ξ = ξ_w auf P(i+|ξ_w) = 0,90 bzw. P(j+|ξ_w) = 0,70.

	Item *j*		
$\xi = \xi_v$	$P(j+)$	$P(j-)$	
Item *i* $P(i+)$	0,03	0,27	0,30
$P(i-)$	0,07	0,63	0,70
	0,10	0,90	

	Item *j*		
$\xi = \xi_w$	$P(j+)$	$P(j-)$	
Item *i* $P(i+)$	0,63	0,27	0,90
$P(i-)$	0,07	0,03	0,10
	0,70	0,30	

Abb. 5.4: Fortsetzung des Beispiels zweier Items *i* und *j* und ihre Zustimmungs-, Ablehnungs- und Verbundwahrscheinlichkeiten bei Berücksichtigung einer lokalen Stufe für die latente Variable

Zum Nachweis der Itemhomogenität (Unabhängigkeit der Antworten auf die Items auf den lokalen Stufen) muss gelten:

$P((i+, j+)|\xi_v) = P(i+|\xi_v) \cdot P(j+|\xi_v)$ bzw. $P((i+, j+)|\xi_w) = P(i+|\xi_w) \cdot P(j+|\xi_w)$

In Zahlen ausgedrückt: 0,03 = 0,30 · 0,10 bzw. 0,63 = 0,90 · 0,70. Die Verbundwahrscheinlichkeiten erfüllen demnach auf den lokalen Stufen ξ_v und ξ_w die Forderung lokaler stochastischer Unabhängigkeit.

5.3 Latent-Trait-Modelle (LTM)

Um die Beziehung zwischen dem Antwortverhalten einer Person unter dem zugrunde liegenden Merkmalskonstrukt zu beschreiben, existieren inzwischen verschiedene Modelle, die auf unterschiedliche Variablenarten bei der latenten Variable ausgerichtet sind (s. Kelava & Moosbrugger, 2020b; Rost 2004):

Modellklassen

- *Latent-Class-Modelle* (s. Kap. 5.4) verwenden kategoriale latente Klassen zur Charakterisierung von Personenunterschieden (*Latent-Class-Analyse*).
- *Latent-Trait-Modelle* hingegen verwenden quantitative, kontinuierliche latente Variablen.

Itemcharakteristische Funktion — Bei Latent-Trait-Modellen wird die Beziehung zwischen den manifesten Antworten auf die Testitems und der Ausprägung der latenten Eigenschaft als (mathematische) *Itemcharakteristische (IC-)Funktion* (*Item Characteristic Curve, ICC*) beschrieben. Dabei wird auf der Abszisse die latente Variable und auf der Ordinate die Lösungswahrscheinlichkeit abgetragen.

Modellparameter — Jedes Item ist dabei durch einen *Itemschwierigkeitsparameter* σ_i („sigma") charakterisiert. Somit kann für jedes Item bestimmt werden, welche Lösungswahrscheinlichkeit $P(x_{vi} = 1)$ in Abhängigkeit vom *Personenparameter* ξ_v (der individuellen Ausprägung der latenten Variable ξ) zu erwarten ist. Die Art der Beziehung zwischen diesen Parametern charakterisiert verschiedene IC-Funktionen, die sich in „deterministisch" und „probabilistisch" unterteilen lassen.

Deterministische IC-Funktionen

Skalogramm-Modell — *Deterministische Modelle* gehen davon aus, dass das Antwortverhalten vollständig durch die Item- und Personenparameter bestimmt wird. Im *Skalogramm-* bzw. *Guttman-Modell* (Guttman, 1950) wird für ein dichotomes Item ein bestimmter Wert für ξ angenommen, ab dem es gelöst bzw. ihm zugestimmt wird. Die Items sind dazu nach ihrem Schwierigkeitsparameter σ_i gereiht.

Den Probanden werden nach der Schwierigkeit angeordnete Items vorgegeben, wobei jedes Item entweder gelöst oder nicht gelöst werden kann. Demnach liegen modellkonforme Reaktionen vor, wenn eine Person, die Item 3 löst, auch die (leichteren) Items 2 und 1 löst. Eine Person, die Item 3 nicht löst, sollte auch (das schwierigere) Item 4 nicht lösen können (s. Abb. 5.5).

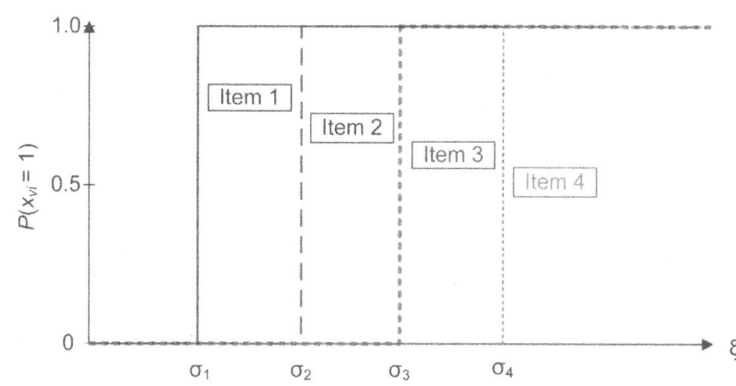

Abb. 5.5: Beispiel für eine deterministische Guttman-Skala mit vier Items. Für jedes Item steigt an einer bestimmten Stelle σ_v der latenten Variable ξ die Lösungswahrscheinlichkeit $P(x_{vi} = 1)$ von 0 auf 1

Der Skalenwert ξ_v (Testwert) eines Probanden bemisst sich nach dem Guttman-Modell an der *Rangzahl* (Itemschwierigkeit σ_v) des Items, auf das noch in Schlüsselrichtung (im Sinne einer Lösung) reagiert wird. Da diese Information als Rangwert lediglich Ordinalskalenniveau besitzt, können entsprechend keine Aussagen zu Distanzen zwischen Items oder Probanden getroffen werden.

Skalenrangwerte

Über sog. *Reproduzierbarkeitskoeffizienten* wird festgestellt, ob die Annahme der Modellkonformität noch gegeben ist. Maßgeblich ist hierfür die Anzahl der Rangplatzvertauschungen, die entstehen, wenn schwierigere Items gelöst, aber leichtere Items nicht gelöst werden. Zu viele Rangplatzvertauschungen sprechen gegen die Modellkonformität und damit gegen die Annahme der Itemhomogenität. In einem solchen Fall muss davon ausgegangen werden, dass das Antwortverhalten nicht ausschließlich durch die latente Variable, sondern durch weitere Merkmale hervorgerufen wird.

Reproduzierbarkeitskoeffizienten

Probabilistische IC-Funktionen

Demgegenüber postulieren *probabilistische Modelle* eine stochastische Beziehung zwischen dem Antwortverhalten und dem Item- und Personenparameter. Um diese abbilden zu können, werden i. d. R. *monoton steigende IC-Funktionen* verwendet. Die IC-Funktion ordnet dabei jeder Ausprägung der latenten Variable ξ eine Wahrscheinlichkeit $P(x_{vi} = 1)$ zu, mit der der Proband v ein bestimmtes Item i löst.

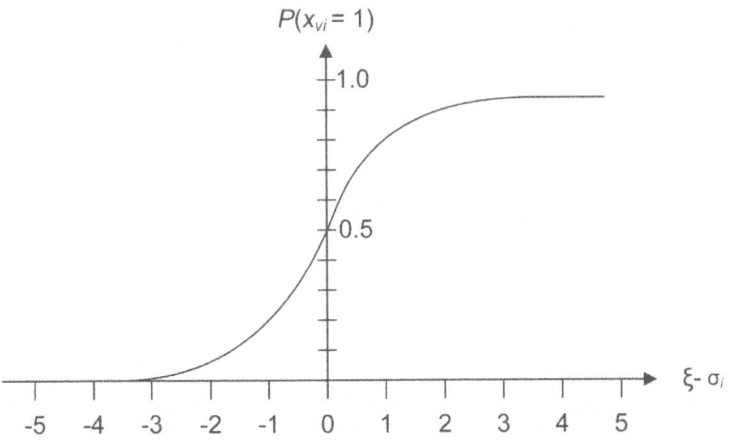

Abb. 5.6: Beispiel für eine logistische IC-Funktion für ein Item. Die Lösungswahrscheinlichkeit $P(x_{vi} = 1)$ steigt mit zunehmender Merkmalsausprägung der latenten Variable ξ an. Der Personenparameter ξ_v und der Itemparameter σ_i werden dabei auf einer gemeinsamen Skala abgetragen

Die einfache mathematische Beschreibbarkeit begünstigt vor allem *logistische Funktionen* als IC-Funktion, die bei dichotomen Antwortmodi eingesetzt werden (s. Abb. 5.6). Die logistische IC-Funktion

logistische IC-Funktion

setzt dabei für eine Person v mit dem Personenparameter ξ die Reaktionswahrscheinlichkeit $P(x_{vi} = 1)$ bzw. $P(x_{vi} = 0)$ auf das Item i fest. In Abhängigkeit von den berücksichtigten Parametern werden dabei folgende Modelle unterschieden:

- *Einparameter-Logistisches Modell* (1PL-Modell) mit dem *Itemschwierigkeitsparameter* σ_i,
- *Zweiparameter-Logistisches Modell* (2PL-Modell) mit dem *Itemschwierigkeitsparameter* σ_i sowie dem *Itemdiskriminationsparameter* λ_i,
- *Dreiparameter-Logistisches Modell* (3PL-Modell) mit dem *Itemschwierigkeitsparameter* σ_i, dem *Itemdiskriminationsparameter* λ_i sowie dem *Rateparameter* ρ_i.

5.3.1 Einparameter-Logistisches Modell (1PL)

Modellgleichung

Der einfachste Fall, das *dichotome Rasch-Modell* (1PL-Modell), nimmt für alle Items die gleiche logistische IC-Funktion als Modellgleichung an:

$$P(x_{vi}) = \frac{\exp(x_{vi}(\xi_v - \sigma_i))}{1 + \exp(\xi_v - \sigma_i)}$$

Dabei steht *exp* für eine Exponentialfunktion der Eulerschen Zahl, $e = 2{,}718$ (Umkehrfunktion zum Logarithmus).

Lösungs- und Gegenwahrscheinlichkeit

Für jede (dichotome) Reaktion kann eine Lösungswahrscheinlichkeit angegeben werden. Wird das Item gelöst ($x_{vi} = 1$) bzw. nicht gelöst ($x_{vi} = 0$), resultieren:

$$P(x_{vi} = 1) = \frac{\exp(\xi_v - \sigma_i)}{1 + \exp(\xi_v - \sigma_i)} \quad bzw. \quad P(x_{vi} = 0) = \frac{1}{1 + \exp(\xi_v - \sigma_i)}$$

Die Funktion dieser Gleichungen wird wesentlich durch die Differenz ($\xi_v - \sigma_i$) bestimmt. Der *Itemschwierigkeitsparameter* σ_i entscheidet darüber, welche Anforderung das Item i an den *Personenparameter* ξ_v (also an die Merkmalsausprägung der latenten Variable ξ) stellt. Die Wahrscheinlichkeit $P(x_{vi} = 1)$, das Item zu lösen, steigt in dem Maße, in dem der Personenparameter ξ_v den Itemschwierigkeitsparameter σ_i übertrifft. Die Gegenwahrscheinlichkeit $P(x_{vi} = 0)$, das Item nicht zu lösen, steigt hingegen in dem Maße, in dem ξ_v gegenüber σ_i zurückfällt.

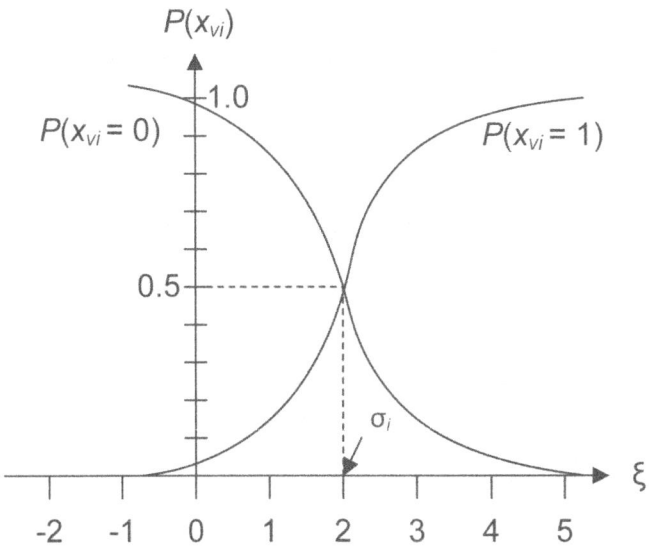

Abb. 5.7: Beispiel für den Verlauf einer logistischen IC-Funktion mit der Lösungswahrscheinlichkeit $P(x_{vi} = 1)$ und der Gegenwahrscheinlichkeit $P(x_{vi} = 0)$ für ein Item mit der Schwierigkeit $\sigma_i = +2{,}0$

Der Verlauf der logistischen IC-Funktion verändert sich in Abhängigkeit von ξ und σ_i für beide Lösungswahrscheinlichkeiten (s. Abb. 5.7). Dabei können drei Fälle unterschieden werden:

- Sind beide Parameter gleich, $\xi_v = \sigma_i$, ist die Lösungswahrscheinlichkeit ½. Genau an dieser Stelle hat die logistische Funktion ihren Wendepunkt.
- Ist $\xi_v > \sigma_i$, wird die Schwierigkeit des Items von der Fähigkeit des Probanden übertroffen. Damit steigt die Lösungswahrscheinlichkeit: $P(x_{vi} = 1) > ½$.
- Ist hingegen $\xi_v < \sigma_i$, übersteigt die Schwierigkeit des Items die Fähigkeit des Probanden. Damit sinkt die Lösungswahrscheinlichkeit: $P(x_{vi} = 1) < ½$.

Rasch-Homogenität
Unterscheiden sich Items lediglich in ihrer Schwierigkeit, wird von *Rasch-homogenen Items* gesprochen. Leichtere Items werden als IC-Funktion eher links, schwierigere Items eher rechts abgetragen. Da alle Items gleich gut diskriminieren, sind die IC-Funktionen deckungsgleich (s. Abb. 5.8).

Für *Rasch-homogene Items* können daher die IC-Funktionen als einzelne Funktion auf einer gemeinsamen Skala (*joint scale*) dargestellt werden. Bei $\xi_v = \sigma_i$ ist die Lösungswahrscheinlichkeit ½, für $\xi_v > \sigma_i$ strebt sie gegen 1 und für $\xi_v < \sigma_i$ gegen 0.

joint scale

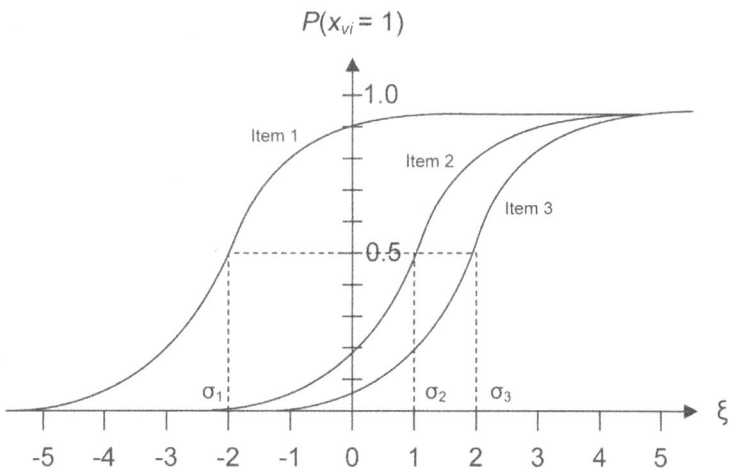

Abb. 5.8: Beispiele verschiedener logistischer IC-Funktionen, die das Kriterium der Rasch-Homogenität erfüllen. Damit sind alle Funktionen deckungsgleich und nur um den Itemschwierigkeitsparameter σ_i verschoben. Probanden mit einer geschätzten Fähigkeit auf dem Niveau von Item 2 (σ_2 = 1) werden dieses zu 50 % lösen können; Item 1 (σ_1 = -2) sollten 95 % dieser Probanden und Item 3 (σ_3 = 2) weniger als 30 % lösen. Diese Angaben sind möglich, da sich Ausprägungen von ξ_v in Lösungswahrscheinlichkeiten von Items mit bestimmten σ_i übertragen lassen

Parameterschätzung

Likelihoodfunktion L

Um eine Schätzung der unbekannten Item- und Personenparameter vornehmen zu können, wird ein Ausdruck benötigt, der die Wahrscheinlichkeit aller beobachteten Daten angibt. Diese wird als *Likelihoodfunktion L* bezeichnet:

$$L = P(X) = \prod_{v=1}^{n} \prod_{i=1}^{m} P(x_{vi}) = \prod_{v=1}^{n} \prod_{i=1}^{m} \left(\frac{\exp(x_{vi}(\xi_v - \sigma_i))}{1 + \exp(\xi_v - \sigma_i)} \right)$$

Das Multiplikationssymbol Π bedeutet für die Berechnung, dass für alle Reaktionen x_{vi} (die sich über n Personen und m Items erheben lassen) je eine Wahrscheinlichkeit $P(x_{vi})$ berechnet wird. Diese wird dann mit allen anderen Wahrscheinlichkeiten (pro Reaktion) zu einem Wert multipliziert.

Als Ergebnis gibt diese Funktion die Wahrscheinlichkeit (mit Werten zwischen 0 und 1) für eine Datenmatrix X an, in der für n Personen und m Items alle Reaktionen x_{vi} abgetragen sind (zum Aufbau der Datenmatrix s. Kap. 3.1). Werden passende Werte für den Item- und

Personenparameter verwendet, steigt die Wahrscheinlichkeit, sind die Werte hingegen unpassend, sinkt die Wahrscheinlichkeit. Dabei gelten die Werte als beste Schätzer für die unbekannten Parameter, die für die Funktion einen Maximalwert ergeben.

Die Werte für die Itemparameter eines Tests werden dabei in einem Intervall von -3 bis +3 so gewählt, dass deren Summe Null ergibt. Durch diese *Summennormierung* erhalten leichte Items negative Werte für den Itemparameter σ und schwierige Items positive Werte, während geringe Merkmalsausprägungen negative Werte für den Personenparameter ξ und hohe Merkmalsausprägungen positive Werte bedeuten. Diese Parameter weisen eine wichtige Eigenschaft auf: Im Falle von Modellkonformität besitzen sie Intervallskalenniveau, da der Nullpunkt frei wählbar und die Addition einer Konstante die Bedeutung der Parameter nicht tangiert.

Summennormierung

Für zwei dichotome Testitems *i* soll anhand der Daten dreier Probanden der Item- und Personenparameter geschätzt werden (s. Abb. 5.9). Item 1 ist offensichtlich leichter zu lösen oder zu bejahen als Item 2. Daher ist der Schwierigkeitsparameter für Item 1 niedriger (-1) anzusetzen als für Item 2 (+1).

		Item		Summe
		1	2	
Probanden	1	$x_{11}=1$	$x_{12}=1$	$x_{1i}=2$
	2	$x_{21}=1$	$x_{22}=0$	$x_{2i}=1$
	3	$x_{31}=1$	$x_{32}=0$	$x_{3i}=0$
Summe		$x_{v1}=2$	$x_{v2}=1$	

Abb. 5.9: Beispielantworten von drei Probanden auf zwei Items

Ferner wird der Personenparameter für Person 1 mit der höchsten Merkmalsausprägung (2), für Person 2 mit einer mittleren (0) und für Person 3 mit einer niedrigen Ausprägung (-2) festgelegt.

Aus diesen gewählten Parameterschätzungen resultieren die benötigten Personen- und Schwierigkeitsparameter:

$$\hat{\xi}_1 = +2;\ \hat{\xi}_2 = 0;\ \hat{\xi}_3 = -2 \quad \text{und} \quad \hat{\sigma}_1 = -1;\ \hat{\sigma}_2 = +1$$

Damit kann die Likelihood L berechnet werden:

$$L = P(X) = \frac{\exp\left(x_{11}\left(\hat{\xi}_1 - \hat{\sigma}_1\right)\right)}{1 + \exp\left(\hat{\xi}_1 - \hat{\sigma}_1\right)} \cdot \frac{\exp\left(x_{12}\left(\hat{\xi}_1 - \hat{\sigma}_2\right)\right)}{1 + \exp\left(\hat{\xi}_1 - \hat{\sigma}_2\right)} \cdot \ldots \cdot \frac{\exp\left(x_{32}\left(\hat{\xi}_3 - \hat{\sigma}_2\right)\right)}{1 + \exp\left(\hat{\xi}_3 - \hat{\sigma}_2\right)}$$

Durch Einsetzen der Messwerte und der Parameterschätzwerte resultiert:

$$L = P(X) = \frac{\exp(1(2-(-1)))}{1 + \exp(2-(-1))} \cdot \frac{\exp(1(2-1))}{1 + \exp(2-1)} \cdot \ldots \cdot \frac{\exp(0((-2)-1))}{1 + \exp((-2)-1)} \approx 0{,}259$$

Das Ergebnis zeigt die Wahrscheinlichkeiten für die empirischen Daten (s. Abb. 5.10). Anhand der Ergebnisse kann nun geprüft werden, ob es sich um passende Parameterschätzungen (hohe Parameterwerte) handelt.

Abb. 5.10: Angaben zur Wahrscheinlichkeit bei günstig gewählten Parameterwerten

		Item 1	Item 2
Probanden	1	$P(x_{11}) = 0{,}953$	$P(x_{12}) = 0{,}731$
	2	$P(x_{21}) = 0{,}731$	$P(x_{22}) = 0{,}731$
	3	$P(x_{31}) = 0{,}731$	$P(x_{32}) = 0{,}953$

Die gewählten Parameterwerte führen zu hohen Wahrscheinlichkeiten für die empirischen Daten. Die Likelihood $L \approx 0{,}259$ ergibt sich aus dem Produkt der Wahrscheinlichkeiten der empirischen Werte x_{vi} und der gewählten Parameter. Die Wahl ungünstiger Parameterschätzungen hingegen würde zu niedrigen Wahrscheinlichkeiten führen und ebenso zu einer niedrigen Likelihood.

erschöpfende Statistik Die Likelihood erreicht ihr Maximum, wenn die geschätzten Werte für den Item- und Personenparameter optimal sind. Dabei lässt sich die Likelihood als *erschöpfende (suffiziente) Statistik* aus den Zeilen- und Spaltensummen der Datenmatrix ermitteln.

(un)bedingte ML-Methode In der praktischen Anwendung wird die im Beispiel beschriebene *unbedingte ML-Methode* allerdings häufig durch die *bedingte ML-Methode* (*Conditional Maximum-Likelihood*, CML) ersetzt, mit der sich die Itemparameter ohne Berücksichtigung der Personenparameter schätzen lassen (s. Molenaar, 1995). Somit erlaubt dieses Verfahren die Separierbarkeit der Parameter. Die CML-Methode bestimmt die Itemparameter dabei iterativ, so dass sie optimal zu den empirisch beobachteten Daten passen. Für die aufwendige Berechnung stehen spezielle Computerprogramme wie WINMIRA (von Davier, 2001) oder MULTIRA (Carstensen & Rost, 2003) zur Verfügung.

Ein besonderes Ziel bei der Bestimmung von Itemparametern besteht darin, zu *kalibrierten Items* zu gelangen, die aus repräsentativen Untersuchungen stammen. Damit ist es dann möglich, für Personen anhand ihres Zeilensummenscores den Personenparameter anzugeben, ohne dabei für jede Person einen separaten Personenparameter schätzen zu müssen. Dazu wird der erreichte Zeilensummenscore mit Hilfe der ML-Schätzung den Werten von ξ zugeordnet, für die das beobachtete Verhalten bei den entsprechenden Items die höchste Wahrscheinlichkeit besitzt (s. Steyer & Eid, 2001).

kalibrierte Items

Zusammengefasst: Die Itemcharakteristische Funktion legt in Form einer mathematischen Gleichung fest, welche Annahmen über den Zusammenhang zwischen manifesten und latenten Variablen getroffen werden. Sie stellt dabei die Grundlage für die Schätzung der Personen- und Itemparameter dar.

Ein typischer Test, der nach dem Rasch-Modell konzipiert wurde, ist das *Adaptive Intelligenz Diagnostikum 2 (AID2*; Kubinger & Wurst, 2000). Dabei handelt es sich um einen Individualtest zur Messung verschiedener komplexer und basaler Fähigkeiten bei 6- bis 16-jährigen Kindern und Jugendlichen. Der Test besteht aus elf Untertests und drei weiteren Zusatztests. Die Vorgabe der Untertests erfolgt adaptiv im Sinne des *branched testing*: Der Testbeginn erfolgt dabei mit einer Gruppe von altersspezifischen Aufgaben, während die Auswahl der nächsten Aufgabengruppen abhängig von der Lösungsgüte gemacht wird. In der Auswertung können die Personenparameter auf der Grundlage der Summenwerte in tabellierter Form abgelesen werden.

Tests zur Modellkonformität
Die oben beschriebene Likelihoodschätzung erlaubt allerdings keine Aussage darüber, ob die Modellannahmen über den Zusammenhang zwischen manifesten und latenten Variablen auch zutreffen. Es muss deshalb geprüft werden, ob die empirischen Daten den Modellannahmen entsprechen. Für die aufwendige Berechnung stehen spezielle Computerprogramme wie WINMIRA (von Davier, 2001), MULTIRA (Carstensen & Rost, 2003) oder das R-Paket „eRm" (extended Rasch modeling) zur Verfügung.

grafischer Modelltest   Die Voraussetzung der *Stichprobenunabhängigkeit* kann dabei durch Aufteilung der Gesamtstichprobe in zwei Substichproben anhand eines relevanten Kriteriums (nach einem demografischen oder nach dem untersuchten Merkmal) erfolgen: So lassen sich getrennte Itemparameter σ_i schätzen, die bei Vorliegen einer ausreichenden Modellkonformität nur zufällig variieren dürfen. In einem Streudiagramm (*grafischer Modelltest*), in dem eine Substichprobe auf der Abszisse, die andere auf der Ordinate abgetragen werden, sollten die Itemparameter nahe entlang der Hauptdiagonalen liegen.

Likelihood-Ratio-Test   Zur Prüfung der Nullhypothese, ob die Modellkonformität gegeben ist, kann darüber hinaus ein spezieller *Likelihood-Ratio-Test* (Anderson, 1973) verwendet werden. Dieser nimmt für jede Stichprobe eine eigene CML-Schätzung vor und testet die Nullhypothese der Gleichheit der Schätzungen. Kann die Nullhypothese beibehalten werden, spricht dies für die Annahme der Modellkonformität.

Informationskriterien   Ferner können zur Kontrolle der Modellgeltung bei CML-Schätzungen spezielle *Informationskriterien* wie *Akaike's Information Criterion* (*AIC*), *Bayesian Information Criterion* (*BIC*) oder *Consistent Akaike's Information Criterion* (*CAIC*) herangezogen werden. In die Beurteilung gehen dabei die Anpassungsgüte des geschätzten Modells gegenüber den empirischen Daten und die Komplexität des Modells (gemessen an der Anzahl der Parameter) ein. So berechnet sich der (historisch älteste) Informationsindex *AIC* nach (s. Rost, 2004):

$$AIC = 2 \cdot \left(t - \log(L_0)\right)$$

Parsimonitätsprinzip   Bevorzugt werden dabei Modelle, die mit möglichst wenigen Parametern auskommen. Dies entspricht dem angestrebten *Sparsamkeits-* bzw. *Parsimonitätsprinzip*. Die Maße formulieren die Anpassungsgüte dabei entweder als maximale Wahrscheinlichkeit oder als minimale Residual- bzw. Restvarianz. Die Modelle werden bevorzugt, die den kleinsten Wert aufweisen (s. Kap. 5.4.2).

Liegen die Itemparameter vor und ist die Modellkonformität bestätigt, kann der Personenparameter einzelner Personen anhand des Zeilensummenscores geschätzt werden. Ausnahme bilden nur die Personen, die kein Item lösen (Zeilensummenscore von 0) oder die alle Items lösen (Zeilensummenscore von m). Ihr Personenparameter ist nicht genau bestimmbar, weil dieser gegen $-\infty$ und $+\infty$ strebt. Durch Normierungen können aber plausible Parameter zugewiesen werden.

spezifische Objektivität der Vergleiche   Zudem resultiert aus der Modellkonformität die sog. *spezifische Objektivität der Vergleiche*: Diese ist dann gegeben, wenn die IC-

Funktionen aller Items die gleiche Form aufweisen und entlang der ξ-Achse parallel verschoben sind. Dies ermöglicht, den Schwierigkeitsunterschied $\delta = \sigma_j - \sigma_i$ zweier Items unabhängig von der Höhe der Merkmalsausprägung ξ der untersuchten Personen festzustellen. Umgekehrt können Unterschiede zwischen Personenparametern unabhängig von der Schwierigkeit des Items festgestellt werden (s. Abb. 5.11).

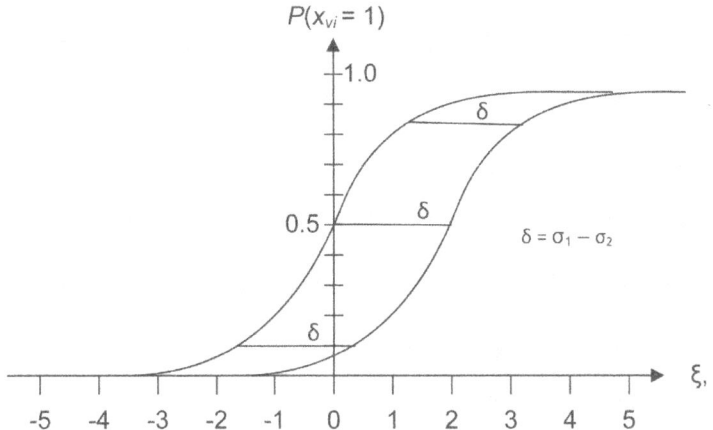

Abb. 5.11: IC-Funktionen zweier Rasch-homogener Items. Die Differenz $\delta = \sigma_1 - \sigma_2$ bleibt gleich, unabhängig von der Höhe der Merkmalsausprägung ξ

Person-Fit-Indizes

Auch auf der Ebene einzelner Personen kann anhand sog. *Person-Fit-Indizes* geprüft werden, ob sich diese im Sinne des Modells konform verhalten. Auf der Basis der Antwortmuster wird dabei eingeschätzt, ob es sich um plausible oder unplausible Testergebnisse handelt (s. Klauer, 1995).

Fällt ein solcher Person-Fit-Index zu ungünstig aus, muss entschieden werden, ob eine sinnvolle Testinterpretation noch möglich ist oder nicht. Bevor Personen mit abweichenden Verhaltensstilen allerdings ausgesondert werden, sollte diese Beobachtung über weitere (Sub-)Tests abgesichert werden. Ebenso wären dabei Konstruktionsmängel des Tests vorab auszuschließen. Modellinkonformes Verhalten kann dabei auch als Hinweis dafür gelten, dass einzelne Personen einen abweichenden Bearbeitungs- oder Antwortstil gegenüber der Mehrheit besitzen. Besonders Indizes, die auf Likelihoodfunktionen basieren, gelten dabei als wissenschaftlich fundiert (s. Kelava & Moosbrugger, 2020b).

modellinkonformes Verhalten

Iteminformationsfunktion

Je größer die Steigung der IC-Funktion, desto höher der Gewinn an Information durch Anwendung des Items i bei Person v, d.h. jedes Items liefert unterschiedliche Informationen über die Merkmalsausprägungen verschiedener Personen. Dieser Verlauf des Informationsgewinns wird in der *Iteminformationsfunktion* I_{iv} ausgedrückt:

$$I_{iv} = I_i | \xi_v = \frac{\exp(\xi_v - \sigma_i)}{(1 + \exp(\xi_v - \sigma_i))^2}$$

Die Iteminformationsfunktion I_{iv} variiert mit dem Grad der Übereinstimmung zwischen Itemschwierigkeit σ_i und Fähigkeit ξ_v. Sie erreicht bei $\xi_v = \sigma_i$ ihr Maximum – in diesem Fall liegt die Itemschwierigkeit im Bereich der Fähigkeiten. Bei zunehmender Differenz $\xi_v \neq \sigma_i$ fällt I_{iv} zu beiden Seiten ab und strebt asymptotisch gegen Null – in diesem Fall weicht die Itemschwierigkeit von den Fähigkeiten zunehmend ab.

Ein Item, das zwei Probanden möglichst deutlich differenzieren soll ($\delta = \xi_i - \xi_j$), wird anhand der Lösungswahrscheinlichkeit $P(x_{vi} = 1)$ nur dann deutliche Unterschiede produzieren, wenn die Fähigkeit der Probanden im Bereich der Itemschwierigkeit liegt. In dem Maße, in dem die Fähigkeiten der Probanden von der Itemschwierigkeit abweichen, verringern sich auch die Unterschiede in der Lösungswahrscheinlichkeit (s. Abb. 5.12). Die Iteminformationsfunktion I_{iv} entspricht dabei dem Produkt aus bedingter Lösungswahrscheinlichkeit und Nichtlösungswahrscheinlichkeit des Items i bei gegebenem ξ_v:

$$I_{iv} = P(x_{vi} = 1 | \xi_v) \cdot P(x_{vi} = 0 | \xi_v)$$

Testinformation I_v   Durch Addition der einzelnen Iteminformationsbeiträge I_{iv} kann für einen bestimmten Probanden v mit dem Personenparameter ξ_v die *Testinformation* I_v bestimmt werden. Mit einem Anstieg der Testinformation I_v (z. B. durch zusätzliche Items oder Vergrößerung der einzelnen Informationsbeiträge I_{iv}) steigt auch die Testgenauigkeit für den Probanden v:

$$I_v = \sum_{i=1}^{m} I_{iv}$$

Konfidenzintervall   Für die Testinformation kann zusätzlich ein individuelles asymptotisches 95-prozentiges Konfidenzintervall bestimmt werden:

$$\hat{\xi}_v - \frac{1{,}96}{\sqrt{I_v}} \leq \xi_v \leq \hat{\xi}_v + \frac{1{,}96}{\sqrt{I_v}}$$

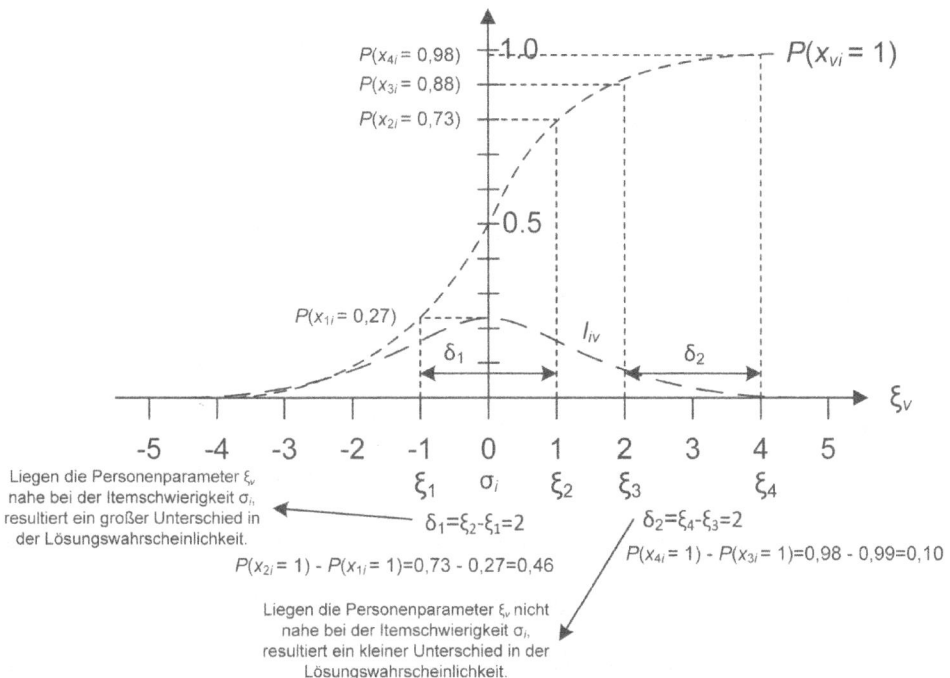

Abb. 5.12: IC-Funktion für die Lösungswahrscheinlichkeit $P(x_{vi} = 1)$ und zugehörige Iteminformationsfunktion I_{iv}. Zwei Fälle werden dargestellt: Liegen die Personenparameter nahe bei der Itemschwierigkeit σ_i (wie im Falle $\xi_2 - \xi_1$), ist die resultierende Differenz δ_1 der Probanden 1 und 2 in der Lösungswahrscheinlichkeit groß: $P(x_{2i} = 1) - P(x_{1i} = 1)$. Liegen die Personenparameter hingegen entfernt von σ_i (wie im Falle $\xi_4 - \xi_3$), ist die resultierende Differenz δ_2 (trotz gleichen Abstands) der Probanden 3 und 4 sowie die Differenz in der Lösungswahrscheinlichkeit gering: $P(x_{4i} = 1) - P(x_{3i} = 1)$

Zusammengefasst: Die Iteminformationsfunktion beschreibt den Beitrag eines Items zur Messung des entsprechenden Merkmals. Je höher der Informationswert, desto mehr trägt das Item zur Messung eines Merkmals bei. Der Informationswert ist somit das Pendant zum Standardmessfehler eines Tests aus der Klassischen Testtheorie. Allerdings ist der Informationswert kein konstantes Merkmal des Tests, sondern wird als Funktion der Personenkennwerte beschrieben.

5.3.2 Zweiparameter-Logistisches Modell (2PL)

Diskriminations- Im *dichotomen Birnbaum-Modell* (2PL-Modell) können Items zusätz-
parameter λ_i lich unterschiedliche Steigungen (Steilheiten der IC-Funktion) aufweisen. Dies erfolgt in Abhängigkeit von einem zweiten Itemparameter (neben der Itemschwierigkeit σ_i), dem *Itemdiskriminationsparameter* λ_i („lambda"):

$$P(x_{vi} = 1) = \frac{\exp(\lambda_i(\xi_v - \sigma_i))}{1 + \exp(\lambda_i(\xi_v - \sigma_i))}$$

Der Itemdiskriminationsparameter λ_i gibt an, wie stark sich die Lösungswahrscheinlichkeiten $P(x_{vi} = 1)$ in Abhängigkeit von der Merkmalsausprägung ξ_v ändern. Damit wird berücksichtigt, dass Items unterschiedlich zwischen verschiedenen Merkmalsausprägungen trennen können. Der Itemdiskriminationsparameter λ_i kennzeichnet dabei die Steilheit der Itemcharakteristiken an ihrem jeweiligen Wendepunkt. λ_i ist daher ein Maß für die Sensitivität der Items für Merkmalsunterschiede. Je kleiner λ_i, desto flacher ist die IC-Funktion und desto geringer die Diskriminationsleistung des Items bei Personen mit höherer und niedrigerer Merkmalsausprägung. Dafür gewinnt ein solches Item aber an Sensitivität im oberen und unteren Bereich der Merkmalsausprägung (s. Abb. 5.13).

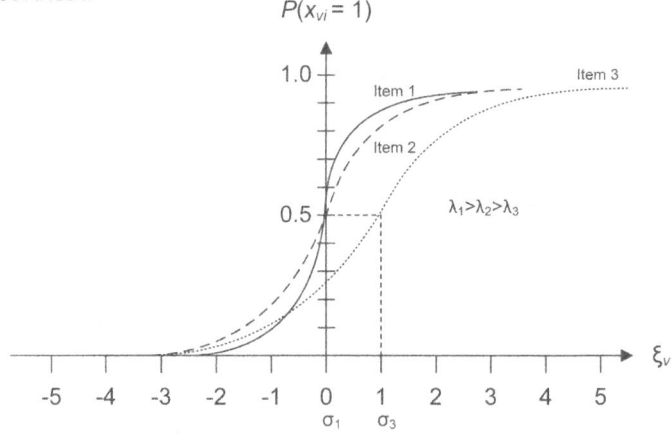

Abb. 5.13: IC-Funktionen für drei Items mit unterschiedlichem Diskriminationsparameter λ_i nach dem dichotomen Birnbaum-Modell. Item 1 liefert den größten, Item 2 einen mittleren und Item 3 den kleinsten Wert für λ_i. Entsprechend kann Item 1 am besten und Item 3 am schlechtesten Probanden mit höherer von niedrigerer Merkmalsausprägung differenzieren. Dafür erhöht sich bei Item 3 gegenüber Item 1 die Sensitivität im oberen und unteren Merkmalsbereich

λ_i entspricht grob der Trennschärfe bei der Itemanalyse nach der Klassischen Testtheorie. Im dichotomen Rasch-Modell wird der Diskriminationsparameter λ_i auf dem Wert Eins konstant gehalten.

5.3.3 Dreiparameter-Logistisches Modell (3PL)

Im *dichotomen Rate-Modell* von Birnbaum (3PL-Modell) wird ein dritter Itemparameter berücksichtigt, der *Rateparameter* ρ_i („rho"; s. Abb. 5.14):

$$P(x_{vi} = 1) = \rho_i + (1 - \rho_i)\frac{\exp(\lambda_i(\xi_v - \sigma_i))}{1 + \exp(\lambda_i(\xi_v - \sigma_i))}$$

Rateparameter ρ_i

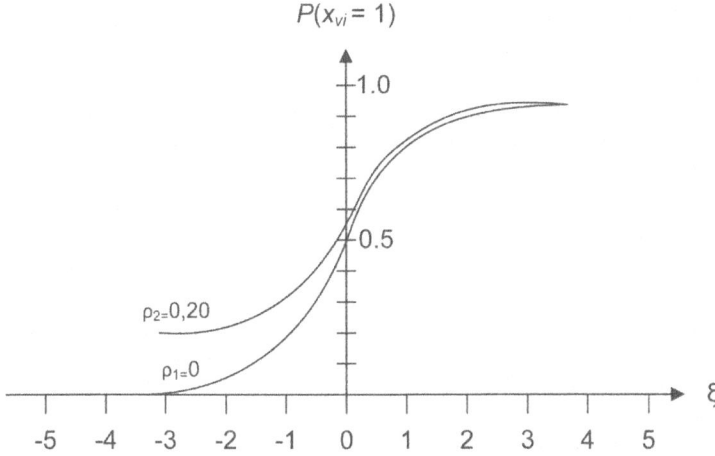

Abb. 5.14: IC-Funktionen für zwei Items mit unterschiedlichem Rateparameter ρ_i nach dem dichotomen Rate-Modell. Die IC-Funktion mit $\rho_1 = 0$ entspricht dem 2PL-Modell, während die IC-Funktion mit $\rho_2 = 0{,}20$ bei geringer Merkmalsausprägung nicht gegen 0, sondern gegen 0,20 strebt

Mit diesem Modell soll berücksichtigt werden, dass bei Multiple-Choice-Items auch Ratewahrscheinlichkeiten existieren, die sich auf die Form der IC-Funktion auswirken können (z. B. bei einem Item mit 5 Alternativen immerhin eine 20-prozentige Ratewahrscheinlichkeit).

Zusammengefasst: Das 1PL-Modell (Rasch-Modell) ist hinsichtlich seiner Gültigkeit (erschöpfende Statistiken, spezifische Objektivität, Stichprobenunabhängigkeit, Intervallskalierung) mit Modelltests überprüfbar. Das gilt für das 2PL- und 3PL-Modell *nicht*, obwohl sie eine umfassendere Modellierung des Probandenverhaltens vorgeben. Hier gibt es lediglich sog. *Goodness-of-Fit-Maße*, die aber keine sicheren Rückschlüsse auf das Zutreffen der Modellimplikationen erlauben. Somit weist das 1PL-Modell die vorteilhafteren Modelleigen-

134 Probabilistische Testtheorie

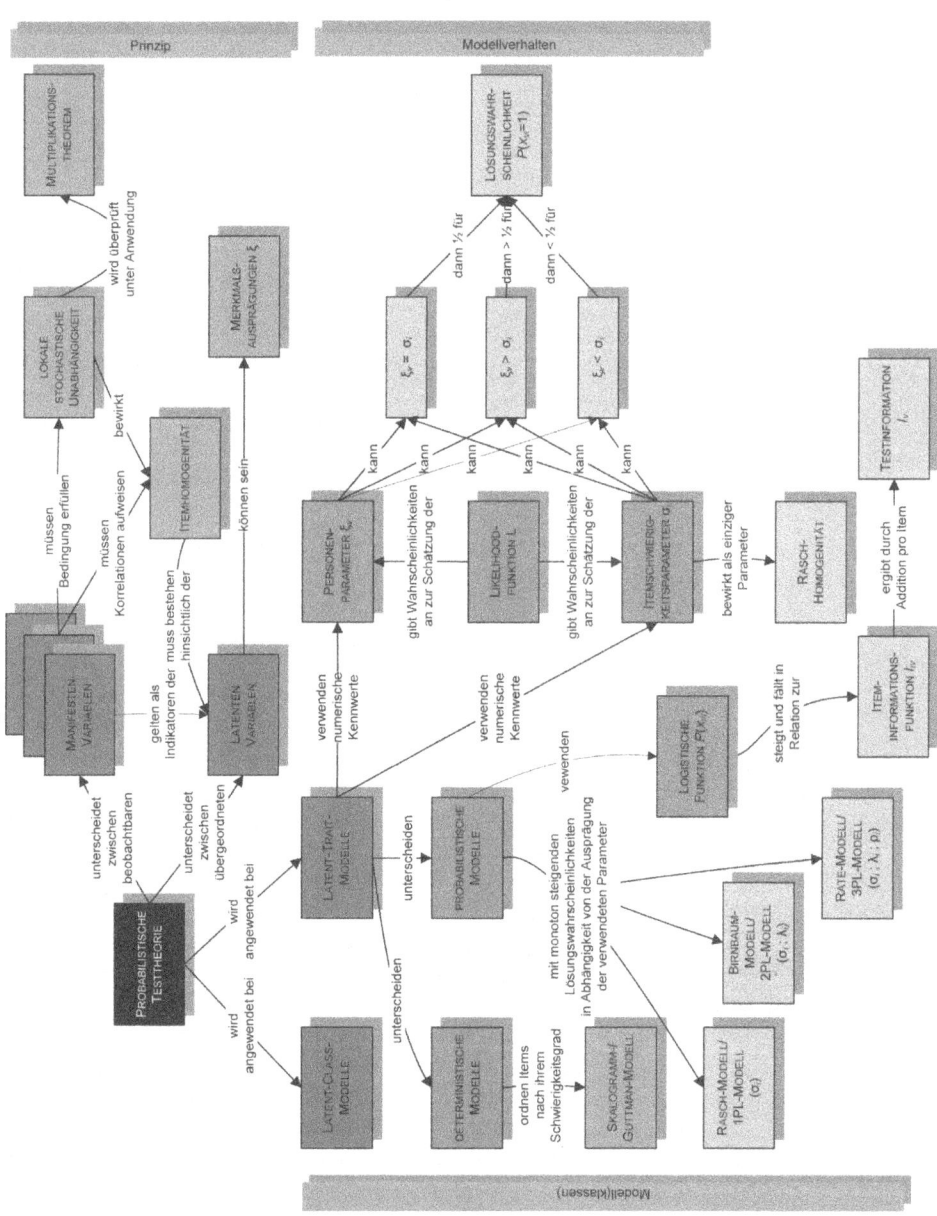

Abb. 5.15: „Latent-Trait-Modelle" in der Probabilistischen Testtheorie im Überblick

schaften auf, was sich in seiner häufigen Verwendung widerspiegelt. Prominente Beispiele für die Anwendung der Probabilistischen Testtheorie im Leistungstestbereich sind die PISA- (*Program for International Student Assessment*) und TIMSS-Studien (*Third International Mathematics and Science Study*).

Unterschiede zwischen PTT und KTT (Teil 2)
Es bestehen weitere Unterschiede zwischen PTT und KTT: Die KTT stellt keinen expliziten Bezug zwischen der Leistung einer Person (z. B. dem Prozentsatz gelöster Items) und der Schwierigkeit eines Items her (z. B. dem Prozentsatz an Personen, die das Item lösen). Bei der PTT hingegen werden Fähigkeitsschätzungen und Itemschwierigkeiten auf einer gemeinsamen Skala abgebildet. Eindeutig ist die relative Lokalisation der Personenfähigkeit zu der Itemschwierigkeit allerdings nur dann, wenn die IC-Funktionen aller Items parallel verlaufen. Dies gilt derzeit nur für das Rasch-Modell. Die KTT liefert als Messfehlertheorie Konzepte zur Reliabilitätsschätzung, während die PTT Beziehungen zwischen Antworten von Personen und dahinterstehenden latenten Merkmalen expliziert. Beide Ansätze ergänzen sich daher.

5.4 Latent-Class-Modelle (LCA)

Latent-Class-Analysen (LCA) basieren auf der Grundannahme einer probabilistischen Zuordnung von v Probanden zu g Subgruppen, wobei g als (nicht direkt beobachtbare) latente Variable (*latent classes*) angenommen wird (s. Kap. 5.1). Die Modellbildung zielt darauf ab, eine bedingte Wahrscheinlichkeit $P(g|a_v)$ darüber abzugeben, mit der die Probanden v nach ihrem Antwortverhalten a_v einer bestimmten Klasse bzw. Gruppe g angehören. Ferner kann dabei für das Modell die relative Klassengröße π_g („pi") geschätzt werden (s. Formann, 1984; Gollwitzer, 2020; Lazarsfeld & Henry, 1968; McCutcheon, 1987; Rost, 2004).

Klassen als latente Variable

Die Anzahl der (vermuteten) latenten Gruppen G muss allerdings *a priori* festgelegt werden. Diese lässt sich also nicht schätzen, sondern ist aus einer psychologischen Theorie abzuleiten. Über *Fit-Indizes* zur Modellgüte kann dann die Passung (der Modellfit) der empirisch gewonnenen Daten zum konstruierten Modell (ggf. auch zu mehreren Modellalternativen) überprüft werden.

a priori festgelegte Klassen

Bei dichotomen Items lässt sich die Anzahl der möglichen Antwortmuster aus der einfachen Beziehung 2^m ableiten, wobei m die Anzahl

maximal mögliche Antwortmuster

der Items darstellt. Empirisch ist allerdings eine geringere Anzahl von Mustern wünschenswert, da zu viele verschiedene Muster gegen eine interpretierbare Klassenlösung sprechen. Eine sehr geringe Anzahl von Antwortmustern setzt wiederum Grenzen bei der Parameterschätzung. Schließlich können nicht mehr Klassen entstehen, als Probanden in der Stichprobe vorhanden sind.

5.4.1 Allgemeine Modellgleichung der LCA

Bedingte Wahrscheinlichkeit pro Item

Die Latent-Class-Analyse sucht in einer allgemeinen Modellgleichung mit dichotomen Items nach den bedingten Wahrscheinlichkeiten, mit der eine Person v einem Item i zustimmt ($x_{vi} = 1$) bzw. dieses ablehnt ($x_{vi} = 0$), unter der Bedingung, der Klasse g anzugehören:

$$P(x_{vi} = 1 \mid g) \text{ bzw. } P(x_{vi} = 0 \mid g) = 1 - P(x_{vi} = 1 \mid g)$$

Dabei wird angenommen, dass die Zustimmungs- bzw. Ablehnungswahrscheinlichkeit für alle Probanden innerhalb der latenten Klasse gleich ist. Ist die Klassenzugehörigkeit eines Probanden v bekannt, kann die Antwortwahrscheinlichkeit innerhalb der latenten Klasse P_{ig} auf ein Item i angegeben werden:

$$P(x_{vi} = 1 \mid g) = P_{ig} \text{ bzw. } P(x_{vi} = 0 \mid g) = 1 - P_{ig}$$

Diese beiden Wahrscheinlichkeiten lassen sich in einer gemeinsamen, verallgemeinerten Gleichung ausdrücken:

$$P(x_{vi} \mid g) = P_{ig}^{x_{vi}} \cdot \left(1 - P_{ig}\right)^{1 - x_{vi}}$$

Die Gleichung ist zu den oben genannten Einzelgleichungen äquivalent, da gilt:

- wenn $(x_{vi} = 1)$: $P(x_{vi} = 1 \mid g) = P_{ig}^{1} \cdot \left(1 - P_{ig}\right)^{0} = P_{ig} \cdot 1 = P_{ig}$
- wenn $(x_{vi} = 0)$: $P(x_{vi} = 0 \mid g) = P_{ig}^{0} \cdot \left(1 - P_{ig}\right)^{1} = 1 \cdot \left(1 - P_{ig}\right) = 1 - P_{ig}$

Bedingte Wahrscheinlichkeit pro Antwortmuster

Die Definition einer bedingten Antwortwahrscheinlichkeit für ein einzelnes Item i wird nun erweitert auf eine *bedingte Antwortwahrscheinlichkeit für ein Antwortmuster* $P(a_v \mid g)$. Das ist die Wahrscheinlichkeit für die Antworten einer Person v auf m Items, unter der Bedingung der Klasse g anzugehören. Für zwei Items x_{v1} und x_{v2} ergibt sich dabei:

$$P(x_{v1} = 1, x_{v2} = 1 \mid g) = P(x_{v1} = 1 \mid g) \cdot P(x_{v2} = 1 \mid g)$$

Wesentliche Voraussetzung dieser Verknüpfung nach dem Multiplikationstheorem ist die Annahme *lokaler stochastischer Unabhängigkeit*, mit der eine Person v zwei Items zustimmt, wenn sie der Klasse g angehört (s. Kap. 5.2). Demnach wird die Wahrscheinlichkeit, beiden Items zuzustimmen, nur von der Klassenzugehörigkeit g (der latenten Variablen) verursacht. Verallgemeinert auf ein Antwortmuster a_v mit den Antworten $x_{vi} = 1$ bzw. $x_{vi} = 0$ ergibt sich für m Items:

$$P(a_v \mid g) = \prod_{i=1}^{m} P(x_{vi} \mid g)$$

Das Multiplikationssymbol Π bedeutet, dass alle bedingten Antwortwahrscheinlichkeiten, die sich über alle i Items ergeben, multipliziert werden.

Diese Gleichung kann schließlich zur *allgemeinen Modellgleichung der dichotomen LCA* für die bedingten Wahrscheinlichkeiten verallgemeinert werden: **Modellgleichung der LCA**

$$P(a_v \mid g) = \prod_{i=1}^{m} \left(P_{ig}^{x_{vi}} \cdot (1 - P_{ig})^{1 - x_{vi}} \right)$$

Mit dieser Gleichung wird definiert, dass sich die Wahrscheinlichkeit für ein Antwortmuster a_v, vorausgesetzt der Proband v gehört der Klasse g an, aus dem Produkt der bedingten Zustimmungs- und Ablehnungswahrscheinlichkeiten der Items m ergibt.

Unbedingte Wahrscheinlichkeit pro Antwortmuster

Für die Bestimmung der relativen Klassengröße π_g wird nun angenommen, dass sich jede Person genau einer Gruppe zuordnen lässt. Ist das der Fall, addiert sich die relative Klassengröße π_g zu Eins: **relative Klassengröße π_g**

$$\sum_{g=1}^{G} \pi_g = 1$$

Damit lassen sich die bedingten Wahrscheinlichkeiten zu einer unbedingten Wahrscheinlichkeit für ein Antwortmuster $P(a_v)$ addieren:

$$P(a_v) = \sum_{g=1}^{G} \left[\pi_g \prod_{i=1}^{m} \left(P_{ig}^{x_{vi}} \cdot (1 - P_{ig})^{1 - x_{vi}} \right) \right]$$

Bedingte Wahrscheinlichkeiten für die Klassenzuordnung
Die letzte Größe, die benötigt wird, ist die bedingte Wahrscheinlichkeit für die Klassenzuordnung $P(g|a_v)$, mit der sich für ein Antwortmuster a_v die Wahrscheinlichkeit vorhersagen lässt, dass sich eine Person v in Klasse g befindet. Unter Anwendung des Bayes-Theorems wird diese bedingte Wahrscheinlichkeit $P(g|a_v)$ aus bereits bekannten Größen der relativen Klassengröße π_g, der bedingten Wahrscheinlichkeit $P(a_v|g)$ und der unbedingten Wahrscheinlichkeit $P(a_v)$ ermittelt:

$$P(g|a_v) = \frac{\pi_g \cdot P(a_v|g)}{P(a_v)}$$

Aus den Angaben zur relativen Klassengröße π_g und den bedingten Zustimmungswahrscheinlichkeiten P_{ig} pro Item i lassen sich somit die bedingten Wahrscheinlichkeiten für ein Antwortmuster $P(a_v|g)$ und die unbedingten Wahrscheinlichkeiten für ein Antwortmuster $P(a_v)$ ermitteln. Liegen diese Angaben vor, können die bedingten Wahrscheinlichkeiten $P(g|a_v)$ einer Person v bestimmt werden, einer Klasse g anzugehören, gegeben das Antwortmuster a_v.

Für einen ersten Probanden sollen anhand des gezeigten Antwortmusters a_1 die bedingten Wahrscheinlichkeiten für die Klassenzuordnung $P(g|a_1)$ bestimmt werden. Dazu wurden für jeweils vier Gruppen und sechs Items die relativen Klassengrößen π_g und Zustimmungswahrscheinlichkeiten P_{ig} vorab geschätzt (s. Abb. 5.16).

Proband 1	P_{1g} für Item 1	P_{2g} für Item 2	P_{3g} für Item 3	P_{4g} für Item 4	P_{5g} für Item 5	P_{6g} für Item 6	$P(a_1|g)$	$P(g|a_1)$
$\pi_1 = 0{,}43$ für Gruppe 1	0,83	0,77	0,90	0,56	0,24	0,43	0,042	0,812
$\pi_2 = 0{,}28$ für Gruppe 2	0,33	0,28	0,45	0,75	0,81	0,69	0,005	0,060
$\pi_3 = 0{,}17$ für Gruppe 3	0,90	0,86	0,59	0,77	0,56	0,40	0,015	0,116
$\pi_4 = 0{,}12$ für Gruppe 4	0,32	0,22	0,09	0,19	0,31	0,29	0,002	0,011
Antwortmuster a_1	1	0	1	1	0	0	$P(a_1)=0{,}022$	

Abb. 5.16: Beispiel 1 für bedingte Zustimmungswahrscheinlichkeiten P_{ig} von $m = 6$ Items und $G = 4$ Gruppen, mittels derer anhand eines Antwortmusters a_1 die bedingten Wahrscheinlichkeiten für die Gruppenzuordnung $P(g|a_1)$ bestimmt werden

Für das Antwortmuster a_1 des ersten Probanden soll nun bestimmt werden, welcher latenten Klasse dieser zuzuordnen ist. Für jede Klasse werden dazu zunächst die bedingten Wahrscheinlichkeiten für ein Antwortmuster ermittelt

Latent-Class-Modelle (LCA) 139

$P(a_i|g)$ und (gewichtet mit den relativen Gruppengrößen) zur unbedingten Wahrscheinlichkeit für ein Antwortmuster $P(a_1)$ addiert. Dies geschieht z. B. für die erste Gruppe nach:

$$P(a_1|g=1) = 0{,}83 \cdot (1-1{,}77) \cdot 0{,}90 \cdot 0{,}56 \cdot (1-0{,}24) \cdot (1-0{,}43) \approx 0{,}042$$

Für die anderen drei Gruppen erfolgt die Berechnung analog. Über alle vier Gruppen resultiert dann:

$$P(a_1) = 0{,}43 \cdot 0{,}042 + 0{,}28 \cdot 0{,}005 + 0{,}17 \cdot 0{,}015 + 0{,}12 \cdot 0{,}002 = 0{,}022$$

Damit können schließlich die bedingten Wahrscheinlichkeiten für die Klassenzuordnung $P(g|a_1)$ ermittelt werden. Die höchste Wahrscheinlichkeit für das Antwortmuster a_1 des ersten Probanden besteht demnach für die erste Gruppe (s. Abb. 5.16):

$$P(g=1|a_1) = \frac{0{,}43 \cdot 0{,}042}{0{,}022} = 0{,}812$$

Analog erfolgt die Berechnung anhand des Antwortmusters a_2 eines zweiten Probanden (s. Abb. 5.17). Dies geschieht z. B. für die dritte Gruppe:

$$P(a_2|g=3) = 0{,}90 \cdot 0{,}86 \cdot (1-0{,}59) \cdot 0{,}77 \cdot (1-0{,}56) \cdot (1-0{,}40) \approx 0{,}065$$

Proband 2	P_{1g} für Item 1	P_{2g} für Item 2	P_{3g} für Item 3	P_{4g} für Item 4	P_{5g} für Item 5	P_{6g} für Item 6	$P(a_2|g)$	$P(g|a_2)$
$n_1 = 0{,}43$ für Gruppe 1	0,83	0,77	0,90	0,56	0,24	0,43	0,012	0,304
$n_2 = 0{,}28$ für Gruppe 2	0,33	0,28	0,45	0,75	0,81	0,69	0,002	0,033
$n_3 = 0{,}17$ für Gruppe 3	0,90	0,86	0,59	0,77	0,56	0,40	0,065	0,65
$n_4 = 0{,}12$ für Gruppe 4	0,32	0,22	0,09	0,19	0,31	0,29	0,006	0,042
Antwortmuster a_2	1	1	0	1	0	0	$P(a_2)=0{,}017$	

Abb. 5.17: Beispiel 2 für bedingte Zustimmungswahrscheinlichkeiten P_{ig} von $m = 6$ Items und $G = 4$ Gruppen, mittels derer anhand eines Antwortmusters a_2 die bedingten Wahrscheinlichkeiten für die Gruppenzuordnung $P(g|a_2)$ bestimmt werden

Über alle Gruppen resultiert dann:

$$P(a_2) = 0{,}43 \cdot 0{,}012 + 0{,}28 \cdot 0{,}002 + 0{,}17 \cdot 0{,}065 + 0{,}12 \cdot 0{,}006 = 0{,}017$$

Für das Antwortmuster a_2 des zweiten Probanden zeigt die dritte Gruppe die höchste Wahrscheinlichkeit (s. Abb. 5.17):

$$P(g=3 \mid a_2) = \frac{0{,}17 \cdot 0{,}065}{0{,}017} = 0{,}65$$

Zusammengefasst: Ziel bei der Latent-Class-Analyse ist es, anhand von beobachteten Antwortmustern a_v die Wahrscheinlichkeit für die Zugehörigkeit einer Person v zu einer latenten Klasse g zu bestimmen. Ausgedrückt wird dies in der bedingten Wahrscheinlichkeit der Klassenzuordnung $P(g|a_v)$. Zur Bestimmung müssen drei Angaben vorliegen: die bedingte Wahrscheinlichkeit eines Antwortmusters $P(a_v|g)$, die unbedingte Wahrscheinlichkeit eines Antwortmusters $P(a_v)$ und die unbedingte Wahrscheinlichkeit für die Klassenzuordnung π_g.

5.4.2 Parameterschätzung und Modelltests in der LCA

Vergleichbar mit den Latent-Trait-Modellen besteht auch das Ziel der Latent-Class-Modelle darin, Schätzungen zu den unbekannten Modellparametern (in diesem Fall π_g und P_{ig}) anzugeben. Dabei wird angestrebt, die unbekannten Modellparameter so zu schätzen, dass sich damit die empirische Verteilung der Antwortmuster in den Daten möglichst optimal reproduzieren lässt. Die Anzahl der zu schätzenden Modellparameter t ermittelt sich aus der Anzahl der Klassen G und der Anzahl der Items m (s. vorheriges Beispiel). Genau genommen sind es für die relative Klassengröße π_g $(G-1)$ Parameter (denn der g-te Parameter ergibt sich aus der Addition zu 1) und für die Zustimmungswahrscheinlichkeiten P_{ig} $(G \cdot m)$ Parameter. Insgesamt sind damit t Parameter zu schätzen:

$$t = G \cdot (m+1) - 1$$

Aus den Angaben des vorherigen Beispiels müssen bei vier Klassen $4 - 1 = 3$ Klassengrößenparameter und bei sechs Items $4 \cdot 6 = 24$ klassenspezifische Antwortwahrscheinlichkeiten, also insgesamt $t = 27$ Parameter geschätzt werden.

Likelihoodfunktion

Optimierungskriterien L_1 und L_0

Die Parameter lassen sich allerdings nicht einfach errechnen, sondern müssen durch einen iterativen Optimierungsprozess schrittweise an das Kriterium L (Likelihood) der Daten angepasst werden. Um eine zuverlässige Schätzung zu erhalten, werden zwei Optimierungskriterien L_1 und L_0 ermittelt und dann als Test der Modellpassung (LR-Test) verwendet:

$$L_1 = \prod_{v=1}^{N_a} P(a_v) \quad \text{und} \quad L_0 = \prod_{v=1}^{N_a} f(a_v)$$

Das Optimierungskriterium L_1 definiert sich aus dem Produkt aller N_a unbedingten Wahrscheinlichkeiten der Antwortmuster $P(a_v)$. Die Modellparameter π_g und P_{ig} werden dabei so geschätzt, dass sich L_1 maximiert („Maximum Likelihood"). Der Prozess wird beendet, wenn L_1 gegen einen stabilen Wert konvergiert. L_1 ist demnach das Produkt der *geschätzten* Wahrscheinlichkeiten sämtlicher Antwortmuster.

Likelihood L_1

Da die Höhe von L_1 von dem Stichprobenumfang und der Anzahl der Antwortmuster abhängig ist, wird es um das zweite Kriterium L_0 ergänzt. Das Optimierungskriterium L_0 definiert sich aus dem Produkt aller N_a beobachteten relativen Häufigkeiten der Antwortmuster $f(a_v)$. L_0 ist demnach das Produkt der *empirisch beobachteten* Wahrscheinlichkeiten sämtlicher Antwortmuster.

Likelihood L_0

Likelihood-Ratio-Test

Die Abweichung beider Größen L_1 und L_0 kann als Modelltest LR (*Likelihood-Ratio-Test*) verwendet werden:

LR-Test

$$LR = \frac{L_1}{L_0}$$

Ein Wert nahe Eins deutet auf einen guten Modellfit (gute Passung des Modells zu den Daten), ein Wert nahe Null auf einen schlechten Modellfit (schlechte Passung zwischen Modell und Daten) hin. Bei genügend großem n kann der LR-Quotient inferenzstatistisch abgesichert werden (Empfehlung: Der Stichprobenumfang sollte mindestens um den Faktor 1, besser um den Faktor 5 über der Anzahl möglicher Antwortmuster liegen). Das Maß des L^2-Tests folgt dabei approximativ einer χ^2-Verteilung („chi"):

$$L^2 = -2 \cdot \log\left(\frac{L_1}{L_0}\right) \quad \text{mit} \quad df = s - t$$

s entspricht dabei der Anzahl möglicher Antwortmuster minus Eins (im Falle dichotomer Items also: $s = 2^m - 1$) und t der Anzahl der zu schätzenden Modellparameter: $t = G \cdot (m + 1) - 1$.

Da es sich um einen Test zum Modellfit handelt, deutet ein *nicht* signifikantes Ergebnis auf eine Passung zwischen Modell und Daten hin. Ein signifikantes Ergebnis ($p < 0{,}05$) weist hingegen auf eine überzufällige Abweichung zwischen Modell und Daten hin.

χ²-Modelltest Alternativ kann die aus den unbekannten Modellparametern geschätzte Häufigkeit eines Antwortmusters a_v auch direkt mit der empirisch beobachteten Häufigkeit dieses Antwortmusters verglichen werden:

$$\chi^2 = \sum_{v=1}^{N_a} \frac{\left(f(a_v) - P(a_v)\right)^2}{f(a_v)} \quad \text{mit } df = s - t$$

Beide Tests führen zu vergleichbaren Ergebnissen, sofern der Stichprobenumfang angemessen ist (s. Rost, 2004).

Bootstrapping

Resampling Bei kleinen Stichproben können diese Tests allerdings nicht angewendet werden, da die entsprechende Wahrscheinlichkeitsverteilung dann nicht ausreichend approximiert wird. In diesem Fall kann mittels *Bootstrapping* eine simulierte Prüfverteilung aus den empirischen Daten selber erzeugt werden (s. Efron & Tibshirani, 1993). Bootstrapping ist (neben *Jackknife*) eine Methode des *Resampling*. Dabei werden Statistiken auf der Grundlage einer einzigen Stichprobe erzeugt, ohne eine Annahme über die theoretische (Prüf-)Verteilung der Daten zugrunde zu legen. I. d. R. wird daher beim Bootstrapping die theoretische Verteilungsfunktion durch eine empirische Verteilungsfunktion ersetzt. Im einfachsten Fall wird durch wiederholtes Ziehen (mit Zurücklegen) aus den bereits vorliegenden Daten eine simulierte Verteilungsstatistik generiert.

Alternativ lassen sich bestimmte Kenngrößen der unbekannten Verteilung aber auch schätzen, indem „neue" Daten anhand der geschätzten Größen generiert werden (*Resimulation*). Im Falle der LCA-Schätzungen ließen sich also simulierte χ^2-Verteilungen erzeugen, für die das Modell gilt, und für jede simulierte Verteilung entsprechende Kennwerte (z. B. L^2 oder χ^2) berechnen. Über die Wahrscheinlichkeitsverteilung dieser künstlich erzeugten Kennwerte kann dann die Wahrscheinlichkeit p der empirisch beobachteten Kennwerte bestimmt werden. Ist die Wahrscheinlichkeit hoch, kann das Modell beibehalten werden, ist die Wahrscheinlichkeit gering, ist das Modell zu verwerfen.

Information Criteria

AIC, BIC, CAIC Analog zur Kontrolle der Modellgeltung bei CML-Schätzungen (s. Kap. 5.3.1) können auch für LCA-Schätzungen Informationskriterien eingesetzt werden. Die drei bekannten Kriterien *Akaike's Information*

Latent-Class-Modelle (LCA) 143

Criterion (AIC), Bayesian Information Criterion (BIC) oder *Consistent Akaike's Information Criterion (CAIC)* berechnen sich dabei wie folgt (s. Rost, 2004):

$$AIC = -2 \cdot \log(L) + 2 \cdot t$$

$$BIC = -2 \cdot \log(L) + \log(n) \cdot t$$

$$CAIC = -2 \cdot \log(L) + \log(n) \cdot t + t$$

Für die Modellgüte spricht, wenn die Informationskriterien möglichst mit geringen Werten ausfallen. Es ist leicht zu erkennen, dass die Anzahl der Modellparameter t die Maße ebenso vergrößern wie (nur bei *BIC* und *CAIC*) die Größe der Stichprobe, da beides auf die (logarithmische) Likelihood addiert wird.

Hit- / Falserate-Analyse
Über die Wahrscheinlichkeiten der Klassenzuordnungen kann die Anzahl korrekt (*hit*) oder falsch (*false*) zugeordneter Fälle ermittelt werden:

Analyse der Treffsicherheit

- Die *Trefferrate H* (eine Art Reliabilitätsbestimmung) ergibt sich dabei aus einem Durchschnittswert der maximalen bedingten Wahrscheinlichkeiten für die Klassenzuordnung $p^{max}(g|a_v)$ über alle Antwortmuster (N_a) der Stichprobe:

$$H = \frac{\sum_{v=1}^{N_a} p^{max}(g|a_v)}{N}$$

- Die *Fehlerrate F* (eine Art Messfehlerbestimmung) bestimmt sich nach:

$$F = 1 - \sum_{v=1}^{N} P(a_v) \cdot p^{max}(g|a_v)$$

Diskriminationsindex
Zur Erhöhung der Trefferrate und Minimierung der Fehlerrate können wenig trennscharfe Items eliminiert werden, bei denen die Zustimmungswahrscheinlichkeiten in allen latenten Gruppen nahezu gleich ist. Bei dichotomen und ordinalen (s. Kap. 5.5.2) Itemantworten kann als Maß ein *Diskriminationsindex* D_i berechnet werden, der die Varianz der erwarteten Itemantworten zwischen den Klassen ins Verhältnis zur mittleren Varianz innerhalb der Klassen setzt (s. Rost, 2004):

Trennschärfeberechnung

$$D_i = \frac{Var(E(x_i|g))}{\sum_g \pi_g Var(x_i|g)}$$

Der Erwartungswert $E(x_i|g)$ der Itemantworten innerhalb der Gruppe g errechnet sich dabei nach:

$$E(x_i|g) = \sum_{x=0}^{m} x \cdot \pi_{ixg}$$

Dabei stellt π_{ixg} die Kategorienwahrscheinlichkeit von x (bei mehreren Kategorien) in Gruppe g dar.

Die Varianz der Itemantworten $Var(x_i|g)$ innerhalb einer Gruppe g ergibt sich nach:

$$Var(x_i|g) = \sum_{x=0}^{m} (x - E(x_i|g))^2 \cdot \pi_{ixg}$$

Ebenso kann die Varianz des Erwartungswertes der Itemantworten $Var(E(x_i|g))$ bestimmt werden:

$$Var(E(x_i|g)) = \sum_{g=1}^{G} \left[E(x_i|g) - \left(\sum_{g=1}^{G} \pi_g E(x_i|g) \right) \right]^2 \cdot \pi_g$$

Mit dieser Berechnung wird die Idee umgesetzt, die Unterschiede im mittleren Niveau zwischen den Klassen an der Streuung der Antworten innerhalb der Klassen zu relativieren. Dabei zeigt sich, dass durch Entfernen der Items mit geringem D_i die mittlere Zuordnungswahrscheinlichkeit vergrößert werden kann. Allerdings ist hier zu berücksichtigen, dass bei D_i nur die Diskrimination bezüglich aller Gruppen betrachtet wird. Wenn Items nur zwischen einzelnen (aber nicht zwischen allen) Klassen gut diskriminieren, bleibt diese Leistung durch den Index unentdeckt.

Modelltestung

exploratorische LCA Für die Durchführung einer LCA wird lediglich eine Angabe zur Anzahl der latenten Klassen G erwartet. Ein direkter Test, wie sich die Gruppen im Antwortverhalten unterscheiden, ist dabei nicht möglich. Welche Merkmale also für die Gruppenbildung ausschlaggebend sind, kann zunächst nicht beantwortet werden, ähnlich wie die Interpretation von Faktoren bei einer Exploratorischen Faktorenanalyse (s. Kap. 7.1). So gesehen, ist die LCA ohne weitere Restriktionen zur Struktur der Antwortwahrscheinlichkeiten ein *exploratorisches (erkundendes) Verfahren*, aus der sich nicht ableiten lässt, ob sich die

Gruppen auch im Hinblick auf theoretisch relevante Merkmale unterscheiden. Nur durch Analyse der Antwortmuster bei den bedingten Antwortwahrscheinlichkeiten pro Klasse und konvergente oder diskriminante Validierung an externen Kriterien können diese beurteilt werden.

Modellentscheidungen bzw. Abgleiche zwischen Modellen können für verschiedene Klassenmodelle anhand der inferenzstatistischen Parameter (L^2-Wert bzw. χ^2-Wert, p-Werte von Bootstrap-Tests für resimulierte Daten) und anhand der Informationskriterien (*AIC*, *BIC* und *CAIC*) erfolgen. Die Entscheidung für ein bestimmtes Klassenmodell wird dabei von der gewichteten, simultanen Erfüllung der Modelltests abhängig gemacht. Modelle mit signifikanten L^2- oder χ^2-Testergebnissen werden verworfen, bei den verbleibenden Modellen werden die p-Werte von Bootstrap-Tests mit den Informationskriterien verglichen (Letztere werden zumeist höher gewichtet). Dabei muss das Modell mit dem größten Modellfit allerdings nicht immer auch das „beste" Modell sein. Gütekriterien der Einfachheit des Modells und des Geltungsbereiches der Theorie müssen ebenso betrachtet werden. Der *AIC* folgt dieser Logik durch Berücksichtigung des L-Wertes (für die empirische Geltung) und der Anzahl der Parameter (für die Einfachheit). Unabhängig davon ist auch das Kriterium der *Brauchbarkeit* einer Theorie zu berücksichtigen, das Testentwickler wie Testanwender allerdings häufig selber entscheiden müssen (s. Rost, 2004).

Einsatz von Modelltests

Durch die Einführung spezifischer Restriktionen, z. B. durch Fixierung oder Gleichsetzung von Parametern sowie die Einführung von Ordnungsrestriktionen, kann die LCA allerdings auch als *konfirmatorisches (bestätigendes) Verfahren* eingesetzt werden – daraus resultiert dann ein *restringiertes Modell*. Eine direkte Wertfixierung kann dabei die bedingten Antwortwahrscheinlichkeiten oder die Gruppengrößen betreffen (z. B. indem aus theoretischen Gründen die bedingte Zustimmungswahrscheinlichkeit P_{ig} für Items auf einen bestimmten Wert fixiert wird). Auch kann für zwei oder mehrere Parameter angenommen werden, dass sich diese nicht unterscheiden dürfen (z. B. indem für alle Gruppen eine identische relative Klassengröße π_g angenommen wird oder indem bedingte Antwortwahrscheinlichkeiten zwischen Gruppen gleichgesetzt werden). Schließlich besteht die Möglichkeit, zwischen den Parametern eine gewisse Größenordnung zu erzwingen (z. B. indem festgelegt wird, dass in einer Gruppe bei jedem Item höhere Antwortwahrscheinlichkeiten auftreten müssen als in einer anderen Gruppe).

konfirmatorische LCA

genestete Modelle Durch den *Likelihood-Ratio-Test* kann die Likelihood des restringierten Modells L_1 mit der des unrestringierten Modells L_2 verglichen werden (beide Modelle werden dabei als „genestet" bezeichnet):

$$LR = \frac{L_1}{L_2}$$

LR nimmt den Wert Eins an, wenn die gesetzten Restriktionen exakt auf die empirischen Daten passen, und wird umso kleiner, je schlechter die Anpassung des restringierten Modells ausfällt. Allerdings sollte berücksichtigt werden, dass sich die Modellanpassung restringierter Modelle zumeist verschlechtert, da strikte Vorgaben zu den Parameterwerten nur selten exakt zu den empirischen Daten passen. Daher wird L_1 i. d. R. niedriger ausfallen als L_2, und *LR* nimmt zumeist Werte kleiner Eins an. Um den Vergleich der genesteten Modelle inferenzstatistisch abzusichern, kann wiederum bei ausreichend großer Fallzahl ein χ^2-verteilter L^2-Test herangezogen werden. Dieser belegt im Falle eines signifikanten Ergebnisses, dass das restringierte Modell signifikant schlechter zu den Daten passt als das unrestringierte Modell:

$$L^2 = -2 \cdot \log\left(\frac{L_1}{L_2}\right) \quad \text{mit} \quad df = t_2 - t_1$$

Die Freiheitsgrade *df* ergeben sich in diesem Fall aus der Differenz der zu schätzenden Modellparameter des unrestringierten Modells t_2 und des restringierten Modells t_1.

Erweiterungen des LCA-Modells

polytomes Antwortformat Das LCA-Modell lässt sich ebenso auf nominale Variablen mit k (polytomen) Antwortalternativen erweitern. Dabei erhält jeder der insgesamt *K* Antwortkategorien eine separate Wahrscheinlichkeit. Aus K^m leitet sich die maximale Zahl von Antwortmustern a_{v1} ab. $P(x_{vi} = k|g)$ steht dabei für die Wahrscheinlichkeit, mit der eine Person *v* bei Item *i* die Antwortkategorie *k* wählt, vorausgesetzt die Person gehört der latenten Klasse *g* an. Dabei addieren sich die bedingten Wahrscheinlichkeiten über alle Kategorien zu Eins:

$$\sum_{k=0}^{K-1} P(x_{vi} = k|g) = 1$$

Die Modellannahmen der dichotomen LCA gelten analog auch für die polytome LCA. Da die bedingten Wahrscheinlichkeiten für die Kategorien für alle Personen innerhalb der latenten Klassen gleich sind, ergibt sich:

$$P(x_{xi} = k \mid g) = P_{ikg}$$

Als bedingte Wahrscheinlichkeit für die Antwortmuster ergibt sich unter der Annahme lokaler stochastischer Unabhängigkeit:

$$P(a_v \mid g) = \sum_{i=1}^{m} P_{ikg}$$

Als unbedingte Wahrscheinlichkeit für die Antwortmuster resultiert:

$$P(a_v) = \sum_{g=1}^{G} \pi_g \prod_{i=1}^{m} P_{ikg}$$

Für einen ersten Probanden sollen anhand des gezeigten Antwortmusters a_1 die bedingten Wahrscheinlichkeiten für die Klassenzuordnung $P(g|a_1)$ bestimmt werden. Dazu wurden für jeweils zwei Gruppen und vier Items die relativen Klassengrößen π_g und Zustimmungswahrscheinlichkeiten P_{ikg} vorab geschätzt (s. Abb. 5.18).

Proband 1	P_{1kg} für Item 1	P_{2kg} für Item 2	P_{3kg} für Item 3	P_{4kg} für Item 4	$P(a_1|g)$	$P(g|a_1)$
π_1 = 0,31 für Gruppe 1	x_{v1}=0; P_{101}= 0,65 x_{v1}=1; P_{111}= 0,22 x_{v1}=2; P_{101}= 0,13	x_{v2}=0; P_{201}= 0,83 x_{v2}=1; P_{211}= 0,07 x_{v2}=2; P_{201}= 0,10	x_{v3}=0; P_{301}= 0,21 x_{v3}=1; P_{311}= 0,66 x_{v3}=2; P_{301}= 0,13	x_{v4}=0; P_{401}= 0,02 x_{v4}=1; P_{411}= 0,12 x_{v4}=2; P_{401}= 0,86	0,001	0,03
π_2 = 0,69 für Gruppe 2	x_{v1}=0; P_{102}= 0,32 x_{v1}=1; P_{112}= 0,20 x_{v1}=2; P_{103}= 0,48	x_{v2}=0; P_{202}= 0,09 x_{v2}=1; P_{212}= 0,11 x_{v2}=2; P_{203}= 0,80	x_{v3}=0; P_{302}= 0,26 x_{v3}=1; P_{312}= 0,14 x_{v3}=2; P_{303}= 0,60	x_{v4}=0; P_{402}= 0,40 x_{v4}=1; P_{412}= 0,11 x_{v4}=2; P_{403}= 0,49	0,0169	0,97
Antwortmuster a_1	0	2	2	1	$P(a_1)$=0,012	

Abb. 5.18: Beispiel 1 für bedingte Zustimmungswahrscheinlichkeiten P_{ig} von m = 4 Items und G = 2 Gruppen, mittels derer anhand eines Antwortmusters a_1 die bedingten Wahrscheinlichkeiten für die Klassenzuordnung $P(g|a_1)$ bestimmt werden

Für das Antwortmuster a_1 des ersten Probanden soll nun bestimmt werden, welcher latenten Klasse dieser zuzuordnen ist. Für jede Gruppe werden dazu zunächst die bedingten Wahrscheinlichkeiten für ein Antwortmuster ermittelt $P(a_1|g)$ und (gewichtet mit den Gruppengrößen) zur unbedingten Wahrscheinlichkeit für ein Antwortmuster $P(a_1)$ addiert. Dies geschieht z. B. für die zweite Gruppe nach:

$$P(a_1 \mid g = 2) = 0{,}32 \cdot 0{,}80 \cdot 0{,}60 \cdot 0{,}11 \approx 0{,}0169$$

Für die erste Gruppe erfolgt die Berechnung analog. Über alle zwei Gruppen resultiert dann:

$$P(a_1) = 0{,}31 \cdot 0{,}001 + 0{,}69 \cdot 0{,}0169 = 0{,}012$$

Damit können schließlich die bedingten Wahrscheinlichkeiten für die Klassenzuordnung $P(g|a_1)$ ermittelt werden. Die höchste Wahrscheinlichkeit für das Antwortmuster a_1 des ersten Probanden besteht demnach für die zweite Gruppe (s. Abb. 5.18):

$$P(g=2|a_1) = \frac{0{,}69 \cdot 0{,}0169}{0{,}012} = 0{,}97$$

Analog erfolgt die Berechnung anhand des Antwortmusters a_2 eines zweiten Probanden (s. Abb. 5.19). Dieser zeigt hingegen für die erste Gruppe die höchste Wahrscheinlichkeit für das Antwortmuster a_2.

Zusammengefasst: Die unbekannten Modellparameter π_g und P_{ig} müssen im Rahmen der Latent-Class-Analyse geschätzt werden. Daraus resultieren Likelihoodwerte, die als Optimierungskriterien die Grundlage für verschiedene Modelltests darstellen. Die inferenzstatistische Absicherung erfolgt über Verfahren wie dem L^2- bzw. χ^2-Test, Bootstrap-Tests sowie über verschiedene Informationskriterien – dies kennzeichnet das explorative Vorgehen bei unrestringierten LCA-Modellen. Über die Fixierung oder Gleichsetzung einzelner Parameter sowie die Einführung von Ordnungsrestriktionen lassen sich auch spezifische, restringierte Modelle testen – dies kennzeichnet das konfirmatorische Vorgehen.

Proband 2	P_{1kg} für Item 1	P_{2kg} für Item 2	P_{3kg} für Item 3	P_{4kg} für Item 4	$P(a_2|g)$	$P(g|a_2)$
$\pi_1 = 0{,}31$ für Gruppe 1	$x_{v1}=0; P_{101}=0{,}65$ $x_{v1}=1; P_{111}=0{,}22$ $x_{v1}=2; P_{101}=0{,}13$	$x_{v2}=0; P_{201}=0{,}83$ $x_{v2}=1; P_{211}=0{,}07$ $x_{v2}=2; P_{201}=0{,}10$	$x_{v3}=0; P_{301}=0{,}21$ $x_{v3}=1; P_{311}=0{,}66$ $x_{v3}=2; P_{301}=0{,}13$	$x_{v4}=0; P_{401}=0{,}02$ $x_{v4}=1; P_{411}=0{,}12$ $x_{v4}=2; P_{401}=0{,}86$	0,033	0,87
$\pi_2 = 0{,}69$ für Gruppe 2	$x_{v1}=0; P_{102}=0{,}32$ $x_{v1}=1; P_{112}=0{,}20$ $x_{v1}=2; P_{103}=0{,}48$	$x_{v2}=0; P_{202}=0{,}09$ $x_{v2}=1; P_{212}=0{,}11$ $x_{v2}=2; P_{203}=0{,}80$	$x_{v3}=0; P_{302}=0{,}26$ $x_{v3}=1; P_{312}=0{,}14$ $x_{v3}=2; P_{303}=0{,}60$	$x_{v4}=0; P_{402}=0{,}40$ $x_{v4}=1; P_{412}=0{,}11$ $x_{v4}=2; P_{403}=0{,}49$	0,0023	0,13
Antwortmuster a_2	1	0	0	2	$P(a_2)=0{,}012$	

Abb. 5.19: Beispiel 2 für bedingte Zustimmungswahrscheinlichkeiten P_{ig} von $m = 4$ Items und $G = 2$ Gruppen, mittels derer anhand eines Antwortmusters a_2 die bedingten Wahrscheinlichkeiten für die Klassenzuordnung $P(g|a_2)$ bestimmt werden

5.5 Modellerweiterungen

5.5.1 Mixed-Rasch-Modelle

Personenhomogenität Mit dem Mixed-Rasch-Modell (Mischverteilungs-Rasch-Modell, MRM) werden Latent-Class-Analyse und Rasch-Modell kombiniert (s. Rost, 2004). Mit dem MRM wird die strikte Annahme des Rasch-

Modells umgangen, dass die Itemschwierigkeit für alle Personen in der Stichprobe identisch sein muss (Itemhomogenität). Mit Hilfe des MRM kann geprüft werden, ob die *Personenhomogenität*, also die Annahme, dass in einer Stichprobe von Personen nur eine Klasse vorliegt, beibehalten oder verworfen werden muss. Die Annahme der Personenhomogenität impliziert, dass alle Personen dieselbe Merkmalsausprägung besitzen, um ein Item (in Schlüsselrichtung) zu beantworten.

Grundannahme dieser Modelle ist, dass es unterschiedliche latente Klassen G von Personen v gibt, innerhalb derer das Rasch-Modell gültig ist. Entsprechend werden zum einen die Eigenschaftsausprägungen der Personen ξ_v bestimmt sowie deren Klassenzugehörigkeit g identifiziert. Ziel dabei ist es, die Klassen so zu wählen, dass sich der Itemschwierigkeitsparameter σ_i in den Klassen maximal unterscheidet. Die Klassentrennung erfolgt dabei (wie aus der LCA bekannt) anhand der unterschiedlichen Antwortmuster a_v.

Rasch-Modelle für latente Klassen

Mit den abschließenden Modelltests kann für eine bestimmte Anzahl latenter Klassen entschieden werden, ob die Versuchspersonen in den verschiedenen Gruppen unterschiedliche Eigenschaften bzw. Lösungsstrategien verwenden, um die Items zu bearbeiten bzw. zu lösen. Auch für Persönlichkeitstests sind Mixed-Rasch-Modelle einsetzbar, z. B. wenn unterschiedliche Antwortstile, Antworttendenzen oder Persönlichkeitstypen differenziert werden sollen. Liegen unterschiedliche Nutzungsstrategien der Antwortkategorien vor, wird von der Existenz sog. *response sets* gesprochen.

response sets

Modellgleichung

Formal wird die nicht klassenspezifische Form des Rasch-Modells (s. Kap. 5.3.1) beim Mixed-Rasch-Modell durch den Parameter der Klassenzugehörigkeit g erweitert. Die bedingte Wahrscheinlichkeit, mit der eine Person v einem Item i zustimmt, vorausgesetzt sie gehört der Klasse g an, ist dann (s. Rost 2004):

bedingte Klassenzuordnungswahrscheinlichkeit

$$P(x_{vi}=1\mid g) = \frac{\exp\left(\xi_{vg}-\sigma_{ig}\right)}{1+\exp\left(\xi_{vg}-\sigma_{ig}\right)}$$

Im Falle disjunkter und exhaustiver latenter Klassen kann damit für den Fall dichotomer Antwortformate die allgemeine Modellgleichung für das Mixed-Rasch-Modell aufgestellt werden:

$$P(x_{vi}=1) = \sum_{g=1}^{G}\left[\pi_g \frac{\exp\left(\xi_{vg}-\sigma_{ig}\right)}{1+\exp\left(\xi_{vg}-\sigma_{ig}\right)}\right]$$

Bei nur einer latenten Klasse entfallen die Klassenindizes g, und es resultiert das Rasch-Modell. Bei gleichen Personenparametern innerhalb jeder Klasse resultiert das Latent-Class-Modell.

In einer Analyse von Rost (1997) zur Skala „Gewissenhaftigkeit" im NEO-FFI (Borkenau & Ostendorf, 1993; Costa & McCrae, 1992) wurden zwei Personenklassen identifiziert, die sich in ihrem Antwortmuster unterscheiden. Die erste, größere Gruppe (π_1 = 0,65) verwendet die Skala konsistent zur latenten Variable. Die zweite, kleinere Gruppe (π_2 = 0,35) hingegen zeigt Antworttendenzen zu Extremurteilen (Härte-Effekt) und wählt die (zweite) Antwortkategorie „stimme nicht zu" nicht. Für beide Klassen das gleiche Testmodell anzunehmen scheint daher nicht gerechtfertigt, da die Antwortmuster auf einen unterschiedlichen Umgang mit den Items und dem Antwortformat hindeuten.

5.5.2 Ordinales Rasch-Modell

Kategoriencharakteristische Funktion

Mit dem ordinalen Rasch-Modell wird das dichotome Rasch-Modell (s. Kap. 5.3.1) auf kategoriale Daten mit Ordinalskalenniveau anwendbar. Auch für diesen Fall ordinaler Datenformate lässt sich ein Mixed-Rasch-Modell aufstellen. Beim ordinalen Rasch-Modell verfügen die Items über mehr als zwei Antwortkategorien $x_{vi} = 0,1,2,\ldots,m$. Für ordinale Items wird dabei eine *Schwelle* (*threshold*) angenommen, die in einer *Kategoriencharakteristischen (CC-)Funktion* (*Category Characteristic Curve, CCC*) dargestellt wird (s. Bühner, 2021).

Schwellenparameter τ_i

Die CC-Funktion beschreibt die Wahrscheinlichkeit, eine Antwortkategorie zu wählen, in Abhängigkeit vom Personenparameter auf dem latenten Kontinuum. Der Punkt, an dem sich diese Funktionen jeweils schneiden, wird als *Schwellenparameter* τ_i bezeichnet. Bei k Kategorien ergeben sich entsprechend k-1 Schwellenparameter (s. Abb. 5.20).

Schwellenwahrscheinlichkeit

Die *Schwellenwahrscheinlichkeit* $Q(x_{vi} = 0,1,2,\ldots,m)$ für ein ordinales Rasch-Modell wird dabei ausgedrückt als:

$$Q(x_{vi} = 0, 1, 2, \ldots, m) = \frac{\exp(\xi_v - \tau_{ix})}{1 + \exp(\xi_v - \tau_{ix})}$$

Dabei ist τ_{ix} der Schwellenparameter eines Items i bei Kategorie x.

Im dichotomen Rasch-Modell entspricht der Itemparameter dem Schwellenparameter. Auch im ordinalen Rasch-Modell entspricht jeder Schwellenparameter der Schwierigkeit, eine bestimmte Schwelle zu überschreiten. D.h. bei einer Person, deren Personenparameter

a) Itemcharakteristische Funktion (ICC)   b) Kategoriencharakteristische Funktion (CCC)

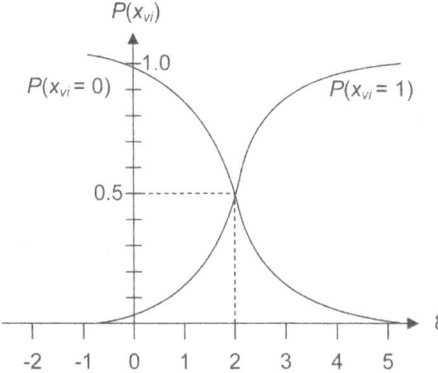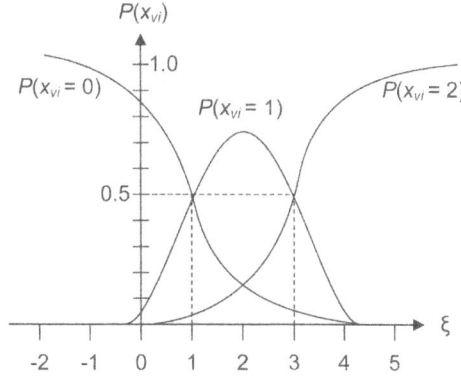

Abb. 5.20: Darstellung a) der IC-Funktion für dichotome Items ($P(x_{vi} = 0)$ für „nein" und $P(x_{vi} = 1)$ für „ja") und b) der CC-Funktion für ein Item mit drei Antwortkategorien ($P(x_{vi} = 0)$ für „nie/selten", $P(x_{vi} = 1)$ für „manchmal" und $P(x_{vi} = 2)$ für „oft/sehr oft")

dem Schwellenparameter entspricht, ist die Wahrscheinlichkeit für die Wahl der benachbarten Antwortkategorien gleich. Aus der Mittelung der k-1 Schwellenparameter entsteht im ordinalen Rasch-Modell der Itemparameter. Schließlich kann mit Hilfe des ordinalen Rasch-Modells die Wahrscheinlichkeit bestimmt werden, mit der eine Person v bei Item i die Antwortkategorie x wählt (s. Rost, 2004):

$$P(x_{vi} = x) = \frac{\exp\left[(x \cdot \xi_v) - \sigma_{ix}\right]}{\sum_{s=0}^{m} \exp\left[(s \cdot \xi_v) - \sigma_{is}\right]}$$

Dabei sind x die Anzahl übersprungener Schwellen bis zur gewählten Kategorie x, s die Nummer der Schwelle, σ_{ix} die Summe der Schwellenparameter eines Items i bis zur gewählten Kategorie x, σ_{is} die Summe der Schwellenparameter bis Schwelle s und m die Anzahl der Schwellen.

Die Funktion relativiert demnach die Summe der überschrittenen Schwellenparameter an der Summe aller Schwellenparameter. Die Wahrscheinlichkeit, mit der eine Person v bei Item i die Antwortkategorie x wählt, wird demnach aus der Wahrscheinlichkeit aller Schwellenparameter bestimmt. Die Messung einer Eigenschaftsausprägung wird demnach an die erfolgreiche Überschreitung aufeinanderfolgender Schwellen geknüpft. Damit ist es schließlich möglich, auch die

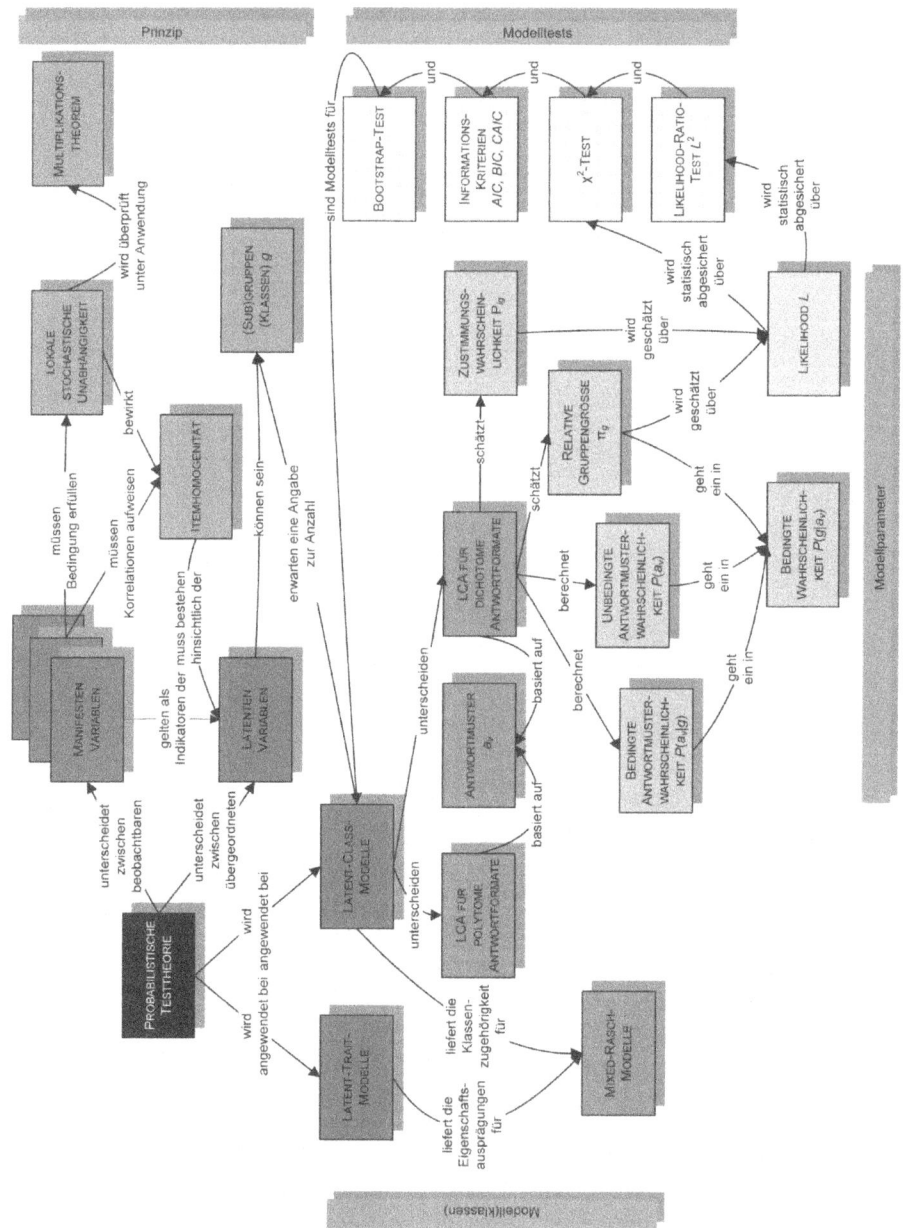

Abb. 5.21: „Latent-Class-Modelle" in der Probabilistischen Testtheorie im Überblick

allgemeine Modellgleichung für ein ordinales Mixed-Rasch-Modell aufzustellen:

$$P(x_{vi} = x) = \sum_{g=1}^{G} \left[\pi_g \frac{\exp(x \cdot \xi_{vg} - \sigma_{ixg})}{\sum_{s=0}^{m} \exp(s \cdot \xi_{vg} - \sigma_{isg})} \right]$$

Auch diese Gleichung ist gegenüber der Modellgleichung für das ordinale Rasch-Modell um den Parameter für die relative Klassengröße π_g erweitert und um den Index g für die entsprechende Klasse.

Für die Auswertung von LCA- und Mixed-Rasch-Modellen stehen spezielle Computerprogramme wie WINMIRA (von Davier, 2001) oder Latent GOLD (Vermunt & Magidson, 2005; 2008) zur Verfügung.

Zusammengefasst: Das Mixed-Rasch-Modell ist ein personenklassifizierendes Verfahren, wobei die Einordnung der Personen in Klassen anhand der Antwortmuster vorgenommen wird. Allerdings werden dabei quantitative Unterschiede im Niveau der Antwortmuster nicht berücksichtigt, sondern nur qualitative Unterschiede in der Itembeantwortung. Durch das ordinale Mixed-Rasch-Modell wird zudem die Berücksichtigung von Items mit mehr als zwei Antwortkategorien möglich. Hierbei wird als Itemparameter ein Schwellenparameter angenommen, der einen Punkt gleicher Wahrscheinlichkeit auf dem Kontinuum im Übergang von einer Antwortkategorie zur nächsten kennzeichnet.

5.6 Adaptives Testen

Beim adaptiven Testen handelt es sich um eine Art der Testung, bei der Items durch ein Regelsystem gesteuert den Probanden vorgegeben werden. Eine solche Art der Vorgabe bietet sich besonders bei Testverfahren an, die auf der Grundlage der Probabilistischen Testtheorie konstruiert wurden (s. Frey, 2006; Kubinger, 2003b; Segall, 2005).

gesteuerte Itemvorgabe

Beim **adaptiven Testen** orientiert sich die Auswahl aus einem Itempool bzw. die Vorgabe einzelner Items am spezifischen Antwortverhalten einzelner Probanden. Zumeist erfolgt dies durch eine Anpassung der Itemauswahl hinsichtlich ihrer Schwierigkeit an die Fähigkeit des Probanden. Die angepasste Vorgabe von Items soll dabei mehr diagnostischen Nutzen bringen (möglichst exakte Informationen zur individuellen Merkmalsausprägung) und gleichzeitig testökonomisch sein (durch Vorgabe einer reduzierten Anzahl von Items).

adaptiver Algorithmus Die zentrale Steuerung dieses psychometrisch orientierten Vorgehens übernimmt dabei ein *adaptiver Algorithmus*, der die Itemauswahl zu Beginn und während der Testung sowie Kriterien zur Testbeendigung regelt. In der Folge werden Probanden mit unterschiedlicher Merkmalsausprägung (teilweise) unterschiedliche Items vorgelegt. IRT-Modelle erlauben es in diesem Zusammenhang, vergleichbare Personenparameter (trotz Vorgabe unterschiedlicher Items) zu bestimmen, sofern lokale stochastische Unabhängigkeit für die Items besteht (s. Kap. 5.2). Eine Sonderform stellt dabei das selbstadaptierte Testen dar. Bei diesem entscheiden nicht ein von außen regelnder Algorithmus, sondern die Probanden selber über die Schwierigkeit des nachfolgenden Items.

5.6.1 Strategien der Itemauswahl

Der beim adaptiven Testen verwendete Algorithmus muss zu drei Testzeitpunkten Regelungen vornehmen:

- zu Beginn der Testung, um das erste Item auszuwählen,
- während der Testung, um nachfolgende Items auszuwählen, und
- zum Ende der Testung, um zu entscheiden, wann der Test beendet wird.

Strategien zur Vorgabe des ersten Items

Da für die Auswahl des ersten Items i. d. R. noch keine verwendbaren Informationen über die Fähigkeit eines Probanden vorliegen, wird häufig ein Item mittlerer Schwierigkeit ($P(i+|\xi_v) = 0{,}5$) oder ein leichteres Item ($P(i+|\xi_v) = 0{,}8$) verwendet. Sind Vorinformationen (z. B. aus vorherigen Testungen oder parallelen Tests) verfügbar, können diese zu einer vorläufigen Schätzung der Merkmalsausprägung herangezogen werden, um ein passendes Item mit der gewünschten Schwierigkeit aus dem Itempool auszuwählen.

Strategien zur Vorgabe nachfolgender Items

Verzweigungsregeln Nachfolgend präsentierte Items werden durch eine einfache Regel ausgewählt: Löst der Proband das erste Item, wird als Nächstes ein schwierigeres Item vorgelegt. Löst der Proband das erste Item nicht, wird als Nächstes ein leichteres Item vorgegeben. Bei dieser Strategie entscheidet jede Antwort des Probanden über die Auswahl des nachfolgenden Items. Die Auswahl nachfolgender Items kann dabei nach einer *festen Verzweigungsregel* (*branched testing*) oder einer *maßgeschneiderten Verzweigungsregel* (*tailored testing*) erfolgen:

- *Branched Testing.* Ausgehend vom Erfolg der Bearbeitung einer Aufgabe wird anhand fester Verzweigungsregeln entschieden, welches Item dem Probanden als Nächstes vorgelegt wird. Die individuelle Merkmalsausprägung am Ende des Tests wird dann entweder anhand der Schwierigkeit des Items ermittelt, das als Nächstes vorgelegt worden wäre, oder aus der mittleren Schwierigkeit aller vorgelegten Items (exklusive des ersten Items) zuzüglich des Items, das als Nächstes vorgelegt worden wäre (ein Beispiel ist das *Adaptive Intelligenz Diagnostikum 2, AID2*; Kubinger & Wurst, 2000).
- *Tailored Testing.* Bei dieser Testform wird das Fähigkeitsniveau eines Probanden, der Personenparameter ξ_v, mit jeder gelösten Aufgabe neu geschätzt. Dabei wird das Item anhand seiner optimalen Eigenschaften unter der Bedingung von ξ_v gewählt. Beendet wird die Testung, wenn ein definiertes Ziel- oder Abbruchkriterium erreicht ist. Diese Form des adaptiven Testens kann aufgrund des Rechenaufwands allerdings nur bei computerbasierten Verfahren eingesetzt werden (ein Beispiel ist der *Frankfurter Adaptive Konzentrations-Leistungstest, FAKT*; Moosbrugger & Heyden, 1997).

Die Verzweigungsregel des Tailored Testing wird inzwischen als vorrangige Form adaptiven Testens eingesetzt. Die Auswahl der Items, die unter der Bedingung von ξ_v die optimalen Eigenschaften aufweisen, werden dabei entweder an der maximalen Iteminformationsfunktion I_{iv} orientiert (s. Kap. 5.3.1) oder durch Minimierung des Standardfehlers von ξ_v in Abhängigkeit der gegebenen Antworten geschätzt (s. Thissen & Mislevy, 2000). Die Wahl nach der Iteminformationsfunktion garantiert, dass die Itemschwierigkeit die bestmögliche Übereinstimmung mit dem geschätzten Personenparameter aufweist – dies ist jedoch nur beim Rasch-Modell (1PL-Modell) gewährleistet. Allerdings können beide Vorgehensweisen dazu führen, dass bestimmte Items sehr häufig zur Bearbeitung vorgegeben werden, wohingegen andere Items nur selten ausgewählt werden. Daher muss durch Hinzufügen einer stochastischen Komponente das Item aus mehreren Alternativen ausgewählt werden, bei denen die maximale Iteminformation gleichermaßen gegeben ist. Dies setzt einen hinreichend großen Itempool voraus.

Zur Schätzung des Personenparameters werden beim Tailored Testing entweder Maximum-Likelihood-Schätzer (z. B. *weighted likelihood estimate*, WLE-Schätzer; Warm, 1989) oder Bayes-statistische **ML-Schätzer**

Schätzer (z. B. expected a-posteriori, EAP-Schätzer; Bock & Mislevy, 1982) eingesetzt, die sich in Simulationsstudien als geeignet herausgestellt haben (s. Chen, Hou & Dodd, 1998).

Strategien zur Beendigung eines adaptiven Tests

Ziel- bzw. Abbruchkriterien
Das Ende eines adaptiven Tests orientiert sich an der Erreichung eines Ziel- bzw. der Erfüllung eines Abbruchkriteriums. Ein Zielkriterium kann dabei eine bestimmte Anzahl von präsentierten Items oder die minimierte Schwankung des Standardfehlers bei der Personenparameterschätzung sein. Abbruchkriterien hingegen sind die Erreichung einer maximalen Testzeit oder das Ausschöpfen aller verfügbaren Items. Die Entscheidung, welche Ziel- bzw. Abbruchkriterien herangezogen werden, hängt i. d. R. von der Testart (z. B. Einzel- oder Gruppentest) und den Eigenschaften des Itempools ab.

5.6.2 Vor- und Nachteile adaptiven Testens

computerbasierte Testung
Adaptive Testalgorithmen werden ausschließlich in computerbasierten Testverfahren eingesetzt. Den Vorteilen dieser Testart (wie die erhöhte Durchführungs- und Auswertungsobjektivität durch einen standardisierten Testablauf und eine fehlerfreie Testwertbestimmung, die höhere Individualisierbarkeit der Testgeschwindigkeit und die Verwendung interaktiver Items) stehen ebenso Nachteile gegenüber: eingeschränkte Testfairness bei computerbezogenen Personenmerkmalen und höhere Kosten in der Testentwicklung, da häufig ein großer Itempool über den gesamten Ausprägungsgrad des Merkmalsbereichs benötigt wird. Entsprechend wird ein *kalibrierter Itempool* vorausgesetzt, für den die statistischen Charakteristika der Testitems (z.B. Itemschwierigkeit, Itemdiskrimination, Rateparameter) unter vergleichbaren Testbedingungen zur späteren Anwendung bestimmt wurden. Die dazu herangezogene Kalibrierungsstichprobe muss entsprechend merkmalsspezifisch repräsentativ und von ausreichender Größe sein. Als Untergrenzen werden für eine ausreichende Schätzgenauigkeit einige Hunderte (1PL-Modell), mindestens 500 (2PL-Modell) bis mindestens 1.000 (3PL-Modell) Itemantworten benötigt.

Messeffizienz
Dennoch bietet sich das adaptive Testen dort an, wo eine erhöhte *Messeffizienz* (als Quotient aus Messpräzision und Testlänge) angestrebt wird (s. Segall, 2005). Spielt das Verhältnis aus dem Grad der Genauigkeit von Testwerten und der Anzahl präsentierter Items eine wesentliche Rolle, kann im Rahmen von Tests, die auf IRT-Modellen basieren, eine höhere Messeffizienz erzielt werden als bei herkömmli-

chen Tests. Dadurch lassen sich etwa 40 bis 60% an Items einsparen, die den Probanden vorgegeben werden müssen. Bei variablen Abbruchkriterien und einer Gleichverteilung von Schwierigkeiten bei den Items kann zudem der Standardfehler bei den Personenparameterschätzungen verschiedener Probanden angeglichen werden. Darüber hinaus lassen sich auch durchaus positive Auswirkungen auf die konvergente und diskriminante Validität verzeichnen.

Zusammengefasst: Beim adaptiven Testen wird die Auswahl vorgelegter Items am Antwortverhalten des Probanden orientiert. Dabei werden möglichst solche Items ausgewählt, die eine bestmögliche diagnostische Information über die individuelle Merkmalsausprägung liefern. Auf der Basis von Tests, die nach der Probabilistischen Testtheorie konstruiert wurden, kann eine solche Passung durch den Personenparameter und die Itemschwierigkeit hergestellt werden. Über die Auswahl der Items entscheidet zumeist ein adaptiver Algorithmus, der anhand von Schätzfunktionen das jeweils nachfolgende Item ermittelt. Adaptive Tests zeigen derzeit ihre größten Vorteile durch eine Steigerung der Messeffizienz bei gleichzeitig hohen Entwicklungskosten. Zur Testentwicklung (Verwaltung des Itempools, Wahl des adaptiven Algorithmus, Testvorgabe und Testauswertung) stehen allerdings inzwischen kommerzielle Computerprogramme zur Verfügung (z. B. das *FastTEST Professional Testing System*; Weiss, 2008).

Testfragen
1. Erklären Sie den Unterschied zwischen manifesten und latenten Variablen.
2. Wo liegen die zentralen Unterschiede im Messkonzept zwischen Klassischer Testtheorie und Item-Response-Theorie?
3. Worin besteht die Notwendigkeit lokaler stochastischer Unabhängigkeit bei der IRT und wie wird sie überprüft?
4. Was unterscheidet deterministische von stochastischen Modellen in der IRT?
5. Wie wird die Beziehung zwischen dem Personenparameter und dem Itemschwierigkeitsparameter beim 1PL-Modell bewertet?
6. Zeichnen Sie eine typische IC-Funktion nach dem Rasch-Modell mit der Itemschwierigkeit 0 und 2. Was wird durch diese Funktion festgelegt?
7. Was wird mit der Iteminformationsfunktion ausgedrückt?
8. Welche Wahrscheinlichkeiten werden bei der Modellbildung in der LCA verwendet?

9. Welche Parameter werden in der LCA geschätzt und wie wird diese Schätzung vorgenommen?
10. Was versteht man unter einem Bootstrap-Test?
11. Welche inferenzstatistischen Parameter werden im Rahmen der LCA bei der Modelltestung verwendet und wie werden diese berücksichtigt?
12. Durch welche Maßnahmen kann eine LCA als konfirmatorisches Verfahren eingesetzt werden?
13. Was versteht man unter einem Mixed-Rasch-Modell?
14. Welche Funktionen übernimmt ein adaptiver Algorithmus?
15. Welche Arten von Verzweigungsregeln werden beim adaptiven Testen unterschieden?

II Methodische Überprüfung

6 Testgütebestimmung und Interpretation von Testresultaten

Reliabilität und Validität gelten als zentrale Gütekriterien zur Beurteilung eines Tests. Die Reliabilität stellt sicher, dass ein Test messgenau arbeitet (also z. B. eine zu messende Fähigkeit exakt abbildet), während die Validität gewährleisten soll, dass ein Test auch wirklich das Merkmal misst, was er messen soll bzw. zu messen vorgibt (also z. B. eine spezifische, definierte Fähigkeit erfasst). Darüber hinaus soll ein Testwert nicht nur reliabel und valide sein, sondern auch eine zuverlässige Auskunft zum Grad und zur Einschätzung einer Merkmalsausprägung liefern. Hierzu dienen norm- bzw. bezugsorientierte Angaben oder kriteriums- bzw. zielorientierte Angaben.

6.1 Reliabilität

Die **Reliabilität** als ein Maß für die Messgenauigkeit und Zuverlässigkeit eines Tests stellt ein statistisches Gütekriterium dar, das sich im Bereich von Null („keine Reliabilität") und Eins („perfekte Reliabilität") bewegt. Perfekt ist die Reliabilität dann, wenn das Testverfahren frei von zufälligen Messfehlern ist. Reliabilität setzt Objektivität voraus und ist wiederum Voraussetzung für die Validität.

Konzept des Messfehlers

Im Kontext der Klassischen Testtheorie wird das dafür notwendige Konzept des Messfehlers entwickelt (s. Kap. 4): Hinter jedem Messwert steht ein wahrer (messfehlerfreier) Wert, der durch einen zufälligen Fehlerwert verfälscht wird. Der Erwartungswert für den Fehler ist Null, d. h. dem Test wird die Erfassung des wahren Wertes einer Person im Mittel zugeschrieben, allerdings mit einer zufälligen Über- oder Unterschätzung. Der Messfehler ist weder mit sich selbst (bei einer wiederholten Messung) noch mit den wahren Werten des oder eines anderen Tests korreliert. Gäbe es diese Korrelationen, wären die Fehler nicht mehr zufällig, sondern als systematisch anzunehmen. Auch die Varianz der Testwerte kann in zwei trennbare Größen, die wahre Varianz plus der Fehlervarianz, zerlegt werden.

Ebenso ist aus der Klassischen Testtheorie bekannt, dass die Reliabilität als theoretische Größe eindeutig als Quotient aus der Varianz der wahren Werte und der tatsächlichen (gemessenen) Varianz definiert ist (s. Kap. 4.4). Als empirisches Maß hingegen kann das gesuchte Varianzverhältnis nur geschätzt werden (s. Kap. 1.2). Eine wichtige Voraussetzung für die Schätzung ist dabei die Annahme der *Äquivalenz* (Gleichwertigkeit) von Messungen. Damit ist gemeint, dass Messwiederholungen unter vergleichbaren Bedingungen durchgeführt werden. Vier Methoden der Reliabilitätsschätzung werden dazu unterschieden (s. Fisseni, 2004; Lienert & Raatz, 1998):

Reliabilität als Quotient

- *Test-Retest-Reliabilität*,
- *Paralleltest-Reliabilität*,
- *Splithalf-Reliabilität* (Testhalbierungs-Reliabilität) und die
- Schätzung zur *internen Konsistenz* (Konsistenzanalyse).

6.1.1 Test-Retest-Reliabilität

Die **Test-Retest-Reliabilität** r_{tt} korreliert die Testwerte aus der wiederholten Durchführung eines Tests an der gleichen Stichprobe zu zwei verschiedenen Messzeitpunkten x_{t_1} und x_{t_2}. Dies erfolgt unter der Annahme unveränderter wahrer Werte (konstanter Testwertevarianz) und gleicher Messfehlereinflüsse (konstanter Fehlervarianz):

$$Rel(x) = \frac{Var(\tau)}{Var(x)} = \frac{Cov(x_{t_1}, x_{t_2})}{SD(x_{t_1}) \cdot SD(x_{t_2})} = Corr(x_{t_1}, x_{t_2}) = r_{tt}$$

Die Test-Retest-Reliabilität ist demnach hoch, wenn die Ergebnisse der wiederholten Anwendung eines Tests hoch korrelieren.

Erfordernisse und Probleme
Die Annahme gleicher Fehlervarianzen setzt voraus, dass die wiederholte Testdurchführung so standardisiert erfolgt, dass die Messfehlereinflüsse nicht variieren. Unabhängig davon muss für das gemessene Merkmal angenommen werden, dass seine Ausprägung bei den Probanden über die Zeit stabil messbar ist (z. B. bei Messungen im Rahmen von Speed-Tests).

Eine Minderung der Test-Retest-Reliabilität kann eintreten, wenn sich die Merkmalsausprägungen im Zeitverlauf verändern. In diesem Fall eines instabilen Merkmals ändern sich die wahren Werte trotz konstanter Fehlervarianz.

Merkmalsveränderungen

(un)systematische Veränderung   Eine systematische Veränderung der wahren Werte bei einer Stichprobe ist dabei für die Test-Retest-Reliabilität unkritisch, da eine konstante Zu- oder Abnahme („shift") in den Messwerten zwischen den Messzeitpunkten die Korrelation nicht tangiert. Eine unsystematische Veränderung der wahren Werte hingegen beeinflusst die Reliabilität, da in diesem Fall die Zu- oder Abnahme der Messwerte für verschiedene Personen unterschiedlich ausfällt (s. Abb. 6.1).

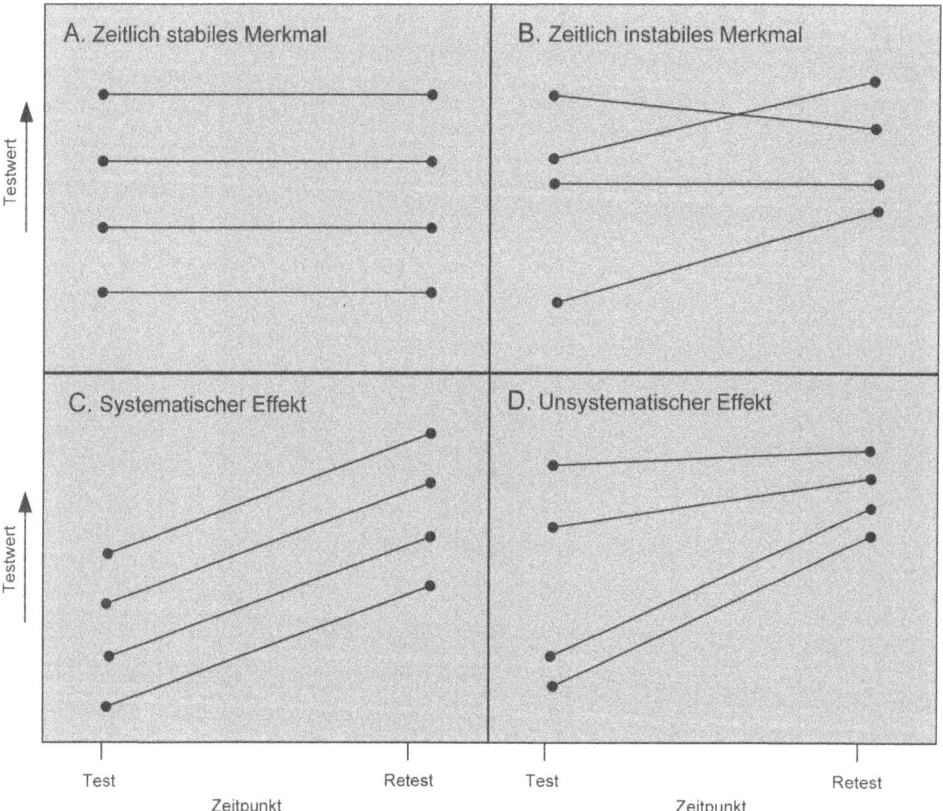

Abb. 6.1: Beispiele für Veränderungsmuster, die im Zuge einer wiederholten Testung entstehen können. Gegenüber einem zeitlich stabilen Merkmal (A) zeigen sich bei einem instabilen Merkmal (B) unterschiedliche Einflüsse bei der Testwiederholung, welche die Reliabilität verringern. Eine systematische Merkmalsveränderung (C) übt keinen Einfluss auf die Reliabilität aus, während ein unsystematischer Effekt (D) die Reliabilität mindert

Zeigen alle Probanden in einem Leistungstest einen systematischen Trainingseffekt von der ersten zur zweiten Messung, ist diese Veränderung systematisch. Dies entspricht der Addition einer Konstante auf alle Messwerte und mindert die Reliabilitätsschätzung nicht, sofern die Werte der zweiten Messung keinen Decken- oder Bodeneffekt zeigen.

Zeigen hingegen nur einige Probanden einen Trainingseffekt, andere diesen aber nicht, liegt eine unsystematische Veränderung vor. Durch die resultierende Veränderung der wahren Werte wird die tatsächliche Reliabilität unterschätzt.

Demgegenüber könnten sich Probanden bei der wiederholten Anwendung eines Persönlichkeitstests an ihre Angaben erinnern und versuchen, sich in der zweiten Messung möglichst „konsistent" zu präsentieren. Durch diesen Erinnerungseffekt würde die Reliabilität dann überschätzt.

Derartige *Retest-Effekte* können somit in verschiedenen Veränderungsmustern zum Ausdruck kommen, die durch Lern-, Trainings- oder Erinnerungseffekte hervorgerufen werden. Eine entscheidende Größe ist daher die Wahl des *Retest-Intervalls*, das die Länge des Zeitintervalls zwischen den beiden Testungen festlegt. Allgemeine Regeln für die „optimale" Wahl solcher Intervalle existieren allerdings nicht, da eine direkte Abhängigkeit zur Stabilität des Merkmals besteht: Die Instabilität eines zu messenden Merkmals und ein geringes Risiko an Erinnerungseffekten würde ein kürzeres Retest-Intervall sinnvoll erscheinen lassen, während besonders stabile Merkmale und das Risiko von Trainingseffekten längere Retest-Intervalle favorisieren.

Wahl des Retest-Intervalls

Schließlich kann ungeachtet unsystematischer Retest-Effekte die praktische Durchführung einer wiederholten Testung mit dem gleichen Instrument eingeschränkt sein, wenn dies mit der Testökonomie (dem Zeitaufwand und den Kosten einer wiederholten Testanwendung; s. Kap. 1.6) und der Zumutbarkeit (gegenüber den Probanden; s. Kap. 1.8) nicht zu vereinbaren ist.

6.1.2 Paralleltest-Reliabilität

Die **Paralleltest-Reliabilität** r_{tt} setzt die Existenz einer parallelen Testform x_p und x_q (mit gleichen wahren Werten und gleicher Fehlervarianz) voraus. Beide Tests werden dazu an der gleichen Stichprobe durchgeführt und dann die Korrelation beider Testformen bestimmt (die Herleitung erfolgt analog zur Test-Retest-Reliabilität):

$$Rel(x) = \frac{Var(\tau)}{Var(x)} = \frac{Cov(x_p, x_q)}{SD(x_p) \cdot SD(x_q)} = Corr(x_p, x_q) = r_{tt}'$$

Die Parallel-Reliabilität ist hoch, wenn die Ergebnisse der beiden parallelen Testformen hoch korrelieren. Alternativ können hier auch spezielle Maximum-Likelihood-Schätzungen der Reliabilität berechnet werden (zur Ermittlung s. Exkurs „Einsatz der Item- und Reliabilitätsanalyse in IBM® SPSS® Statistics" am Ende dieses Unterkapitels).

Erfordernisse und Probleme
Die Entwicklung paralleler Testformen ist in Abhängigkeit von der Konstruktion des Merkmals unterschiedlich aufwendig: Bei Leistungstests (Power- und Speed-Tests) können durch viele gleichartige Items mit kleineren Abwandlungen Parallelformen entstehen. Bei Persönlichkeitstests ist hingegen ein sehr großer Itempool notwendig, um geeignete Items zu finden.

Prüfung der Parallelität Die Prüfung der Parallelität kann mit den Mitteln der Klassischen Testtheorie (s. Kap. 4) nur indirekt und mit eingeschränkter Genauigkeit erfolgen. Lediglich durch den Vergleich der Mittelwerte, Varianzen und Korrelation der beiden Testformen wird auf die Parallelität der Verfahren geschlossen. Streng genommen muss die Paralleltest-Reliabilität ebenso hoch sein, wie die Reliabilität der einzelnen Testformen, d. h. wenn echte Parallelformen mit gleichen Mittelwerten und Streuungen vorliegen, kann auf gleiche wahre Werte geschlossen werden. Das setzt voraus, dass die Tests so hoch korrelieren, wie es ihrer jeweiligen Reliabilität entspricht. Direkter kann die Paralleltest-Reliabilität durch eine Konfirmatorische Faktorenanalyse überprüft werden. Beide Testformen werden dabei als (parallele) Messungen einer gemeinsamen latenten Variable angenommen und als Modellfit abgebildet (s. Kap. 7.2).

Einflüsse auf Paralleltest-Reliabilität Auch wenn die Forderung der Parallelität nur auf der Ebene des Tests und nicht auf der Ebene der Items erfüllt sein muss, können bereits geringfügige Abweichungen (z. B. in den Itemformulierungen oder in den Aufgaben) zu Differenzen in den Testwerten führen und damit zu einer Minderung der Paralleltest-Reliabilität führen. Entscheidend ist ferner der zeitliche Abstand für die Vorgabe der Parallelformen: Bei hinreichend unterschiedlichen Iteminhalten (ohne mögliche Erinnerungseffekte) sollte der Abstand kurz sein. Unterliegen Merkmale interindividuell unterschiedlichen situativen Einflüssen, sollte das Intervall länger gewählt werden. Bei längeren Intervallen sind unsystematische Veränderungen in den wahren Merkmalsausprägungen aber wahrscheinlicher. Sind Transfereffekte nicht auszuschließen, sollte die Reihenfolge der Präsentation der Parallelformen im Kontext eines „cross over designs" ausbalanciert werden ($x_p - x_q, x_q - x_p$).

6.1.3 Splithalf-Reliabilität

Die Splithalf-Reliabilität (Testhalbierungs-Reliabilität) unterteilt einen Test in zwei parallele Testhälften x_1 und x_2 und korreliert die beiden Testteile. Diese Halbtest-Korrelation entspricht allerdings nur der Reliabilität eines halben Tests. Da sich dadurch die Reliabilität gegenüber dem Gesamttest verringert, ist eine Korrektur erforderlich, die über die sog. *Spearman-Brown-Formel* erfolgt:

$$Rel(x) = \frac{2 \cdot Corr(x_1, x_2)}{1 + Corr(x_1, x_2)} = \frac{2 \cdot Rel(x_1)}{1 + Rel(x_2)} = r_{tt\alpha}$$

Ebenso lässt sich die Korrektur in die allgemeine Spearman-Brown-Formel überführen:

Spearman-Brown-Korrektur

$$r_{tt\alpha} = \frac{k \cdot r_{tt}}{1 + (k-1)r_{tt}}$$

Diese Korrektur berücksichtigt, dass sich bei Testverlängerung um einen parallelen Testteil die Fehlervarianz verdoppelt, aber die wahre Varianz vervierfacht. Der Grund dafür liegt darin, dass die wahren Werte beider Testwerte kovariieren, die Fehleranteile jedoch nicht. Ebenso kann die Korrektur verwendet werden, wenn eine Testverkürzung um den Faktor *k* geplant ist (s. Kap. 4.5).

Alternativ kann (als ein Spezialfall des Koeffizienten α; s. Kap. 6.1.4) bei nicht vergleichbaren Standardabweichungen zwischen den Messungen die *Reliabilität nach Guttman* geschätzt werden (s. Lienert & Raatz, 1998):

Reliabilität nach Guttman

$$r_{tt\alpha} = 2 \cdot \left(1 - \frac{Var(x_1) + Var(x_2)}{Var(x)}\right)$$

Dabei sind *Var*(x_1) und *Var*(x_2) die Varianz der Testhälften und *Var*(*x*) die Varianz des Gesamttests.

Bei kleinen Stichproben kann zudem mit der *Formel von Kristof* eine erwartungstreue Schätzung der Reliabilität berechnet werden, die von den oben genannten Formeln sonst unterschätzt wird (s. Lienert & Raatz, 1998):

Formel von Kristof

$$r_{tt\alpha} = \frac{2}{n-1} + \frac{n-3}{n-1} \cdot \left(\frac{4 \cdot SD(x_1) \cdot SD(x_2) \cdot Corr(x_1, x_2)}{Var(x_1) + Var(x_2) + 2 \cdot SD(x_1) \cdot SD(x_2) \cdot Corr(x_1, x_2)}\right)$$

Dabei sind *n* der Stichprobenumfang, *SD*(x_1) und *SD*(x_2) die Standardabweichungen und *Corr*(x_1,x_2) die Korrelation der Testhälften.

Formel von Feldt   Schließlich kann auch die Unterschätzung der Reliabilität durch ungleich große Testhälften korrigiert werden. Eine Möglichkeit dazu ist die *Formel von Feldt* (s. Lienert & Raatz, 1998):

$$r_{tta} = \frac{4 \cdot SD(x_1) \cdot SD(x_2) \cdot Corr(x_1, x_2)}{Var(x) - \left(\frac{Var(x_1) - Var(x_2)}{SD(x)}\right)}$$

Erfordernisse und Probleme

Testhalbierungsmethoden   Voraussetzung für die Berechnung ist die Aufteilung der (möglichst homogenen) Items in zwei äquivalente Testhälften. Hierbei eröffnet sich ein ähnliches Problem wie bei der Paralleltest-Reliabilität: Die notwendige Itemhomogenität kann mit den Mitteln der Klassischen Testtheorie nur indirekt überprüft werden. Die Probabilistische Testtheorie liefert für diese Überprüfung ein direkteres Vorgehen (s. Kap. 5.2). Für die Aufteilung der Items in zwei Testhälften existieren verschiedene Methoden (s. Abb. 6.2):

- *Odd-Even-Methode.* Ein Halbtest enthält alle ungeraden („odd"), der andere Test alle geraden („even") Items des Gesamttests (z. B. anwendbar bei Leistungstests mit ansteigendem Schwierigkeitsgrad).
- *Zeitpartitionierungsmethode.* Beide Halbtests werden anhand der Testbearbeitungszeit parallelisiert (z. B. anwendbar bei gleichartigen Items in Speed-Tests).
- *Methode der Itemzwillinge.* Es werden Itempaare gebildet, die starke Ähnlichkeit hinsichtlich Schwierigkeit und Trennschärfe aufweisen. Diese werden dann per Zufall dem einen oder anderen Halbtest zugeordnet (z. B. anwendbar bei Tests mit inhaltlich eher heterogenen Items).
- *Zufallsaufteilung.* Hier werden die Items per Zufallsauswahl den beiden Testhälften zugewiesen. Das hat zur Folge, dass wiederholte Aufteilungen zu mehr oder weniger variierenden Reliabilitätskoeffizienten führen können.

Paarbildungsgesetz   Keine der Methoden liefert allerdings die „optimale" Testhalbierung. Ein Grund dafür ist, dass mit zunehmender Itemzahl die Zahl möglicher Kombinationen extrem ansteigt. Nach dem *Paarbildungsgesetz*, aus n Objekten (bzw. hier m Items) Paare bilden zu können, resultiert (s. Bortz & Schuster, 2016).

$$\frac{1}{2} \cdot \frac{m!}{\left(\frac{m}{2}\right)!} = \frac{1}{2} \cdot \frac{m \cdot (m-1) \cdot (m-2) \cdot \ldots \cdot \left(\frac{m}{2}+1\right)}{1 \cdot 2 \cdot 3 \cdot \ldots \cdot \left(\frac{m}{2}\right)}$$

Dabei steht $m!$ für die Fakultät von m. Bei $m = 4$ Items bestehen lediglich drei Möglichkeiten, diese in zwei Gruppen aufzuteilen; bei $m =$

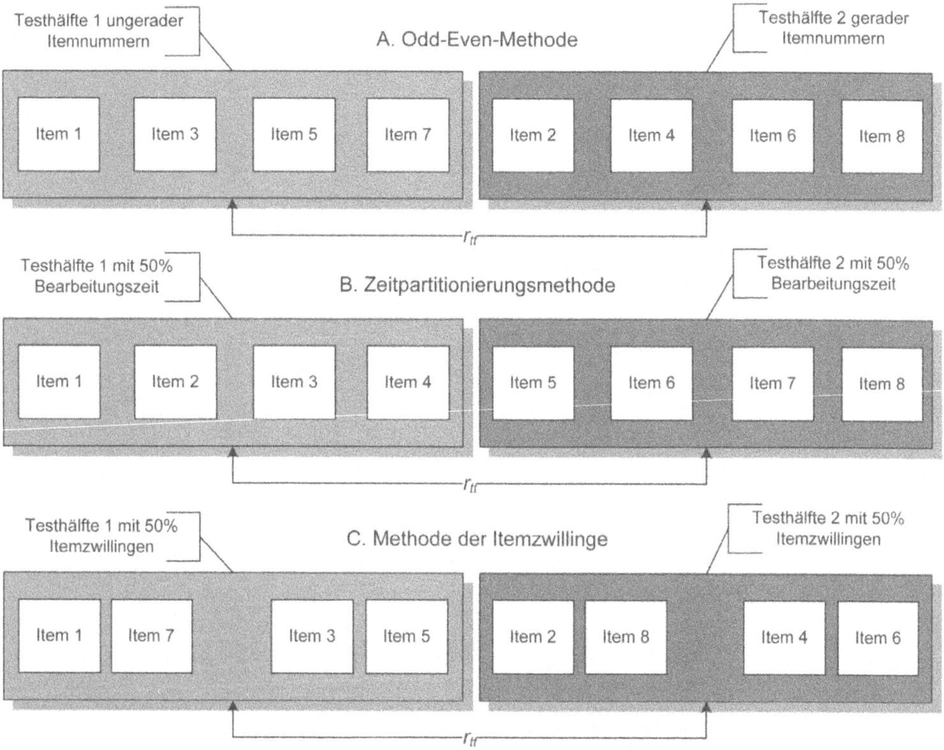

Reliabilität 167

A. Odd-Even-Methode

Testhälfte 1 ungerader Itemnummern: Item 1, Item 3, Item 5, Item 7
Testhälfte 2 gerader Itemnummern: Item 2, Item 4, Item 6, Item 8
r_{tt}

B. Zeitpartitionierungsmethode

Testhälfte 1 mit 50% Bearbeitungszeit: Item 1, Item 2, Item 3, Item 4
Testhälfte 2 mit 50% Bearbeitungszeit: Item 5, Item 6, Item 7, Item 8
r_{tt}

C. Methode der Itemzwillinge

Testhälfte 1 mit 50% Itemzwillinge: Item 1, Item 7, Item 3, Item 5
Testhälfte 2 mit 50% Itemzwillinge: Item 2, Item 8, Item 4, Item 6
r_{tt}

Abb. 6.2: Beispiele für Partitionierungsverfahren zur Schaffung zweier äquivalenter Testhälften, als Voraussetzung zur Bestimmung einer Splithalf-Reliabilität

8 Items sind es 35 Möglichkeiten, bei $m = 10$ Items bereits 126 Möglichkeiten und bei $m = 20$ Items 92.378 Möglichkeiten.

Eine Folge davon ist, dass sich Reliabilitätskoeffizienten je nach gewählter Splithalf-Methode bzw. zufälliger Itemaufteilung unterscheiden. Zudem kann durch Methoden, die auf Testteilen basieren, die Reliabilität bei inhaltlicher Heterogenität der Items unterschätzt werden. Dies ist der Fall, wenn sich keine parallelen (itemhomogenen) Testteile bilden lassen.

6.1.4 Interne Konsistenz

Die Testhalbierungsmethode kann dahingehend verallgemeinert werden, dass jedes Item als separater Testteil zur Messung eines Merkmals aufgefasst wird. Rechnerisch entspricht dies *Cronbachs α* – einem Maß zur Bestimmung der **internen Konsistenz** (Konsistenzanalyse), das umso höher ausfällt, je stärker ein Set von Items korreliert (Cronbach, 1951):

$$Rel(x) = \frac{m}{m-1} \cdot \left(1 - \frac{\sum_{i=1}^{m} Var(x_i)}{Var(x)}\right) = \alpha$$

Dabei sind m die Anzahl der Items des Tests, $Var(x_i)$ die Varianz des i-ten Items und $Var(x)$ die Gesamtvarianz des Tests.

Abhängigkeiten von α Die Höhe von Cronbachs α ist damit vom Verhältnis der Summe der Itemvarianzen $Var(x_i)$ zur Gesamtvarianz des Tests $Var(x)$ abhängig. Mit zunehmender Itemzahl steigen die Gesamtvarianz und damit der Alpha-Koeffizient, sofern die Items (stark oder schwach) positive Interkorrelationen aufweisen. Bei negativen Korrelationen hingegen verringert sich (durch Reduktion der Gesamtvarianz) der Koeffizient. Dies kann im Extremfall zu einem negativen Koeffizienten führen.

essenzielle τ-Äquivalenz Zur Verwendung von Cronbachs α wird das (strenge) Konzept paralleler Tests (also Testteilen mit gleichen wahren Werten und gleichen Fehlervarianzen, sowie in der Folge mit Items gleicher Schwierigkeit) durch das Konzept (essenziell) τ-äquivalenter Testteile ersetzt (s. Lord & Novick, 1974).

τ-Äquivalenz besteht, wenn gleiche wahre Werte (der Testteile bzw. Items), aber verschiedene Fehlervarianzen vorliegen. **Essenzielle τ-Äquivalenz** bedeutet, dass wahre Werte (der Testteile bzw. Items) um eine additive Konstante verschoben und verschiedene Fehlervarianzen vorliegen.

Dieses zweite Konzept wird für eine korrekte Schätzung von Cronbachs α vorausgesetzt. Ferner wird für die Reliabilitätsschätzung erwartet, dass alle Items das gleiche Merkmal messen und daher positive Interkorrelationen aufweisen.

Erfordernisse und Probleme

Verwendung der Konsistenzanalyse Die Praktikabilität der Konsistenzanalyse ist aufgrund der einfachen Bestimmung für eine Testform – ohne Notwendigkeit zur Bildung homogener Testhälften oder paralleler Test – hoch. Dies schlägt sich auch in der häufigen Verwendung in Publikationen und Testmanualen der Differentiellen Psychologie und Psychologischen Diagnostik (insbesondere bei Niveau- und Persönlichkeitstests) nieder. Allerdings führt die Konsistenzanalyse bei Verletzung der Annahmen (z. B. bei einem heterogenen Merkmal mit geringeren Interkorrelationen der Items) zu einer Unterschätzung der Konsistenz und sollte dann nicht verwendet werden. Daher bleibt seine Verwendung auf Merkmale beschränkt, die sich klar umgrenzt, homogen und anhand interkorrelierter Items erfassen lassen.

Tests können zudem trotz geringer Konsistenz eine hohe Test-Retest-Reliabilität und prädiktive Validität erreichen, wenn es sich um ein inhaltlich zwar heterogenes (z. B. Umstände, die an einem Arbeitsplatz zu einer Arbeitsunterbrechung führen können), aber zeitlich stabiles Merkmal (z. B. die Regelmäßigkeit der Unterbrechung mit gleichartiger Wirkung) handelt. **heterogene Merkmale**

Bei der Interpretation muss beachtet werden, dass Cronbachs α *kein* Beleg für die Eindimensionalität (d. h. für die Messung eines gemeinsamen Merkmals) eines Tests oder einer Skala ist, da das Maß auch im Falle eines mehrdimensionalen Merkmals hoch sein kann. Die Höhe von Cronbachs α ist lediglich von der Anzahl der Items abhängig, auch wenn der Test mehrere, unabhängige Dimensionen erfasst. **kein Beleg für Eindimensionalität**

Invers formulierte Items (eingesetzt, um Antworttendenzen vorzubeugen; s. Kap. 2.4.2) können die Reliabilität artifiziell über- oder unterschätzen, da sie unabhängig vom Iteminhalt einen eigenen Faktor bilden können. Die daraus resultierende, methodisch-bedingte systematische Varianz widerspricht der essenziellen τ-Bedingung. **inverse Items**

Ein negatives Cronbachs α kann resultieren, wenn einzelne Items negativ mit den übrigen Items korrelieren. Negative Kovarianzen führen dann zu einer größeren Summe der Varianz der m Items gegenüber der Gesamtvarianz. Gründe dafür können sein: eine Vermischung aus positiv und negativ gepolten (inversen) Items, mehrdimensionale Items, ein zu geringer Stichprobenumfang, Ausreißer bzw. Extremwerte sowie inkonsistente Antwortmuster durch die Probanden. Ein negatives Cronbachs α ist *nicht* zu interpretieren. Bei einzelnen negativen Itemkovarianzen kann über das Maß *lambda$_2$* von Guttman (s. Lord & Novick, 1974) eine Schätzung zur Reliabilität abgegeben werden (zur Ermittlung s. Exkurs „Einsatz der Item- und Reliabilitätsanalyse in IBM® SPSS® Statistics" am Ende dieses Unterkapitels). **negatives Cronbachs α**

Sinnvoll kann auch sein, als einen zusätzlichen Indikator die *Präzision von Alpha* $α_p$ zu betrachten (s. Cortina, 1993): **Präzision von Alpha $α_p$**

$$\alpha_P = \frac{SD(r)}{\sqrt{\left[\frac{1}{2} \cdot m \cdot (m-1)\right] - 1}}$$

Dabei sind $SD(r)$ die Standardabweichung der Interkorrelationen der Items und m die Anzahl der Items (Testteile). $α_p$ ist ein Abweichungsmaß für die Itemhomogenität, d. h. je größer $α_p$, desto heterogener die

Korrelation zwischen den Items eines Tests. Wird das Maß als ein Indikator für Eindimensionalität verwendet, sollte α_p möglichst gering ausfallen. Aus der Zusammenschau der Interkorrelationen der Items, Cronbachs α und der Präzision von Alpha α_p können erste Hinweise zur Itemhomogenität gewonnen werden. Statistisch gesehen erwartet Cronbachs α, dass die Items einen gemeinsamen Faktor mit ähnlich hohen Faktorladungen bilden und keine korrelierten Fehlervarianzen vorhanden sind (s. Bühner, 2021). Für die tatsächliche Prüfung von Eindimensionalität und der Struktur von Messfehlern ist die Konfirmatorische Faktorenanalyse zu empfehlen (s. Kap. 7.2).

6.1.5 Zusammenfassende Würdigung

Die Reliabilität kann als theoretisch definiertes Gütekriterium der Klassischen Testtheorie nur geschätzt werden. Die verschiedenen Schätzmethoden verwenden dazu unterschiedliche Zugänge und erfassen verschiedene Ursachen für die Variation von Messwerten bei wiederholten Messungen (s. Abb. 6.3). In der Folge kann nicht von *der* Reliabilität gesprochen werden. Den höchsten Anspruch erweckt die Paralleltest-Reliabilität, die zur Schätzung eine echte Parallelform voraussetzt, damit aber auch den größten Aufwand fordert. Die höchste Praktikabilität hingegen besitzen Verfahren wie die Konsistenzanalyse, die durch einmalige Durchführung aus dem Test eine Schätzung zur Reliabilität ableitet, dafür aber bei heterogenen Merkmalsbereichen nicht geeignet ist. Zur Abwägung der Erfordernisse und Ansprüche an eine Reliabilitätsschätzung sollten verschiedene Aspekte berücksichtigt werden:

Leistungs- vs. Persönlichkeitstests

Merkmalsabhängigkeit: Bei Leistungstests lassen sich für globale Intelligenzmaße bereits Reliabilitäten von 0,90 bis 0,95 nachweisen. Diese hohe Messgenauigkeit wird bei Persönlichkeitstests aufgrund größerer Messfehlereinflüsse nicht erreicht. Hier liegen die Werte für einzelne Skalen z. T. nur bei 0,70. Es sollte daher berücksichtigt werden, dass sich mit abnehmender Reliabilität die Ungenauigkeit einer Messung vergrößert, der Standardfehler zunimmt und die Schätzungen von Konfidenzintervallen breiter werden. Steigerungen der Reliabilität sind demgegenüber nur durch erhöhte Iteminterkorrelationen und durch die Verlängerung eines Tests möglich.

Individual- vs. Gruppendiagnostik

Art der Diagnostik: Für individualdiagnostische Anwendungen sind hohe Reliabilitäten unverzichtbar, um der Gefahr von Fehldiagnosen

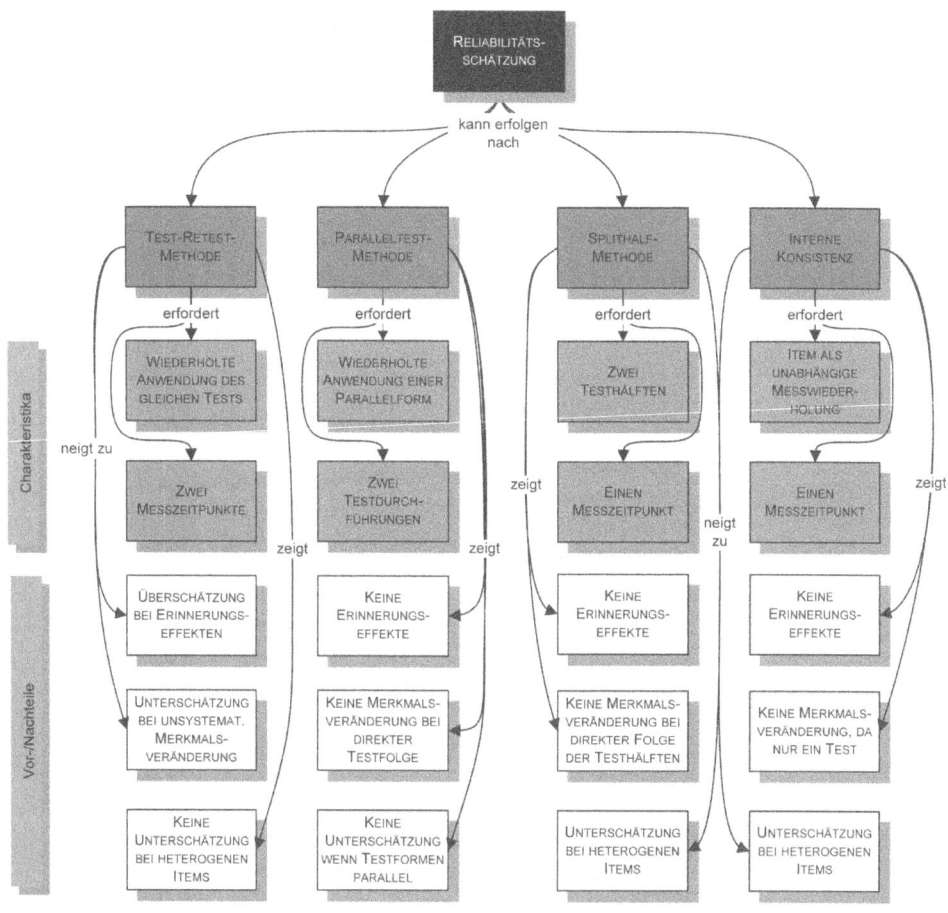

Abb. 6.3: Vergleich der Reliabilitätsschätzungen anhand ihrer Charakteristika sowie ihrer Vor- und Nachteile

und ineffektiven Interventionsempfehlungen bei einzelnen Personen effektiv begegnen zu können. Bei kollektivdiagnostischen Anwendungen im Rahmen von wissenschaftlichen Untersuchungen führen höhere Fehlervarianzen (bei Signifikanztests) zwar zu größeren Alpha-Fehlern, dennoch lassen sich Gruppenmittelwerte dann immer noch korrekt schätzen.

Einsatzbedingungen: Der Einsatz aufwendiger Testbatterien ist häufig aus verschiedenen Gründen nicht möglich, z. B. bedingt durch eine eingeschränkte Belastbarkeit von Personen (Einzeluntersuchungen an Patienten) oder durch entstehende Ausfallzeiten am Arbeitsplatz etc.

Testbatterien vs. Screeningverfahren

Als Alternative bieten sich dann Screeningverfahren an, die allerdings lediglich zur groben Charakterisierung einer Symptomatik („Schnell-Screening") oder einer vorläufigen Erstbeurteilung einer Person dienen. Ein Beispiel ist hier z. B. der *Mini-Mental-Status-Test* (Folstein, Folstein & McHugh, 1975; deutsche Adaptation von Kessler, Markowitsch & Denzler, 2000). Moderne Verfahrenstechniken, wie das adaptive Testen, versuchen hier Abhilfe zu schaffen (s. Kap. 5.6).

Taylor-Russell-Tafeln **Kosten-Nutzen-Relation:** Ein Zugewinn an Reliabilität durch ein aufwendigeres Messverfahren ist grundsätzlich hinsichtlich seiner zusätzlichen Kosten abzuwägen, z. B. bei einer Personalauswahl durch Berücksichtigung des Verhältnisses freier Stellen zu Bewerbern. Dazu dienen z. B. die *Taylor-Russell-Tafeln* (Taylor & Russell, 1939). Damit lässt sich die Erfolgsrate eines Selektionsinstrumentes in Abhängigkeit von der Validität des Instruments, der Selektionsrate und der Basisrate bestimmen. Einerseits können diese Tafeln eingesetzt werden, um festzustellen, ob der Einsatz eines Testverfahrens einen akzeptablen Vorteil bringt. Andererseits lässt sich abschätzen, was eine Veränderung der Validität (z. B. durch Wahl eines anderen Testverfahrens) oder der Basisrate (etwa durch eine gezielte Vorselektion) für die Erfolgsquote bedeutet. Zur Berechnung werden

(1) eine Angabe zur Anzahl der zu testenden Bewerber,
(2) eine Angabe zu den zu besetzenden Stellen,
(3) die Quote (prinzipiell) geeigneter Personen in der Bewerbergruppe (Grundquote),
(4) die Validität der verwendeten Auswahlmethode sowie Mittelwert und Standardabweichung dieses Verfahrens

benötigt. Daraus lassen sich dann vier Quoten ableiten: Bei den ausgewählten Personen die zu Recht gewählten und die zu Unrecht ausgewählten und bei den nicht ausgewählten Personen die zu Recht nicht ausgewählten und die zu Unrecht nicht ausgewählten. Schließlich lassen sich die erreichbare Trefferquote und der optimale Cut-off-Wert der eingesetzten Auswahlmethode schätzen.

Ausmaß an Standardisierung **Ausmaß an Fehlerquellen:** Die Einschätzung der Reliabilität ist auch von den Durchführungsbedingungen (z. B. den Testleiter) und der Art der Auswertung und Ergebnisinterpretation (Objektivität) abhängig, die zu einem vergrößerten Messfehler führen können. Nur mit einem hohen Ausmaß an Standardisierung lassen sich reliabilitätsmindernde Einflüsse eliminieren.

Passung von Merkmal und Reliabilitätsschätzung: Tests mit heterogenen Items werden durch eine Konsistenzanalyse eher unterschätzt. Eine Test-Retest-Reliabilität kann in diesem Fall (bei zeitlicher Stabilität des Merkmals) angemessener sein. Bei zeitlich instabilen Merkmalen kann hingegen die Test-Retest-Reliabilität zu einer Unterschätzung führen. Die Konsistenzanalyse könnte in diesem Fall eine adäquate Schätzmethode sein.

Stabilität des Merkmals

Selektivität und Varianzeinschränkung: Bei allen Methoden der Reliabilitätsschätzung ist problematisch, dass die Testwerte eine hohe Abhängigkeit von der Grundgesamtheit (GG) zeigen, aus der eine Testperson stammt. Reliabilitätskoeffizienten, die aus einer breit definierten, nicht varianzeingeschränkten GG stammen (z. B. Studierende aller Studienfächer), fallen im Allgemeinen höher aus als Koeffizienten aus enger definierten, varianzeingeschränkten GG (z. B. Studierende der Psychologie). Dies liegt allerdings nicht an einer höheren Messungenauigkeit der Tests bei einer varianzeingeschränkten GG. Es liegt daran, dass die Populationsvarianz und (im Falle einer Messwiederholung) auch die Kovarianz der wahren Messwerte in einer breiter definierten GG größer ist als in einer enger definierten GG (s. Pospeschill & Spinath, 2009).

abhängig von Grundgesamtheit

Reliabilität bei Extremwerten: Die Reliabilität eines Tests bestimmt sich immer für das komplette Verfahren. Die geschätzte Genauigkeit ermittelt sich daher über alle Testwerte und alle Probanden hinweg. Demgegenüber kann die Reliabilität eines einzelnen Testwertes bei einer Einzelperson nicht bestimmt werden. Hinzu kommt, dass die Reliabilität eines Testergebnisses für verschiedene Personen unterschiedlich genau sein kann.

Gruppen- vs. Einzelschätzung

Einhalten von Standards zur Reliabilität: Für die Einschätzung der Aktualität von Reliabilitätsangaben eines Tests ist entscheidend, dass die letzte Überprüfung der statistischen Kennwerte nicht länger als acht Jahre zurückliegt (s. DIN, 2002; 2016). Dazu gehören Angaben zur Reliabilität der erzielbaren Testwerte, zur Methode ihrer Gewinnung und Detailinformationen zu Umfang und Zusammensetzung der Eichstichprobe sowie ggf. daraus gebildeten Substichproben (s. Häcker, Leutner & Amelang, 1998). Nach wissenschaftlichen Standards

Aktualität und Vielfältigkeit

entwickelte Tests liefern verschiedene Reliabilitätskoeffizienten und Angaben zum Standardmessfehler und beschränken sich nicht auf die Angabe eines einzelnen Maßes (wie z. B. Cronbachs α).

Modellbasierte Reliabilitätsschätzung: Neben der klassischen Berechnung von Reliabilitätsmaßen lassen sich diese auch modellbasiert im Rahmen einer konfirmatorischen Faktorenanalyse (CFA) schätzen (vgl. Kap. 7.2). Mittels eindimensionaler Tests können dabei Cronbachs Alpha (bei unkorrelierten Fehlervarianzen), McDonalds Omega (ω, bei unkorrelierten Messfehlern) oder Bollens Omega (ω^*, bei einzelnen korrelierten Messfehlern als Teil der Fehlervarianz) geschätzt werden. Die Omega-Maße sind Alternativen zu Cronbachs Alpha, die weniger strenge Voraussetzungen fordern, nämlich τ-Kongenerität anstatt essentieller τ-Äquivalenz. τ-Kongenerität besteht, wenn Items dasselbe Konstrukt messen, die Varianz der einzelnen Items und die Fehlervarianzen aber unterschiedlich sein dürfen. Weitere Omega-Koeffizienten stehen auch für mehrdimensionale Modelle (z. B. das Bifaktor-Messmodell, bei dem jedes Item auf einen Generalfaktor und einen subskalenspezifischen Residualfaktor lädt; s. Kap. 7.2.2) zur Verfügung (s. Schermelleh-Engel & Gäde, 2020). Allerdings sind auch den modellbasierten Reliabilitätsschätzungen Grenzen gesetzt, da deren Zuverlässigkeit insbesondere von der Itemanzahl, der Größe der Stichprobe sowie der Güte der Passung zwischen Modell und Daten abhängt.

> **Exkurs: Einsatz der Item- und Reliabilitätsanalyse in IBM® SPSS® Statistics**
>
> Schätzungen zur Reliabilität können mit einer Statistik-Software wie IBM® SPSS® Statistics vorgenommen werden (s. Bühner, 2021; Pospeschill, 2018). Das System ermittelt dazu verschiedene Koeffizienten:
>
> - Für metrische Items wird Cronbachs *Alpha* (unstandardisiert) und bei dichotomen Items ein Maß nach der Kuder-Richardson-Formel 20 (s. Lienert & Raatz, 1998) berechnet. Zusätzlich wird ein Cronbachs Alpha-Wert für standardisierte Items ausgegeben, bei dem die Items zuvor *z*-transformiert werden. Bei gleichen Itemvarianzen ist der Wert mit dem unstandardisierten Cronbachs Alpha identisch. Bei stark unterschiedlichen Itemvarianzen ist die standardisierte Variante zu bevorzugen.
> - Die *Splithalf*-Reliabilität wird nach der Spearman-Brown-Formel (wählbar nach Zeitpartitionierungsmethode oder Zufallsaufteilung) errechnet.

- Sechs Koeffizienten lassen sich nach *Guttman* ausgeben. Sie stellen die sog. untere Grenze der wahren Reliabilität dar. Vorzugsweise wird Lambda$_2$ interpretiert; Lambda$_3$ entspricht Cronbachs Alpha; Lambda$_4$ entspricht der Guttman-Splithalf-Reliabilität; Lambda$_5$ wird bevorzugt, wenn ein Item mit der Skala hoch korreliert, die Items der Skala aber nur gering korrelieren; und Lambda$_6$ wird verwendet, wenn die mittlere Interkorrelation der Items in Relation zur quadrierten multiplen Korrelation (eines Items gegenüber den anderen Items) gering ausfällt.
- Beim *Parallel*test-Koeffizienten wird eine Maximum-Likelihood-Schätzung für varianzhomogene, normalverteilte Items vorgenommen. Dabei wird auch geprüft, ob Parallelität vorliegt. Sind die Items parallel, entspricht der Paralleltest-Koeffizient Cronbachs Alpha. Optional lässt sich auch ein unverzerrter Schätzer der Reliabilität ausgeben, da die ML-Schätzung nicht erwartungstreu ist. Es kann zudem geprüft werden, ob Parallelität vorliegt. Ein signifikantes Ergebnis ($p < 0,05$) bei der Testung der Parallelität führt zum Verwerfen dieser Annahme.
- Der *Streng-Parallel*test-Koeffizient stellt ebenfalls eine ML-Schätzung mit der zusätzlichen Annahme gleicher Mittelwerte der Items dar (neben Varianzhomogenität und Normalverteilung der Items). Sind die Mittelwerte der Items nicht gleich, fällt der Koeffizient geringer aus als Cronbachs Alpha. Auch hier wird ein unverzerrter Schätzer angegeben. Ein Test der strengen Parallelität ist ebenfalls möglich.

Bei der Auswertung der *Itemstatistiken* lassen sich neben bekannten deskriptiven Maßen (wie Mittelwert, Varianz, Minimum, Maximum und Spannweite; s. Kap. 3.6.3) auch Interkorrelationen der Items (*Inter-Item-Korrelation*) berechnen. Dabei handelt es sich um die mittlere Korrelation zwischen den Items, die (als generelle Regel) 0,20 nicht unterschreiten und 0,40 nicht überschreiten sollte. Unterscheiden sich die einzelnen Interkorrelationen der Items deutlich, wird die mittlere Korrelation unterschätzt.

In der Tabelle zu den *Item-Skala-Statistiken* wird die korrigierte *Item-Skala-Korrelation* ausgegeben. Dabei handelt es sich um die Trennschärfe mit Part-Whole-Korrektur (s. Kap. 3.4.1). Die *quadrierte multiple Korrelation* gibt Auskunft darüber, wie viel Varianz eines Items durch die Skala (die anderen Items) erklärt werden kann. Je höher dieser Wert ausfällt, umso repräsentativer ist ein Item für die Skala. Ferner können Reliabilitäten unter Entnahme einzelner Items bestimmt werden (*Cronbachs Alpha, wenn Item weggelassen*).

Erhöht sich bei Entnahme eines bestimmten Items Cronbachs Alpha (zumeist gepaart mit einer geringen Trennschärfe) kann dies als erstes Indiz für die *mögliche* Eliminierung des Items verwendet werden. Diese (pro Item sukzessiv durchzuführende) Strategie wird als *Alpha-Maximierung* bezeichnet. Hierbei sollte allerdings beachtet werden, dass eine geringe Trennschärfe auch durch eine hohe oder niedrige Schwierigkeit eines Items begründet sein kann, die dann durch eine linkssteile oder rechtssteile Verteilung angezeigt wird. Bei der Trennschärfeanalyse ist daher entscheidend, die Verteilung eines Items mit der (um das Item korrigierten) Verteilung der Skala zu vergleichen. Unterschiedliche Verteilungsformen wirken einer maximalen Korrelation entgegen.

Eine statistische Untergrenze, mit der die Notwendigkeit einer Entnahme von Items geprüft werden kann, existiert nicht. Ein (wenn auch schwaches) Kriterium kann durch die Signifikanzprüfung der Trennschärfe (Item-Skala-Korrelation) mit Part-Whole-Korrektur angegeben werden. Ein entsprechender Skalenwert muss in SPSS Statistics allerdings gesondert berechnet werden. Bei aller statistischen Überprüfung (über Lage-, Streuungs-, Verteilungsmaße und Trennschärfeindizes) sollte zudem nicht vergessen werden, dass eine Auffälligkeit in der Item-Skala-Statistik auch durch die Formulierung des Items, den verwendeten Begriffen oder der Eindeutigkeit der Aussage bedingt sein kann. In diesem Fall kann eine Revision des Items angemessener sein als dessen Eliminierung (s. Kap. 2.5).

Schließlich ist für die Testentwicklung entscheidend, wie homogen oder heterogen die Skala überhaupt sein soll bzw. sein kann. Nur wenn alle Items genau das gleiche Merkmal messen, ist eine Selektion von Items anhand Trennschärfeindizes und Reliabilitätskoeffizienten sinnvoll. Skalen, die breiter abgegrenzte Merkmale erheben, die zwar inhaltlich eindeutig, aber vom Merkmalsbereich heterogen sind, erfüllen diese Bedingung nicht. Bei diesen Skalen ist eine Unterschätzung der Skalenqualität nur anhand dieser Statistiken nicht auszuschließen. Ggf. muss hier über die Bildung von homogenen Subdimensionen bzw. Unterfacetten nachgedacht werden.

Die Eindimensionalität von Skalen kann zudem mit Trennschärfeindizes und Reliabilitätskoeffizienten nicht überprüft werden (s. Kap. 6.1.4). Daher sind ggf. auch Überprüfungen durch Exploratorische oder besser Konfirmatorische Faktorenanalysen angezeigt, um z.B. die Ladungen von Items auf „fremden" Faktoren (Nebenladungen) untersuchen zu können (s. Kap. 7). Auch kann ein alternativer Weg beschritten werden, indem die Testkonstruktion nach der Probabilistischen Testtheorie vorgenommen wird (s. Kap. 5).

Die Ermittlung von Reliabilitätskoeffizienten ist ebenso mit dem Statistikprogramm R und den dort enthaltenen Paketen „psych" sowie „DescTools" möglich.

6.2 Validität

Die **Validität** als ein Maß für die Gültigkeit stellt ein bewertendes Urteil dar. Es bezieht sich auf die Angemessenheit und Güte von empirischen Testwerten, daraus abgeleiteten Interpretationen und Konsequenzen und erhält Unterstützung aus anderen diagnostischen Verfahren oder psychologischen Theorien.

Insbesondere die Interpretation eines Ergebnisses kann unterschiedlich erfolgen, durch Erklären und/oder Bewerten und/oder Verallgemeinern und/oder Übertragen des Ergebnisses bis hin zur Planung weiterführender Konsequenzen. Die wichtigsten Aspekte der Validität sind dabei (s. Fisseni, 2004; Frey, 2006; Hartig, Frey & Jude, 2020):

- die *Inhaltsvalidität*,
- die *Kriteriumsvalidität* und
- die *Konstruktvalidität*.

Welche Interpretation eines Testergebnisses dabei zulässig und ausschlaggebend ist, muss durch die theoriegeleitete Fundierung, durch Abschätzung des Geltungsbereichs und Analyse des konkreten Anwendungskontextes entschieden werden. Die Validierung ist daher ein Einzeltest-spezifisches Verfahren, mit der in Abhängigkeit von der Interpretation eines Testergebnisses verschiedene Zugänge und Methoden verbunden sind. Für die Validität eines Tests ist dabei notwendig (wenn auch nicht hinreichend), dass unterschiedliche Testwerte auch unterschiedliche Merkmalsausprägungen reflektieren und nicht nur Messfehler produzieren sowie die Testwerte unabhängig von umgebenden Variablen zustande kommen. „Perfekt" ist in diesem Sinne die Validität also dann, wenn kein Messfehler vorliegt.

Einzeltest-spezifisches Verfahren

Eine wesentliche Voraussetzung zur Annahme von Validität ist dabei die möglichst präzise Definition des Merkmals, das der Test erfassen soll (bzw. zu erfassen vorgibt). Eine entsprechende Definition kann operational oder theoretisch erfolgen:

Testinhalte **Operationale Merkmalsdefinition:** Bei der operationalen Merkmalsdefinition wird das Merkmal durch die Testinhalte definiert (z. B. „Intelligenz ist, was der Intelligenztest misst"). Unterschiede in den Testergebnissen unterliegen keinen theoretischen Annahmen, sondern werden nur anhand der Test- bzw. Iteminhalte festgestellt. Dazu bedarf es zusätzlich einer analytischen Definition des Begriffs (z. B. „dass Intelligenz eine Fähigkeit darstellt, zweckvoll und vernünftig zu handeln"). Daran können dann Operationen geknüpft werden (z. B. rechnerische Leistungen, Sprachvermögen, Problemlösefähigkeit etc.). Operational definierte Merkmale dürfen allerdings nicht als „Ursache" für das Testergebnis betrachtet werden, stehen also in keiner kausalen Beziehung zum Merkmal.

theoretisches Konstrukt **Theoretische Merkmalsdefinition:** Bei der theoretischen Merkmalsdefinition wird das Merkmal durch ein theoretisches Konstrukt definiert, das aus einer wissenschaftlichen Theorie abgeleitet wird (z. B. ein Persönlichkeitsmerkmal, das im Rahmen einer Persönlichkeitstheorie definiert wird). Unterschiede, die Personen in den Testergebnissen zeigen, werden durch Ableitungen aus der Theorie spezifiziert und erklärt (z. B. dass bestimmte Ausprägungen eines Persönlichkeitsmerkmals zu einem spezifischen Antwortverhalten führen) und ggf. auch auf Differenzierungen im alltäglichen Erleben und Verhalten verallgemeinert (z. B. wie Personen mit einer spezifischen Persönlichkeitsdisposition mit typischen Alltagsproblemen umgehen). Bei einem entsprechenden Test geht die Interpretation der Testergebnisse entsprechend über den reinen Inhalt der Items hinaus.

Kausalmodelle Insbesondere bei gering strukturierten oder wenig entwickelten psychologischen Theorien gelingt eine Trennung operational oder theoretisch definierter Merkmale nicht eindeutig. Operationale Definitionen lassen sich immer vornehmen, während die Einbettung in ein theoretisches Konzept vom Entwicklungsstatus entsprechender theoretischer Modelle abhängt. Erst mit theoretisch fundierten Merkmalsdefinitionen gelingt es, Kausalmodelle über das Zustandekommen von Testergebnissen zu entwickeln.

6.2.1 Inhaltsvalidität

Die **Inhaltsvalidität** bewertet das Stimulusmaterial (den Testinhalt) und die Antwortmöglichkeiten (Antwortformate) dahingehend, inwieweit sie das interessierende Merkmal erfassen.

Auch wenn bei der Inhaltsvalidität keine empirische Begründung (und damit objektivierbare Prüfbarkeit) herangezogen werden kann, können konzeptuelle Fehler bei der systematischen Generierung von Iteminhalten aus definierten Merkmalen zu schwerwiegenden, nicht kompensierbaren Mängeln in der Testkonstruktion führen.

Logische und empirische Validität

Entsprechend wird bei der Inhaltsvalidität eine exakte Definition der verwendeten Begriffe vorausgesetzt. Für die Items eines Tests ist zu prüfen, ob sie sich tatsächlich auf die durch die Definition vorgegebenen Aspekte beziehen und diese auch vollständig abdecken. Dies geschieht im Rahmen einer inhaltlich-empirischen Analyse. Dabei wird die Ableitung von Items aus den verwendeten Begriffsdefinitionen hinsichtlich ihrer *logischen Validität* und die Einschätzung, über die Items auch verlässliche Indikatoren für unterschiedliche Merkmalsausprägungen zu erhalten, hinsichtlich ihrer *empirischen Validität* beurteilt. Bei der logischen Validität geht es entsprechend darum, ob die Messvorschriften (Operationalisierung) den gleichen Bedeutungsumfang aufweisen wie die Begriffsdefinitionen. Die empirische Validität bezieht sich hingegen darauf, ob mit Hilfe dieser Vorschriften tatsächlich auch das erfasst wird oder werden kann, was mit dem Begriff gemeint ist.

Begriffsdefinitionen

Im Rahmen einer Befragungsstudie soll das Jahreseinkommen des vergangenen Jahres erhoben werden. Definiert wird das Jahreseinkommen als „das zu versteuernde Einkommen, das aufgrund der steuerlichen Gesetze festgelegt ist".
   Würde nun im Rahmen einer schriftlichen Befragung die Frage gestellt „Wie hoch war im letzten Jahr Ihr versteuerbares Einkommen?", wäre diese Frage logisch valide, denn der Bedeutungsumfang von Itemformulierung (Messvorschrift) und Begriffsdefinition sind identisch.
   Die empirische Validität könnte aber deutlich eingeschränkt sein, da einige Personen eine Antwort auf eine solch direkt gestellte Frage vielleicht verweigern oder sich im Moment der Befragung an die Einkommensgröße nicht genau erinnern oder bewusst oder unbewusst unter- oder übertreiben. Eine Einsichtnahme in die Steuerakte hingegen wäre eine Messvorschrift, die einen deutlich höheren empirischen Validitätsgehalt garantieren würde (nur aus Gründen des Datenschutzes sehr wahrscheinlich verwehrt würde).

Operational und theoretisch definierte Merkmale

Bei operational definierten Merkmalen bezieht sich die Inhaltsvalidität auf die Generalisierung von Interpretationen von Testresultaten über die Inhalte des Tests hinaus. Dahinter steht die Frage, inwieweit die für einen Test gewählten Items das „Universum" der möglichen

Generalisierung

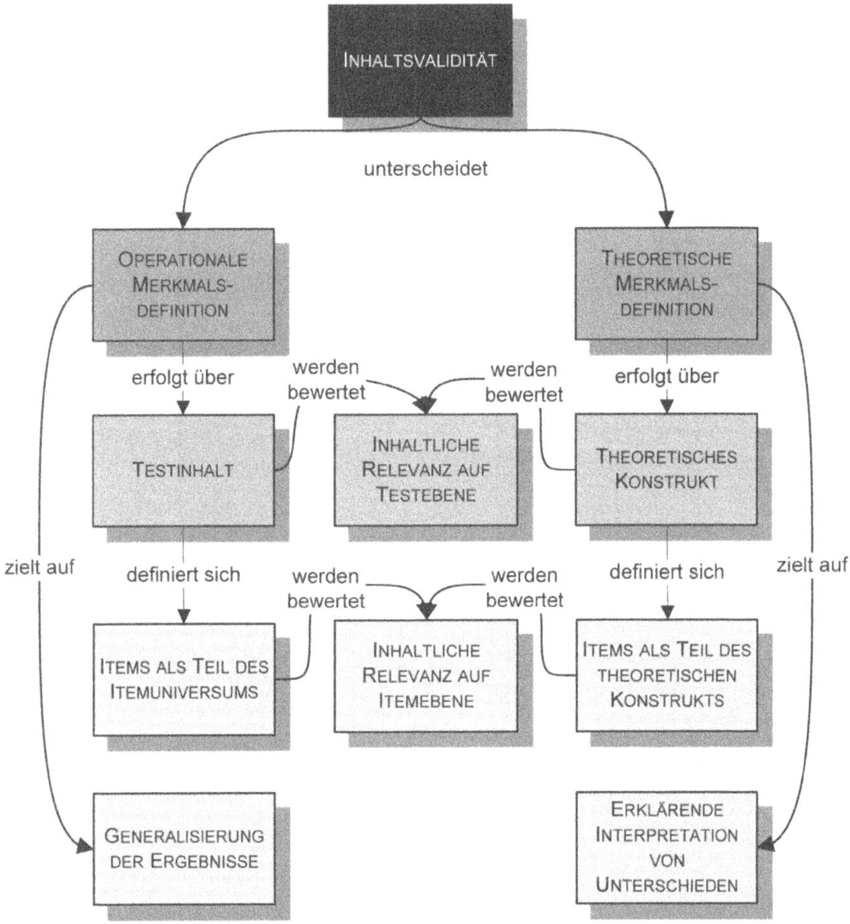

180 Testgütebestimmung und Interpretation von Testresultaten

[Abbildung: Flussdiagramm zur Inhaltsvalidität]

INHALTSVALIDITÄT unterscheidet:
- OPERATIONALE MERKMALSDEFINITION (erfolgt über TESTINHALT, definiert sich ITEMS ALS TEIL DES ITEMUNIVERSUMS, zielt auf GENERALISIERUNG DER ERGEBNISSE)
- THEORETISCHE MERKMALSDEFINITION (erfolgt über THEORETISCHES KONSTRUKT, definiert sich ITEMS ALS TEIL DES THEORETISCHEN KONSTRUKTS, zielt auf ERKLÄRENDE INTERPRETATION VON UNTERSCHIEDEN)

Bewertet werden: INHALTLICHE RELEVANZ AUF TESTEBENE und INHALTLICHE RELEVANZ AUF ITEMEBENE.

Abb. 6.4: Unterschiede in der Inhaltsvalidität bei operationaler und theoretischer Merkmalsdefinition

Items angemessen repräsentieren, so dass ein Repräsentationsschluss („die gewählten Items repräsentieren das Itemuniversum hinreichend gut") gerechtfertigt ist. Die Frage der Inhaltsvalidität kann dabei häufig nur durch Expertenurteile objektiviert und über verbale Kriterien wie „hoch", „befriedigend" oder „niedrig" evaluiert werden.

Ein Test in Form einer Fragenklausur soll die im Modulhandbuch eines Bachelorstudiengangs definierten Lernziele überprüfen. Das Ergebnis (Anzahl richtiger Lösungen) soll Aufschluss über die Zielerreichung geben. Die Generalisierung besteht in der Annahme, dass ein Proband mit hohem Testwert auch eine Vielzahl anderer, das Lernziel repräsentierende Aufgaben lösen kann.

Bei theoretisch definierten Merkmalen bezieht sich die Inhaltsvalidität auf eine erklärende Interpretation von Testresultaten auf der Ebene von Items. Dahinter steckt die Annahme, dass unterschiedliche Itemantworten auf Unterschiede im erfassten Konstrukt zurückzuführen sind, so dass von den Antworten Rückschlüsse auf das (nicht direkt beobachtbare) Konstrukt gezogen werden können (s. Abb. 6.4).

erklärende Interpretationen

Zusammengefasst: Bei der Inhaltsvalidität steht eine kritische Prüfung der Testinhalte (auf Item- und Gesamttestebene) im Vordergrund. Dabei müssen die Items logisch valide aus den definierten Merkmalen abgeleitet sein und empirisch valide Merkmalserfassungen erlauben. Sind die Merkmale operational definiert, soll das Testresultat Generalisierungen über die verwendeten Items hinaus erlauben. Sind die Merkmale theoretisch definiert, soll darüber hinaus ein Rückschluss auf ein dahinterliegendes latentes Konstrukt möglich sein.

6.2.2 Kriteriumsvalidität

Die **Kriteriumsvalidität** ist auf Interpretationen und Anwendungen außerhalb der Testsituation ausgerichtet, bei der Zusammenhänge zwischen den erzielten Testwerten und außen liegenden, diagnostisch relevanten Kriterien (den Messwerten eines anderen Tests) hergestellt werden. Zur Validierung werden die Testwerte mit den entsprechenden Außenkriterien auf Zusammenhänge untersucht, sofern diese von unmittelbarer Relevanz und hinreichender Messgenauigkeit sind. Im Idealfall leiten sich solche Kriterien aus einer Theorie ab.

Konkurrente und prognostische Validität

Zeitlich parallel existierende Außenkriterien erlauben Angaben zur *konkurrenten Validität (Übereinstimmungsvalidität)*, während zeitlich in der Zukunft liegende Kriterien auf eine *prognostische (prädiktive) Validität* hinauslaufen. Eine prädiktive Validität liegt entsprechend dann vor, wenn z. B. Prognosen, die auf der Basis der Messwerte eines Instrumentes vorgenommen wurden, durch (spätere) Messwerte eines anderen Instrumentes bestätigt werden können, die sich auf eine vorgegebene Kriteriumsvariable beziehen. Bei der konkurrenten Validität wäre der Grad der Kriteriumsvalidität durch die Korrelation zwischen den entsprechenden Instrumenten direkt und ohne zeitliche Verzögerung zu bestimmen. Auch eine *retrospektive Validität* wird gelegentlich unterschieden, bei der die Zusammenhänge mit bereits zuvor ermittelten Kriterien betrachtet werden.

Außenkriterien

B

Die Auswahl von Studierenden und die Vorhersage von Studienerfolg stellen ein prototypisches Beispiel für eine kriteriumsorientierte Vorgehensweise dar (s. Moosbrugger, Jonkisz & Fucks, 2006). Durch die Anwendung von Testbatterien mit einer Vielzahl von Aufgaben auf unterschiedlichen Anforderungsebenen wird nach potenziellen Fähigkeiten und Eigenschaften gesucht, die einen erfolgreichen Studienabschluss wahrscheinlich werden lassen. Gesucht wird entsprechend nach Testaufgaben, die prognostisch einen erfolgreichen Studienabschluss vorhersagen können bzw. die erfolgreiche von nicht erfolgreichen Studierenden trennen können. Theoretische Annahmen darüber, welche Fähigkeiten und Eigenschaften diesen Zusammenhang verursachen, sind bei der Planung zwar hilfreich (da sie u. U. durch spezifische Hypothesen den Testaufwand einschränken können), aber nicht zwingend. Entscheidend aber ist, die (multiplen und operationalisierbaren) Kriterien exakt zu definieren, mit denen der Studienerfolg verknüpft wird (wie z. B. kein Studienabbruch, kurze Studiendauer, gute Prüfungsergebnisse). Die Überprüfung der Zusammenhänge zwischen Auswahlverfahren und Kriterien bestimmt dann die Kriteriumsvalidität. Die Absicherung der Validität muss allerdings hinsichtlich weiterer Aspekte vorgenommen werden. Dazu gehören u. a.:

- die Vollständigkeit relevanter Außenkriterien (ggf. die Berücksichtigung weiterer Kriterien für Studienerfolg wie langfristiger Wissenszuwachs, Erwerb spezifischer Fertigkeiten und Fähigkeiten, Persönlichkeitsentwicklung),
- die Berücksichtigung moderierender Variablen (z. B. allgemeine Studien-/Lebenszufriedenheit, sozioökonomische Lebenssituation, spezifische Belastungsfaktoren),
- die Langfristigkeit und Verlässlichkeit der Prognose (z. B. späterer Berufserfolg und überdauernde Zufriedenheit mit der Studien-/Berufswahl),
- der Stichproben(un)abhängigkeit der Kriterien (u. a. die Vermeidung von Kohorteneffekten und ggf. die Generalisierbarkeit der Kriterien auf verschiedene Studiengänge) sowie
- generelle Einschränkungen der Validität (z. B. ein selektiver Dropout in der Stichprobe durch Studienabbrecher, Studienort- oder Studienplatzwechsler – mit unterschiedlichen Motiven –, einer daraus resultierenden Varianzeinschränkung der betrachteten Reststichprobe und ggf. mit Folgen hinsichtlich der Gültigkeit und Relevanz der Außenkriterien).

inkrementelle Validität Werden zur Steigerung der Vorhersagestärke eines externen Kriteriums zusätzliche Testaufgaben oder Testskalen hinzugezogen, wird von *inkrementeller Validität* gesprochen. Bestimmt wird diese Kriteriumsvalidität dabei über Zusammenhänge der Testergebnisse mit den externen Kriterien. Inkrementelle Zuwächse an Validität können z. B. im Rahmen einer multiplen (hierarchischen) Regression ermittelt werden. Ausgedrückt wird der Zuwachs im Änderungsbetrag erklärter Varianz (Änderung in r^2), der sich auf Signifikanz prüfen lässt (s. Pospeschill, 2018).

6.2.3 Konstruktvalidität

Die **Konstruktvalidität** interpretiert und bewertet die Testergebnisse auf dem Hintergrund theoretischer Konstrukte mit dem Ziel, Aussagen zur Zuverlässigkeit der Ergebnisse und Stützung durch andere Variablen geben zu können. Dieses Validitätskonzept gilt als besonders anspruchsvoll.

Ansätze zur Konstruktvalidierung

Die klassische Idealvorstellung der Konstruktvalidität basiert auf dem hypothetisch-deduktiven Forschungsansatz von Cronbach & Meehl (1955): Danach besteht eine (idealtypische) Theorie aus einem Satz von Axiomen, die theoretische Interdependenzen zwischen (latenten, d.h. nicht direkt beobachtbaren und nicht direkt messbaren) Konstrukten mathematisch beschreiben. Bedeutung erhalten die Axiome durch Verbindung der Terme der Axiome mit beobachtbaren (manifesten) Variablen, die in Form von *Korrespondenzregeln* die Verbindung zwischen Theorie und Beobachtung herstellen. Folgerichtig werden aus den Axiomen Vorhersagen über die Zusammenhänge von Konstrukten abgeleitet, die dann anhand beobachtbarer Variablen empirisch überprüft werden. Diese vorhergesagten Zusammenhänge bilden das *empirische Gesetz*.

hypothetisch-deduktiv

Korrespondenzregeln und daraus abgeleitete empirische Gesetze bilden ein *nomologisches Netzwerk*, das durch die Konstruktvalidität schrittweise geprüft werden soll (s. Abb. 6.5). Zentrale Frage dabei ist, ob die manifesten Testwerte gültige Indikatoren für die Ausprägungen des latenten Konstruktes darstellen. Stimmen theoretische Vorhersagen und empirische Vorhersagen überein, ist die Theorie (vorläufig) bestätigt. Die Interpretation der Testwerte kann damit als (vorläufige) Bestätigung des theoretischen Konstrukts angesehen werden. Stimmen Beobachtung und Theorie nicht überein, muss das nomologische Netzwerk überarbeitet und ggf. erneut überprüft werden. Eine bestehende konstruktbezogene Testwertinterpretation bleibt dabei so lange bestehen, bis diese widerlegt (falsifiziert) wird.

nomologisches Netzwerk

Das von Cronbach & Meehl (1955) beschriebene Ideal bleibt schwierig umzusetzen, da es psychologischen Theorien zumeist an einer ausreichenden Formalisierung fehlt. Daher werden inzwischen ein *starker Ansatz* (mit formaler Theorie) und ein *schwacher Ansatz* der Konstruktvalidierung (ohne formale Theorie) unterschieden (s. Cronbach, 1980). Ziel bleibt es, theoriebasierte Tests zu entwickeln, die sich durch

starker vs. schwacher Ansatz

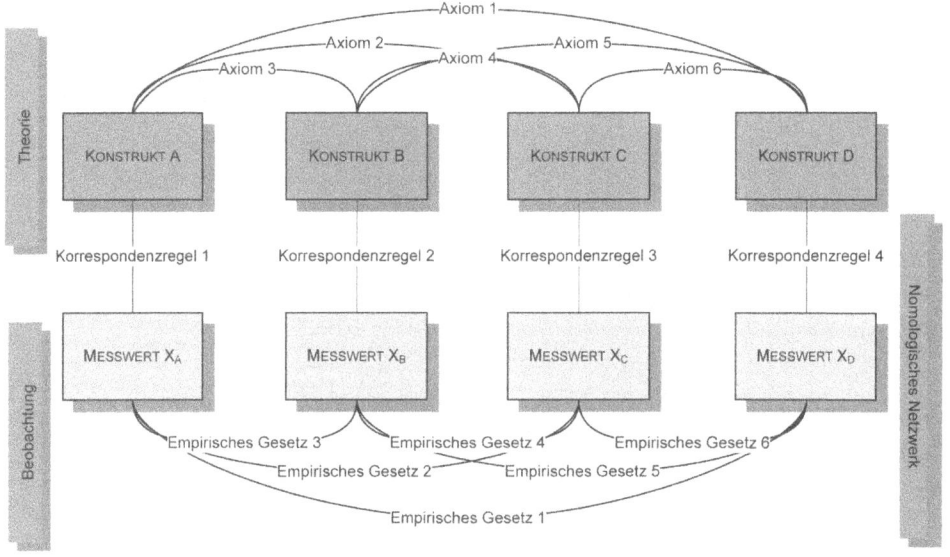

Abb. 6.5: Schematische Darstellung für ein nomologisches Netzwerk mit theoretischen Konstrukten und beobachtbaren Merkmalen. Axiome formulieren die theoretischen Zusammenhänge zwischen den Konstrukten. Sie erhalten ihre Semantik durch Verbindungen zwischen den Konstrukten und den beobachteten Variablen. Durch Beobachtung der Messwerte können aus Axiomen abgeleitete Zusammenhänge als empirisches Gesetz vorhergesagt werden

theoretisch abgeleitete und empirisch überprüfbare Annahmen auszeichnen. Dabei wird zumeist auf formale Theorien verzichtet.

Konvergente und diskriminante Validität

Bestimmt wird die Konstruktvalidität zumeist als (theoretisch begründete) Korrelation zwischen den (zu validierenden) Testwerten X und anderen manifesten Variablen Y (Testwerten oder Personenvariablen). Dabei wird von *konvergenter Validität* gesprochen, wenn eine hohe Korrelation zwischen X und Y angestrebt wird, und von *diskriminanter Validität*, wenn keine oder nur eine unbedeutende Korrelation zwischen X und Y bestehen darf.

inferenzstatistische Absicherung Die theoretischen Modelle sollten im Rahmen einer Konstruktvalidierung zudem inferenzstatistisch abgesichert werden. Dazu werden das benötigte statistische Verfahren bestimmt, aus der Theorie erwartete Effektstärken abgeleitet und nach Festlegung von Alpha-

und Beta-Fehler der optimale Stichprobenumfang ermittelt. Dies geschieht im Rahmen einer sog. „Power-Analyse". Nach Durchführung einer entsprechenden Untersuchung kann über die aufgestellten Hypothesen entschieden werden. Bei korrelativen Verfahren sind ferner Grenzwerte (Mindest- bzw. Höchstwerte) für Korrelationskoeffizienten zu formulieren, z. B. bei der konvergenten Validität eine unter der Alternativhypothese geforderte Mindesthöhe bei der Korrelation.

Da bei psychologischen Tests nicht von einer optimalen Reliabilität ausgegangen werden kann, ist der beobachtete Zusammenhang zwischen zwei Testwerten unter Berücksichtigung der Reliabilitäten für X und Y zu korrigieren. Unter Verwendung der Formel der doppelten Minderungskorrektur (s. Kap. 4.8), welche die beobachteten Zusammenhänge zwischen zwei Testwerten durch Berücksichtigung der Reliabilitäten der beiden Testwerte korrigiert, kann die gesuchte Korrelation zwischen der manifesten Testvariablen X und der manifesten (konvergenten) Variable Y bestimmt werden:

Korrelation zwischen Testwerten

$$r_{XY} = r_{\tau_{XY}} \cdot \sqrt{r_{tt_X} \cdot r_{tt_Y}}$$

Eine Testkurzform, dessen Testwertinterpretation validiert werden soll, liefert eine $r_{ttx} = 0{,}75$, die konvergente Langform des Tests eine $r_{tty} = 0{,}80$. Würde (theoretisch) eine optimale latente Korrelation von $r_{\tau XY} = 1$ angenommen, ergäbe sich:

$$r_{XY} = 1 \cdot \sqrt{0{,}75 \cdot 0{,}80} = 0{,}78$$

Dieser Grenzwert müsste mindestens erreicht werden, damit die Nullhypothese verworfen und die Alternativhypothese konvergenter Validität angenommen werden kann.

In gleicher Weise kann für eine diskriminante Validität bestimmt werden, welcher Grenzwert zwischen zwei Variablen maximal tolerierbar wäre, um die Nullhypothese einer unbedeutenden Korrelation (als empirischer Indikator für die theoretisch erwartete Abgrenzung zweier Konstrukte) überprüfen zu können. Allerdings gelten nicht signifikante Korrelationskoeffizienten nur als Hinweis und nicht als Beleg für diskriminante Validität, da übliche Signifikanztests nur Aussagen über die Wahrscheinlichkeit des irrtümlichen Verwerfens der Nullhypothese (ausgedrückt im Alpha-Fehler) erlauben.

6.2.4 Zusammenfassende Würdigung

Die Validität stellt ein Gütekriterium dar, das sich auf eine Vielzahl von Qualitätsaspekten bezieht, wenn es um die Frage möglicher Interpretationen und Verwendungen von Testergebnissen geht. Entsprechend sind die Methoden zur Validierung vielfältig und müssen für einen konkreten Test nach ihrer Relevanz eingeschätzt und bewertet werden. Eine angemessene Validierung erwartet dabei einerseits immer eine Form empirischer Bestätigung, andererseits eine kritische Betrachtung möglicher Interpretationen und Anwendungen von Testergebnissen.

theoretische Begründung **Inhaltsvalidität: Beziehung zwischen Testinhalt und Merkmal.** Wird nach der Relevanz der Iteminhalte hinsichtlich des zu erfassenden Merkmals gefragt, betrifft dies die Inhaltsvalidität eines Tests. Im Idealfall wird die Beziehung zwischen den Inhalten und dem zu erfassenden Merkmal durch theoretische Begründungen untermauert und durch Expertenurteile bestätigt. Entscheidend bei der Inhaltsvalidität ist, dass Iteminhalte systematisch aus einem zuvor definierten Merkmal abgeleitet werden. Auch wenn nur theoretische und keine empirischen Argumente zur Feststellung der Inhaltsvalidität angeführt werden können, muss grundsätzlich für den Gesamttest sichergestellt werden, dass die Items eine repräsentative Auswahl der interessierenden Gesamtheit möglicher Items darstellen. Sind die Relevanz und Anteile der abzudeckenden Inhalte nicht klar definiert bzw. kann nicht ausgeschlossen werden, dass irrelevante Inhalte mit erhoben werden, können daraus irreversible Probleme für die Testentwicklung resultieren.

empirische Begründung **Kriteriumsvalidität: Beziehung zwischen Testinhalt und externen Kriterien.** Ist die Frage entscheidend, inwieweit sich diagnostische Entscheidungen auf der Grundlage von Tests rechtfertigen und legitimieren lassen, müssen im Rahmen der Kriteriumsvalidität diagnostisch valide Beziehungen zwischen den Ergebnissen eines Tests und relevanten externen Außenkriterien hergestellt werden. Hierbei sind der Anwendungszweck des Tests und die Wahl des Außenkriteriums in nachvollziehbarer Weise begründet und dokumentiert in Übereinstimmung zu bringen. Auch theoretische Annahmen über den Zusammenhang des Tests mit bestimmten Kriterien können nach empirischer Bestätigung die Validität diagnostischer Entscheidungen unterstützen. Die Bestimmung der Kriteriumsvalidität muss dabei immer empirisch erfolgen und sollte wenn möglich sowohl an mehreren externen Kriterien als auch an längerfristigen Zusammenhängen zwischen Testwerten und Kriterien orientiert sein. Die ausschließliche Analyse korrelativer Beziehungen muss dabei kritisch betrachtet werden, da eine Korrelation von Testwerten grundsätzlich durch andere Faktoren beeinflusst und verursacht sein kann. Ebenso kritisch sind die individuellen, sozialen und gesellschaftlichen Konsequenzen zu bewerten, die aus kriteriumsorientierten Testeinsätzen resultieren.

Konstruktvalidität: Beziehung zwischen Testinhalt und Konstrukten. Schließlich kann die Interpretation von Testergebnissen auch auf die Bestätigung eines theoretischen Konstrukts ausgerichtet sein. Dabei werden im Rahmen der Konstruktvalidität aus spezifischen Hypothesen über das Konstrukt Vorhersagen über Zusammenhänge von Testwerten und anderen Variablen abgeleitet. Eine empirische Bestätigung der Hypothesen berechtigt dann zu der Annahme, dass die Testwerte als Indikatoren für das theoretische Konstrukt (vorerst) angenommen werden können. Liegen allerdings keine begründeten theoretischen Annahmen über den Zusammenhang von Variablen vor, kann ein „blind-analytischer" Empirismus resultieren, der durch wahlloses Korrelieren von Variablen die Welt zu „erklären" versucht. Ein substanzieller Zugewinn für das Verständnis psychologischer Prozesse und Strukturen kann so allerdings nicht erzielt werden.

theoretisch-empirische Begründung

In der Folge hat sich anstatt einer Differenzierung von Validitätsarten inzwischen ein Verständnis etabliert, Validierung als einen hypothesengeleiteten Prozess aufzufassen, Evidenzen für bestimmte Testwertinterpretationen und Testanwendungen zu spezifizieren, mittels geeigneter Grundannahmen empirisch zu prüfen und schließlich in der Gesamtheit zusammenfassend zu bewerten.

Validität als hypothesengeleiteter Prozess

6.3 Norm- vs. Kriteriumsorientierung

Wird der Testwert eines Probanden mit den Testwerten einer verlässlichen und aussagekräftigen Bezugs-, Referenz- bzw. Normgruppe verglichen, kann eine *normorientierte Testwertinterpretation* vorgenommen werden. Besteht hingegen eine Beziehung zwischen dem Testwert eines Probanden und einem definierten Mindest-, Schwellen- oder Höchstwert, kann eine *kriteriumsorientierte Testwertinterpretation* vorgenommen werden.

Testwertinterpretationen

188 Testgütebestimmung und Interpretation von Testresultaten

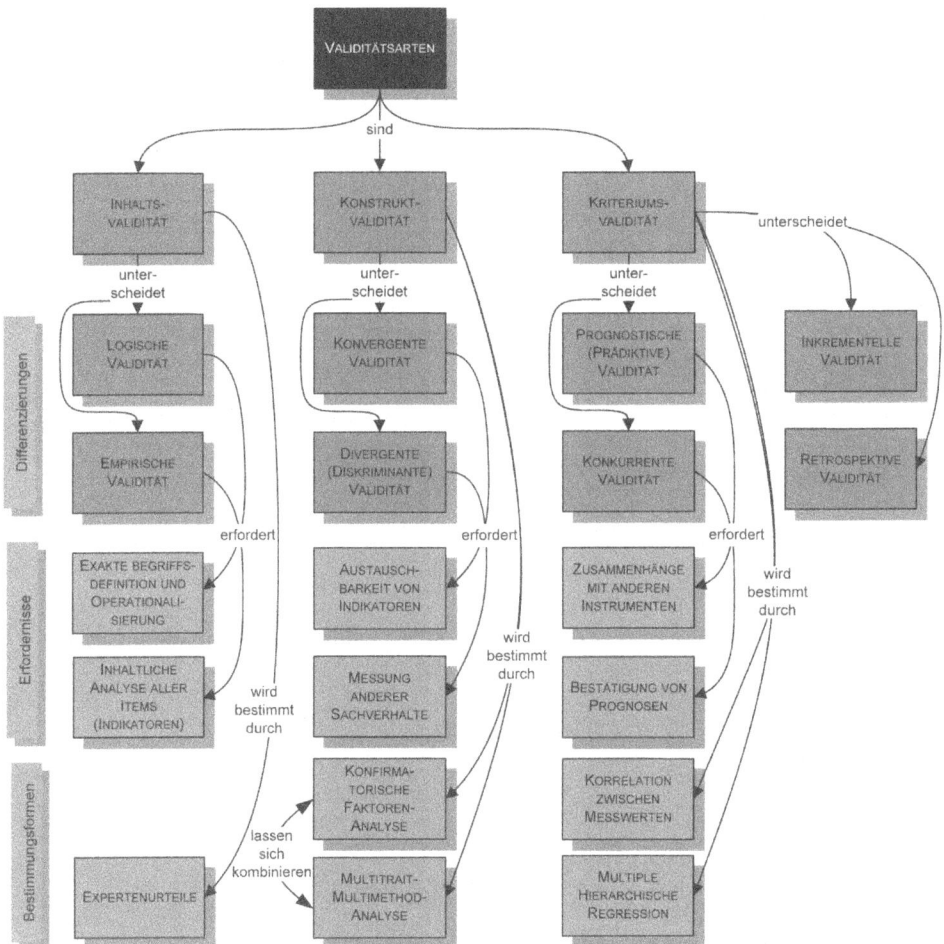

Abb. 6.6: Vergleich der Validitätsarten anhand ihrer Differenzierungen, Erfordernisse und Bestimmungsformen

6.3.1 Normorientierte Testwertinterpretation

Transformation in Normwerte Das Ziel der normorientierten Testwertinterpretation besteht im Vergleich eines einzelnen Testwertes mit dem Normwert bzw. der Werteverteilung einer Normstichprobe (s. Kap. 1.4). Voraussetzung dieser Einordnung ist die Umwandlung eines Testwertes in einen transformierten Normwert, der die Einordnung in die Bezugsgruppe erlaubt.

Zwei Arten von Transformationen sind dabei üblich, die Prozentrangtransformation und die z-Wert-Transformation (s. Rettler, 1999).

Prozentrangnormwerte
Der **Prozentrang** ist ein prozentualer Wert. Er gibt an, wie viel Prozent einer Normierungsstichprobe einen bestimmten Testwert x_v erzielt. Damit kann für einen Probanden angegeben werden, wie viel Prozent der Bezugsgruppe den gleichen oder einen kleineren Testwert erreicht.

Die (nicht lineare) Transformation in einen Prozentrangnormwert erfolgt durch den Übertrag eines Testwertes in einen Prozentrangwert. Dieser wird aus der kumulierten Häufigkeitsverteilung von Testwerten einer Normstichprobe abgeleitet. Erzielt wird damit die Angabe der relativen Position eines Testwertes x_v im Vergleich zu den ranggeordneten Testwerten der Bezugsgruppe. Zur Erstellung einer Prozentrangnorm sind folgende Schritte notwendig:

Erstellung einer Prozentrangnorm

- Die Testwerte x_v der Normierungsstichprobe werden vom kleinsten zum größten Wert (aufsteigend) angeordnet.
- Für jede Testwertausprägung werden die absoluten Häufigkeiten $f_k(x_v)$ bestimmt. Es resultiert eine Häufigkeitsverteilung der Testwerte.
- Ferner werden die kumulierten Häufigkeiten $cf_k(x_v)$ bis einschließlich des jeweiligen Testwertes x_v bestimmt. Es resultiert eine kumulierte Häufigkeitsverteilung der Testwerte.
- Die kumulierten Häufigkeiten werden durch den Stichprobenumfang n dividiert und mit dem Faktor 100 multipliziert. Es resultiert eine relative, kumulierte Häufigkeitsverteilung mit Prozentnormierung (im Bereich von 1 bis 100):

$$PR_v = \frac{cf_k(x_v)}{n} \cdot 100$$

- Testwerte x_v und zugeordnete Prozentrangwerte PR_v werden in einer gemeinsamen Normtabelle abgetragen, so dass für jeden Testwert der zugehörige Prozentrangnormwert abgelesen werden kann.

Liegen Testwertbereiche geringer Dichte vor (z. B. bei sehr niedrigen oder sehr hohen Testwerten), können diese zu Intervallen mit gemeinsamen Prozenträngen zusammengefasst werden. In Testwertbereichen hoher Dichte hingegen können aufeinanderfolgenden Prozenträngen gleiche Testwerte zugeordnet werden. Daher stellt die Prozentrangnorm eine nicht lineare Transformation dar.

nicht lineare Transformation

Für die Bildung von Prozentrangnormen wird keine bestimmte Verteilungsform der Testwerte vorausgesetzt, da es sich um eine monotone Transformation handelt. Zudem ist diese Transformation bereits für Da-

monotone Transformation

Flächenvergleich

ten ab Ordinalskalenniveau geeignet. Unabhängig vom Skalenniveau der Testwerte besitzen Prozentrangnormen ebenfalls nur Ordinalskalenniveau (also *kein* Intervallskalenniveau). In den Testwertbereichen geringer Dichte lassen sich Testwertunterschiede nicht mehr differenzieren, während in Testwertbereichen hoher Dichte Unterschiede zwischen Merkmalsausprägungen überbetont hervortreten. Damit ist auch der Vergleich von Prozentrangdifferenzen nicht zulässig.

Um Unterschiede in den Prozenträngen korrekt einschätzen zu können, sollte die Verteilungsform der Testwerte bekannt sein. Grundsätzlich werden durch Prozentränge Unterschiede zwischen Testwerten an den Stellen höchster Testwertdichte überbetont. Vergleiche können sich daher nur auf die prozentuale Fläche der Merkmalsverteilung beziehen, wie sie sich z. B. durch eine Einteilung in Perzentile oder Quartile vornehmen lässt. Der Vergleich von Prozentrangdifferenzen hingegen ist unzulässig.

Für einen fiktiven Intelligenztest (mit Mittelwert 100 und Standardabweichung 15) ergeben sich im mittleren Leistungsbereich die in Abbildung 6.7 aufgeführten Testwerte und Prozentrangwerte. Erzielt ein Proband den Testwert x_v = 100, erhält er den Prozentrang 55, d. h. 55 % der Normierungsstichprobe zeigen eine geringere oder gleich hohe Leistung wie der Proband. Damit erreicht die Leistung des Probanden das zweite Quartil (Q_2 = 98). So wird derjenige Testwert bezeichnet, den 50 % der Testwerte unterschreiten oder erreichen.

Testwert	Prozentrang
...	...
99	53
100	55
101	56
102	59
103	60
...	...

Abb. 6.7: Datenbeispiel für eine Datentransformation in Prozentrangnormen

***z*-Normwerte**

Der *z*-**Normwert** ist ein standardisiertes Maß. Es gibt an, um wie viele Standardabweichungen ein Testwert x_v vom Mittelwert der Verteilung einer Normierungsstichprobe abweicht. Damit kann für einen Probanden angegeben werden, ob ein erzielter Testwert eher über- oder unterdurchschnittlich einzustufen ist und wie groß diese Abweichung einzuschätzen ist.

Die (lineare) Transformation in einen z-Wert gibt die relative Position eines Testwertes x_v in der Verteilung einer Normierungsstichprobe an. Allerdings wird für die dazu notwendige z-Transformation eine Intervallskalierung der Daten vorausgesetzt, da die Position des Testwertes x_v als standardisierte Abweichung zum arithmetischen Mittel $\bar{x}$ aller Testwerte ausgedrückt wird. Dies ermöglicht es, einen Testwert x_v als über- oder unterdurchschnittlich einzustufen. Gleichzeitig werden durch die z-Transformation Unterschiede in den Testwertstreuungen und Skalenbereichen durch eine einheitliche Norm (einen Mittelwert von 0 und eine Standardabweichung von 1) ersetzt. Zur Ermittlung von z_v werden von jedem Testwert x_v der Mittelwert $\bar{x}$ der Testwerte subtrahiert und durch die Standardabweichung der Testwerte $SD(x)$ dividiert (s. Bortz & Schuster, 2016):

lineare Transformation

$$z_v = \frac{x_v - \bar{x}}{SD(x)}$$

Die Einheit, in der Abweichungen einer Testperson v vom Mittelwert $\bar{x}$ der Normierungsstichprobe ausgedrückt werden, sind Standardabweichungen der z_v-Normwerte, $SD(z)$. z_v-Werte weisen das gleiche Intervallskalenniveau auf wie die Testwerte x_v.

Berechnen und interpretieren lassen sich z_v-Normwerte auch ohne Annahme einer Normalverteilung der Testwerte. Allerdings erlauben z_v-Werte als *Standardwerte* (unter Annahme einer Normalverteilung der Testwerte) auch Angaben zu prozentualen Häufigkeiten der Standardwerte innerhalb beliebiger Flächenanteile und sind auch nur unter dieser Bedingung zulässig (s. Abb. 6.7).

Standardwerte

z_v-Werte (skaliert von -3 bis +3, mit $\bar{x} = 0$ und $SD(z) = 1$) lassen sich zudem durch eine Lineartransformation in andere Wertebereiche skalieren. Durch diese neue Metrik (ohne Änderung der Interpretation der Testwerte) lassen sie sich besser handhaben (z. B. entsteht ein IQ-Abweichungswert mit Mittelwert 100 und Standardabweichung 15 durch die Verrechnungsregel: $15 \cdot z_v + 100$). In diesem Fall wird die z-Norm zur *Standardnorm*, die auch andere Wertebereiche wie T-Werte, Stanine-Werte etc. zulässt (s. Abb. 6.8).

Standardnorm

Die Interpretation von Testwerten mit Standardnormen gilt vornehmlich für wissenschaftliche Tests, die nach der Klassischen Testtheorie konstruiert wurden (s. Kap. 4). Bei Verfahren nach der Probabilistischen Testtheorie lassen sich die Personenparameter ξ_v allerdings ebenso normorientiert interpretieren, sofern diese summennormiert (mit Summe gleich 0) sind (s. Kap. 5.3.1).

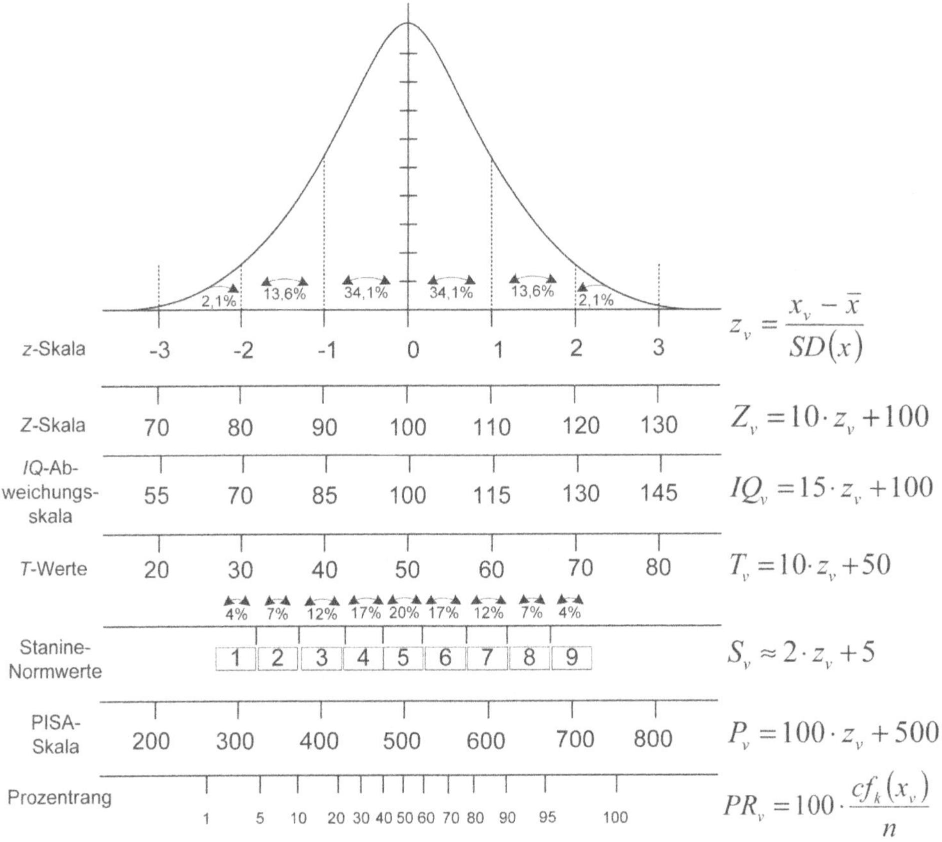

Testgütebestimmung und Interpretation von Testresultaten

z-Skala	-3	-2	-1	0	1	2	3	$z_v = \dfrac{x_v - \bar{x}}{SD(x)}$
Z-Skala	70	80	90	100	110	120	130	$Z_v = 10 \cdot z_v + 100$
IQ-Abweichungsskala	55	70	85	100	115	130	145	$IQ_v = 15 \cdot z_v + 100$
T-Werte	20	30	40	50	60	70	80	$T_v = 10 \cdot z_v + 50$
Stanine-Normwerte			1 2 3 4 5 6 7 8 9					$S_v \approx 2 \cdot z_v + 5$
PISA-Skala	200	300	400	500	600	700	800	$P_v = 100 \cdot z_v + 500$
Prozentrang		1	5 10 20 30 40 50 60 70 80 90 95		100			$PR_v = 100 \cdot \dfrac{cf_k(x_v)}{n}$

Abb. 6.8: Ableitung von Standardnormen aus einer Standardnormalverteilung eines Merkmals

Eine Versuchsperson erreicht in einem Intelligenztest den Testwert $x_v = 45$. Der Intelligenztest weist in der zugehörigen Bezugsgruppe einen Mittelwert von $\bar{x} = 50$ und eine Standardabweichung von $SD(x) = 10$ auf. Als z_v-Normwert ergibt sich:

$$z_v = \frac{45 - 50}{10} = -0{,}5$$

Der Testwert liegt demnach eine halbe Standardabweichung unter der durchschnittlichen Leistung der Bezugsgruppe. Umgerechnet in einen Intelligenzquotienten ergibt sich:

$$IQ_v = (15 \cdot (-0{,}5)) + 100 = 92{,}5$$

Auch nach der Transformation in einen Standardwert ändert sich an der Interpretation nichts – auch hier liegt die Leistung eine halbe Standardabweichung unter der Durchschnittsleistung.

Zum Umgang mit Normdaten und ihrer Verwendung für Rückschlüsse auf Testwerte von Einzelpersonen siehe auch Pospeschill & Siegel (2018).

6.3.2 Kriteriumsorientierte Testwertinterpretation

Bildet nicht die Verteilung einer spezifischen Normgruppe, sondern der *Schwellenwert* eines inhaltlichen Kriteriums die Bezugsgröße, resultiert eine kriteriumsorientierte Testwertinterpretation. Derartige Schwellenwerte werden dabei entweder direkt aus dem Testinhalt oder zusätzlich unter Verwendung externer Kriterien abgeleitet (s. Goldhammer & Hartig, 2007). **Vergleich mit Schwellenwerten**

Schwellenwerte mit Bezug auf Test- bzw. Aufgabeninhalte
Die Testwerte eines Tests lassen sich im Hinblick auf ein inhaltliches Kriterium (z. B. den Erwerb einer spezifischen Fähigkeit als Lernziel) interpretieren, sofern eine exakte Vorstellung über die Relevanz der Aufgaben im Hinblick auf das interessierende Konstrukt besteht (z. B. ein festgeschriebener Bildungsstandard). Die Testwerte als Ergebnis des Tests können dann als Überprüfung der Erfüllung des Lernziels interpretiert werden. **Testergebnisse als Schwellenwert**

Die Aufgabenarten und die Aufgabenschwierigkeiten, die für einen Test ausgewählt werden, müssen dabei den Eigenschaften einer theoretischen Grundgesamtheit von Aufgaben entsprechen. Dies ist insbesondere bei Lernziel- und leistungsorientierten Tests möglich. Bei Persönlichkeitsfragebögen hingegen gelingt eine kriteriumsorientierte Interpretation auf Basis der Aufgabeninhalte *nicht*, da hier neben dem Inhalt die Itemformulierung Einfluss auf die „Schwierigkeit" ausübt und die Interpretation des möglichen Wertebereichs verändert.

In der Probabilistischen Testtheorie (s. Kap. 5) kann aufgrund der gemeinsamen Skala von Itemschwierigkeit σ_j und Personenfähigkeit ξ_v eine kriteriumsorientierte Interpretation individueller Testwerte vorgenommen werden. Verlaufen die Itemcharakteristischen Funktionen aller Items parallel (wie beim Rasch-Modell; s. Kap. 5.3.1), wird der Verlauf nur durch einen Parameter – die Itemschwierigkeit σ_j – bestimmt. Entsprechend lassen sich dadurch spezifische Ausprägungen **Kompetenzniveaus als Schwellen** der Personenfähigkeit in Lösungswahrscheinlichkeiten für Items mit bestimmten Schwierigkeiten übertragen. Stimmen die geschätzte Fähigkeit und die Schwierigkeit überein, beträgt die Lösungswahrscheinlichkeit für ein Item 50%. Die verschiedenen Lösungswahrscheinlichkeiten werden dabei auf einer *Kompetenzskala* verortet, die zumeist (aus pragmatischen Gründen) in kategoriale *Kompetenzniveaus* unterteilt wird. Jeder Skalenabschnitt wird dabei kriteriumsorientiert beschrieben (s. Hartig & Klieme, 2006). Die Skalenabschnitte entstehen dabei (1) entweder (arbiträr) als gleichabständige Skalenpunkte, denen die Items zugeordnet werden, oder (2) anhand vorab definierter theoretisch begründeter Aufgabenmerkmale, die sich auf die Schwierigkeit der Items auswirken:

Post-Hoc-Analyse
- Im ersten Fall dient eine Post-Hoc-Analyse zur Definition und inhaltlichen Beschreibung der Kompetenzniveaus. Dabei werden zumeist durch Experten Schwellen zwischen Kompetenzstufen definiert und die Items identifiziert, die inhaltlich zur Beschreibung der Stufen geeignet sind. Als typische Schwellen dienen z. B. der (normierte) Mittelwert eines Testwertes und Abweichungen vom Mittelwert in Standardabweichungen. Zur inhaltlichen Bestimmung der Schwellen werden die Items dem Kompetenzniveau zugeordnet, wie es der jeweiligen Lösungswahrscheinlichkeit für dieses Item entspricht. Ein Beispiel für eine Post-Hoc-Analyse von Iteminhalten ist die *Dritte internationale Mathematik- und Naturwissenschaftsstudie, TIMSS/III* (s. Baumert, Bos & Lehmann, 2000). Bei TIMSS wurde dazu die sog. „65%-Schwelle" eingeführt, d. h. Personen mit einem individuellen Testwert oberhalb dieser 65%-Schwelle können Items mit hinreichender Wahrscheinlichkeit korrekt lösen. Auf der Basis dieser Items mit mindestens 65-prozentiger Lösungswahrscheinlichkeit können kriteriumsorientiert die Anforderungen beschrieben werden, die von diesen Personen bewältigt werden können.

Aufgabenmerkmale als Prädiktoren
- Der zweite Fall setzt voraus, dass vor der Testanwendung Annahmen über die Anforderungen vorliegen, die beim Bearbeiten eines Items bewältigt werden müssen. Entsprechende schwierigkeitsrelevante Aufgabenmerkmale umfassen z. B. notwendige kognitive Operationen zum Lösen einer Aufgabe oder auch kognitive Leistungen, die an ein spezifisches Aufgabenformat geknüpft sind. Üben solche Aufgabenmerkmale einen Effekt auf die Itemschwierigkeit aus, können sie zur Beschreibung der Testwerte verwendet werden. Dabei werden die Aufgabenmerkmale als Prädiktoren und die Itemschwierigkeiten als Kriterien betrachtet. Ein Beispiel für dieses Vorgehen liefert die *DESI-Studie, Deutsch Englisch Schülerleistungen International* (s. Klieme & Beck, 2007).

Schwellenwerte mit Bezug auf externe Kriterien

ROC-Analyse
Für die Bestimmung von Schwellenwerten anhand eines externen Kriteriums kann die aus der Signalentdeckungstheorie stammende *Recei-*

ver-Operating-Characteristics-Analyse (*ROC*) verwendet werden (Green & Swets, 1966). Für den diagnostischen Kontext soll dabei eine Zuordnung von Fällen zu zwei Personengruppen erfolgen, die anhand des Testresultats ein Kriterium erfüllen bzw. nicht erfüllen. Dazu werden vier Kategorien unterschieden (s. Abb. 6.9):

- *richtig positiver Fall (RP)*: ein Fall, der das Kriterium erfüllt und korrekt klassifiziert wird (Treffer, *hit*);
- *falsch negativer Fall (FN)*: ein Fall, der das Kriterium erfüllt, aber nicht positiv klassifiziert wird (Verpasser, *miss*);
- *falsch positiver Fall (FP)*: ein Fall, der das Kriterium nicht erfüllt, aber fälschlicherweise klassifiziert wird (falscher Alarm, *false alarm*) und
- *richtig negativer Fall (RN)*: ein Fall, der das Kriterium nicht erfüllt und auch negativ klassifiziert wird (korrekte Ablehnung, *correct rejection*).

	Klassifikation	
	positiv	negativ
Kriterium positiv	richtig positiv (RP)	falsch negativ (FN)
Kriterium negativ	falsch positiv (FP)	richtig negativ (RN)

Abb. 6.9: Unterscheidung von Fällen nach einem externen Kriterium

Aus dieser Klassifikationsform lassen sich nun Wahrscheinlichkeiten für bestimmte Entscheidungen ableiten:

- Die *Trefferquote* (Sensitivität) bezeichnet die Wahrscheinlichkeit für „richtig positiv" (RP): **Sensitivität**

$$Sensitivität = \frac{RP}{FN + RP}$$

- Die *Verpasserquote* bezeichnet als Komplement (1 - Sensitivität) die Wahrscheinlichkeit für „falsch negativ" (FN):

$$1 - Sensitivität = \frac{FN}{FN + RP}$$

Spezifität

- Die *Quote korrekter Ablehnungen* (Spezifität) bezeichnet die Wahrscheinlichkeit, für „richtig negativ" (RN):

$$Spezifität = \frac{RN}{FP + RN}$$

- Die *Quote falscher Alarme* bezeichnet als Komplement (1 - Spezifität) die Wahrscheinlichkeit „falsch positiv" (FP):

$$1 - Spezifität = \frac{FP}{FP + RN}$$

ROC-Kurve Ziel der ROC-Analyse ist nun, den Schwellenwert zu finden, der ein optimales Gleichgewicht zwischen Sensitivität und Spezifität gewährleistet. Dazu werden für jeden potenziellen Schwellenwert (Testwert) die Sensitivität und Spezifität errechnet und grafisch gegeneinander abgetragen. Diese Darstellung stellt die sog. *ROC-Kurve* dar (s. Abb. 6.10). In dem Maße, in dem sich die Sensitivität verringert, steigt die Spezifität. Gleichzeitig kann durch die Darstellung abgelesen werden, wie gut ein Test zwischen Fällen, die das Kriterium erfüllen, und den anderen Fällen unterscheiden kann. Gelingt es dem Test nicht, zwischen den Gruppen zu trennen, verläuft die ROC-Kurve nahe der Hauptdiagonalen (Sensitivität und 1 - Spezifität sind dann für alle Schwellenwerte gleich groß). Gelingt es dem Test, zwischen den Gruppen zu trennen, verläuft die Kurve oberhalb der Diagonalen. Der Punkt, an dem Sensitivität und Spezifität ihr Maximum erreichen, lässt sich durch den *Youden-Index* (Sensitivität + Spezifität - 1) ermitteln. An diesem Punkt gelingt die Trennung der Gruppen am besten.

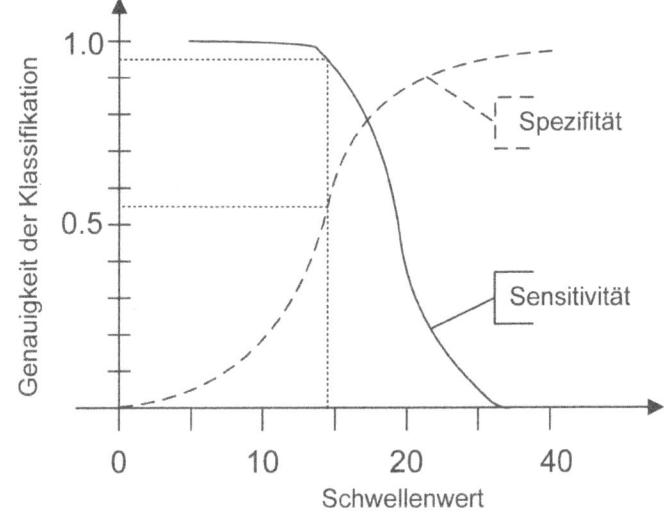

Abb. 6.10: Exemplarische Darstellung von Sensitivität und Spezifität in einer ROC-Kurve. Am Punkt der maximalen Steigung beider Funktionen wird der optimale Schwellenwert eingetragen

Bei der ROC-Analyse handelt es sich um ein verteilungsfreies Verfahren, so dass die Testwerteverteilungen keine spezifische Verteilungsform zeigen müssen. Entscheidend für die Analyse ist allerdings, dass die Gruppen, die das Kriterium erfüllen bzw. nicht erfüllen, möglichst repräsentativ sein sollten.

Repräsentativität

Integration norm- und kriteriumsorientierter Schwellenwertbildung
Beide Arten von Testwertinterpretationen stellen kein grundsätzliches Gegensatzpaar dar, sondern lassen sich zur differenzierten Bewertung von Testresultaten und Merkmalsausprägungen durchaus integrieren. Dabei sollte allerdings nicht vergessen werden, dass Kriterien keine fixe Größe darstellen, sondern auch durch (bildungs)politische Einflüsse definiert werden (z. B. bei Bildungsstandards und Studienreformen).

Zusammengefasst: Testwerte können in Abhängigkeit von der diagnostischen Zielsetzung entweder auf der Grundlage einer Idealnorm (in Form eines definierten Zielkriteriums) oder auf der Grundlage einer Realnorm (in Form der Ausprägung in einer Bezugsgruppe) interpretiert werden.
   Um Testwerte normorientiert interpretieren zu können, sind diese entweder in Prozentränge oder z-Werte zu transformieren. Die Prozentrangnorm gibt dabei die relative Position eines Testwertes in der Rangreihe der Testwerte der Normierungsstichprobe an. Die z-Norm ermittelt hingegen den Abstand eines Testwertes mit Mittelwert der Normierungsstichprobe in Einheiten der Standardabweichung.

Testfragen

1. Welchen Einfluss übt eine systematische gegenüber einer unsystematischen Veränderung auf die Test-Retest-Reliabilität aus?
2. Woran orientiert sich der zeitliche Abstand bei der Vorgabe paralleler Testformen zur Bestimmung der Paralleltest-Reliabilität?
3. Wozu dient die Spearman-Brown-Formel bei der Bestimmung der Splithalf-Reliabilität?
4. Nach welchen Methoden kann eine Testhalbierung vorgenommen werden?
5. Welche Abhängigkeiten bestehen bezüglich der Höhe von Cronbachs α und der Homogenität und Anzahl der Items?
6. Welche Unterschiede bestehen bei der Inhaltsvalidität zwischen theoretischer und operationaler Merkmalsdefinition?

7. Wie lässt sich die Konstruktvalidität inferenzstatistisch absichern?
8. Welche Standardnormen lassen sich aus Testwerten ableiten?
9. Auf welcher Grundlage lassen sich Schwellenwerte für kriteriumsorientierte Testwertinterpretationen ableiten?

7 Faktorenanalyse

Hinter der Bezeichnung „Faktorenanalyse" (*factor analysis*) verbirgt sich eine Gruppe multivariater Analyseverfahren, mittels derer zwei Ziele verfolgt werden können: Zum einen kann eine Datenreduktion von zahlreichen Variablen (z. B. Items) auf eine geringere Zahl von Faktoren (bzw. gemeinsamen Dimensionen) vorgenommen werden. Für dieses eher hypothesengenerierende Vorgehen wird die Exploratorische Faktorenanalyse (EFA) eingesetzt. Zum anderen lassen sich theoretisch oder empirisch fundierte Modelle und Alternativmodelle auf ihre Anpassungsgüte prüfen. Für dieses eher hypothesenprüfende Vorgehen wird die Konfirmatorische Faktorenanalyse (CFA) eingesetzt.

Generell wird mit der Faktorenanalyse überprüft, ob Items aus einem Test hoch mit den antizipierten Faktoren (Dimensionen oder Konstrukten) korrelieren, die auf der Grundlage dieser Items gemessen werden sollen (s. Backhaus, Erichson & Plinke, 2017; Bortz & Schuster, 2016).

7.1 Exploratorische Faktorenanalyse

Die Exploratorische Faktorenanalyse (*exploratory factor analysis*, EFA) kommt zum Einsatz, wenn keine spezifischen Hypothesen über die Anzahl oder Variablenstruktur von Faktoren in einem Datensatz vorliegen. Dennoch können verschiedene Ziele verfolgt werden: eine generelle Datenreduktion, die Rückführung korrelierender manifester Variablen auf eine gemeinsame latente Variable oder die Untergliederung eines komplexeren Merkmalbereichs in homogene Teilbereiche. Dabei sollte als notwendige Bedingung bei gegebener Homogenität die Korrelation zwischen den Items des gleichen Konstrukts höher sein als zwischen Items verschiedener Konstrukte. Statt der Berechnung vieler Einzelkorrelationen erlaubt es die Faktorenanalyse, Items nach ihrer korrelativen Ähnlichkeit zu strukturieren und zu ordnen. Als Ausgangsmatrix der Analyse dient eine entsprechende Korrelations- oder Kovarianzmatrix zwischen den Items, die von der Faktorenanalyse (möglichst ohne Informationsverlust) durch eine geringere Anzahl von Faktoren (oder Komponenten) reproduziert wird. Die

korrelative Ähnlichkeiten

Enge des Zusammenhangs zwischen einzelnen Items des Datensatzes und den durch die Analyse gebildeten Faktoren wird dabei durch sog. *Faktorladungen* angegeben. Zur Durchführung einer EFA sind drei Festlegungen erforderlich (s. Überla, 1971):

- Wahl der Extraktionsmethode (z. B. Hauptkomponenten- oder Hauptachsenanalyse) und Bestimmung von Eigenwerten und Kommunalitäten;
- Wahl des Abbruchkriteriums (z. B. Kaiser-Guttman-Kriterium, Scree-Test, Parallelanalyse oder MAP-Test);
- Wahl der Methode der Faktorenrotation (z. B. orthogonale oder oblique Rotation).

7.1.1 Extraktionsmethode

Zur Faktorenextraktion stehen inzwischen zahlreiche Methoden zur Verfügung. Von diesen werden im Folgenden die häufigsten Varianten – Hauptkomponentenanalyse, Hauptachsenanalyse und die Maximum-Likelihood-Faktorenanalyse – kurz vorgestellt.

Hauptkomponentenanalyse

Erklärung von Variablen

Die Hauptkomponentenanalyse (*principal components analysis*, *PCA*) ist darauf ausgerichtet, durch die Extraktion von Faktoren möglichst viel Varianz eines Datensatzes beobachteter Variablen aufzuklären. Dies geschieht unter der idealisierten Annahme einer messfehlerfreien Erhebung der beobachteten Variablen. In der Folge erklärt die Analyse die gesamte Varianz der Variablen durch Hauptkomponenten. Allerdings besteht das Ziel in einer Dimensions- bzw. Datenreduktion, so dass in der Anwendung weniger Hauptkomponenten verwendet werden, als theoretisch möglich wäre. Damit bleibt immer ein Anteil nicht erklärter Varianz übrig.

Standardisierung der Varianz

Die PCA standardisiert die Varianz jeder Variablen auf den Wert Eins. Damit entspricht die Gesamtvarianz der Anzahl m der beobachteten Variablen (Items). Im Ergebnis vereinigen die extrahierten Hauptkomponenten mehr Varianz als eine einzelne Variable, wobei ein Fehlerterm aus den Anteilen der nicht berücksichtigten Hauptkomponenten übrig bleibt.

Hauptachsenanalyse

quadrierte multiple Korrelationen

Die Hauptachsenanalyse (*principal axes factor analysis*, *PAF* oder *PFA*) ist darauf ausgerichtet, Faktoren (latente Konstrukte) zu identifizieren, mit denen sich die Beziehungsstruktur beobachteter (manifester) Variablen erklären lässt. Dabei wird angenommen, dass die beobachteten Variablen nicht nur wahre Varianz, sondern auch Messfehlervarianz besitzen. Entsprechend werden zur Identifizierung der Faktoren nur die wahren Varianzanteile (Reliabilitäten) zur Identifizierung der gemeinsamen Faktoren herangezogen. Dazu sind die wahren Varianzanteile vorab zu schätzen und in die Hauptdiagonale der Korrelationsmatrix einzutragen. Als Maß für die geschätzte Reliabilität wird dabei häufig die *quadrierte multiple Korrelation* jeder Einzelvariablen mit allen anderen Variablen verwendet. Die aufzuklärende Gesamtvarianz ist daher geringer als in der PCA.

Maximum-Likelihood-Faktorenanalyse
Die Maximum-Likelihood-Faktorenanalyse *(maximum likelihood factor analysis, MLF)* schätzt aus der beobachteten Korrelationsmatrix der Stichprobe eine Korrelationsmatrix der Population. Hieraus werden dann sukzessive Faktoren extrahiert, die möglichst viel Varianz aufklären. Die Faktorextraktion erfolgt durch einen Goodness-of-Fit-Test (χ^2-Test) und wird so lange durchgeführt, wie dieser Test signifikant wird (s. Kline, 2005). **Korrelationsmatrix der Population**

Über Modelltests kann das angenommene Modell schließlich auf seine Anpassungsgüte geprüft werden. Damit erlaubt diese Methode explizit Rückschlüsse auf Zusammenhänge in der Population, allerdings nur unter Voraussetzung ausreichend großer Stichproben und multivariat-normalverteilter Variablen. **Modelltests**

7.1.2 Fundamentaltheorem

Die Grundannahme der Faktorenanalyse geht davon aus, dass der Testwert einer Person auf einer Variablen durch eine Kombination aus gewichteten Faktorwerten und einem Fehler beschrieben werden kann. Nach dem Fundamentaltheorem der Faktorenanalyse wird dazu eine *beobachtete standardisierte Messung* z_{vi} einer Person v bei Item i zerlegt in eine Linearkombination aus den mit den Faktorenladungen λ_{ik} gewichteten Faktorwerten f_{kv} und einer Fehlerkomponente ε_{vi} (s. Moosbrugger & Hartig, 2003; Überla, 1971; Russell, 2002): **standardisierte Messung**

$$z_{vi} = \lambda_{i1}f_{1v} + \lambda_{i2}f_{2v} + \ldots + \lambda_{ik}f_{kv} + \ldots + \lambda_{iq}f_{qv} + \varepsilon_{vi} = \sum_{k=1}^{q}(\lambda_{ik}f_{kv}) + \varepsilon_{vi}$$

Auch für eine standardisierte Variable z_i des Items i kann eine Linearkombination aus den mit den Faktorenladungen λ_{ik} gewichteten Faktoren F_k und einer Fehlerkomponente ε_i angegeben werden: **standardisierte Variable**

202 Faktorenanalyse

$$z_i = \lambda_{i1} F_1 + \lambda_{i2} F_2 + \ldots + \lambda_{ik} F_k + \ldots + \lambda_{iq} F_q + \varepsilon_i = \sum_{k=1}^{q} (\lambda_{ik} F_k) + \varepsilon_i$$

Faktorladung Die Gewichtungskoeffizienten λ_{ik} der Variablen z_i auf den Faktoren F_k werden dabei als *Faktorladungen* bezeichnet. Bei orthogonaler Rotation (unter Annahme unkorrelierter Faktoren) liegen die Faktorenladungen zwischen -1 und +1 und können als Korrelationskoeffizienten zwischen den beobachteten Variablen und dem jeweiligen Faktor interpretiert werden. Zudem ist in diesem Fall die Varianz der standardisierten Variablen $Var(z_i)$ als Summe der quadrierten Faktorladungen λ_{ik}^2 und der Varianz der Fehlerkomponenten $Var(\varepsilon_i)$ darstellbar:

$$Var(z_i) = \lambda_{i1}^2 + \lambda_{i2}^2 + \ldots + \lambda_{ik}^2 + \ldots + \lambda_{iq}^2 + Var(\varepsilon_i) = 1$$

Dabei bezeichnet der Index q die Anzahl der Faktoren. Durch die Standardisierung der Variablen ist $Var(z_i) = 1$.

Struktur- und Bei obliquer Rotation (unter Annahme korrelierter Faktoren) werden
Mustermatrix die Korrelationen zwischen Item und Faktor in einer *Strukturmatrix*,

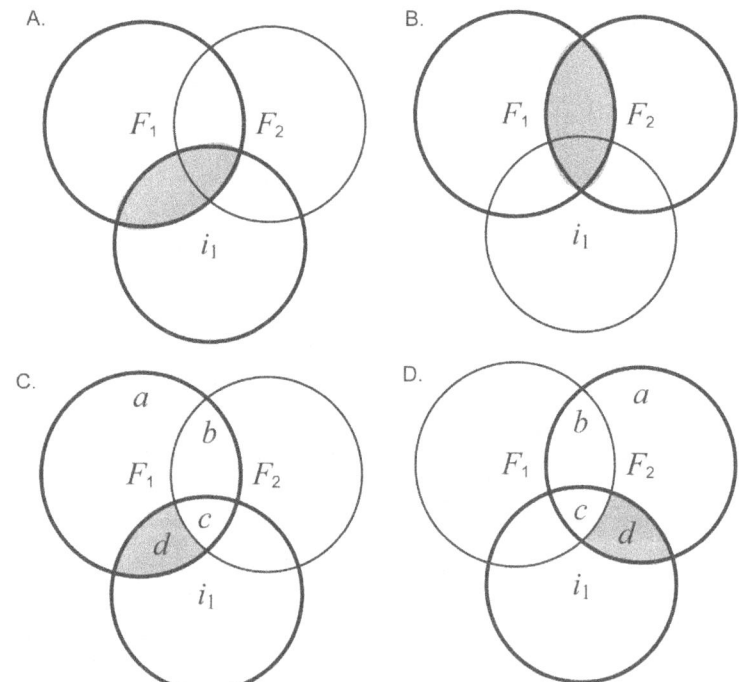

Abb. 7.1: Grafische Veranschaulichung der berücksichtigten Varianzanteile bei Korrelationen und partiellen standardisierten Regressionsgewichten. A. Korrelation zwischen Item i_1 und Faktor F_1, B. Korrelation der Faktoren F_1 und F_2, C. partielles standardisiertes Regressionsgewicht zwischen Item i_1 und Faktor F_1 mit der Fläche $d/(a+b+c+d)$, D. partielles standardisiertes Regressionsgewicht zwischen Item i_1 und Faktor F_2 mit der Fläche $d/(a+b+c+d)$

partielle standardisierte Regressionsgewichte in einer *Mustermatrix* angegeben. „Partiell" bedeutet dabei, dass pro Item die Zusammenhänge zu den anderen Faktoren auspartialisiert (entfernt) werden (s. Abb. 7.1). Im Falle einer Nullkorrelation der Faktoren sind Korrelationen und partielle standardisierte Regressionsgewichte identisch. Sind die Faktoren korreliert, unterscheiden sich die Maße. Zudem können partielle standardisierte Regressionsgewichte (im Gegensatz zu Korrelationen) Werte $> \pm 1$ annehmen.

Als *Eigenwert* wird die jeweils durch einen Faktor erklärte Varianz bezeichnet, die sich über alle m standardisierten Variablen ergibt. Der Eigenwert des Faktors $Eig(F_k)$ errechnet sich aus der Summe der quadrierten Faktorladungen des jeweiligen Faktors λ_{ik}^2 aller Variablen z_i: **Eigenwert**

$$Eig(F_k) = \sum_{i=1}^{m} \lambda_{ik}^2$$

Da die standardisierte Varianz jeder Variablen Eins ist, bedeutet ein Eigenwert größer Eins, dass der Faktor F_k mehr Varianz aufklärt als eine einzelne Variable z_i.

Im Gegenzug kann über die *Kommunalität* h_i^2 für jede Variable z_i ermittelt werden, wie viel Varianz mit wie vielen extrahierten Faktoren erklärt werden kann. Dies geschieht durch Addition der quadrierten Ladungen über alle Faktoren: **Kommunalität**

$$h_i^2 = \sum_{k=1}^{q} \lambda_{ik}^2$$

Durch die z-Standardisierung der beobachteten Variablen kann die Kommunalität im Falle einer PCA maximal Eins und im Falle der PFA maximal so groß wie die Reliabilität der jeweiligen Variablen sein.

Schließlich kann über einen *Faktorwert* angegeben werden, welchen Ausprägungsgrad eine Person auf einem Faktor besitzt. Hohe positive Werte sprechen (bei positiv formulierten Items) für eine hohe Ausprägung auf dem Faktor, hohe negative Werte für eine geringe Ausprägung auf dem Faktor. Zur Schätzung der Faktorwerte stehen für die Hauptachsenanalyse verschiedene Methoden zur Verfügung (empfohlen wird hier die Bartlett-Methode). Im Falle der Hauptkomponentenanalyse ist eine exakte Bestimmung möglich. Daher ist dieses Verfahren für die Bestimmung von Faktorwerten zu bevorzugen. Faktorwerte stellen allerdings gewichtete Werte dar (da Items mit höherer Faktorladung stärker in den Faktorwert eingehen) und sind da- **Faktorwert** her *nicht* mit ungewichteten Summenwerten (bei denen jedes Items in gleichem Maße eingeht) identisch. Verwendet werden können Faktorwerte, um Korrelationen zu externen Kriterien zu ermitteln oder um sie in „Faktorenanalysen höherer Ordnung" einzusetzen.

7.1.3 Abbruchkriterien

Eigenwertverlauf Bei der Festlegung des sog. Abbruch- bzw. Extraktionskriteriums geht es um die Frage, wie die Anzahl relevanter Faktoren festgelegt wird. Liegt kein hypothetisches Modell vor, aus dem die Anzahl der zu extrahierenden Faktoren abgeleitet werden kann, wird diese Entscheidung auf Grundlage des Eigenwertverlaufes bestimmt. Vier verschiedene Kriterien können dazu herangezogen werden (s. Bühner, 2021; Fabrigar, Wegener, MacCallum & Strahan, 1999; Brandt, 2020):

Kaiser-Guttman-Kriterium [$Eig(F_k) > 1$]

Eigenwert > 1 Nach dem Kaiser-Guttman-Kriterium (Guttman, 1954; Kaiser & Dickmann, 1959) werden die Faktoren als bedeutsam erachtet, die mehr Varianz erklären als eine einzelne Variable. Dazu muss ein Faktor einen Eigenwert größer Eins besitzen. Das Kriterium liefert nur bei einer kleineren Anzahl von beobachteten Variablen und einer eindeutigen, niederdimensionalen Faktorenstruktur eine verwertbare Entscheidungsgrundlage. Bei einer großen Anzahl beobachteter Variablen ist eine Überschätzung relevanter Faktoren (d.h. eine zu stark differenzierende Aufgliederung in Faktoren) nicht auszuschließen.

Das Kaiser-Guttman-Kriterium sollte zudem nur auf Eigenwerte angewendet werden, die im Rahmen einer PCA ermittelt wurden. Da dieses Verfahren die Gesamtvarianz (wahre Varianz + Fehlervarianz) der Items analysiert, darf die Kommunalität der Items nicht höher sein als die Reliabilität der Items. Ansonsten würden die Faktoren nicht nur systematische Varianz der Items erklären, sondern auch Fehlervarianz. Eine solche Abschätzung kann allerdings nur bei Kenntnis der Reliabilitäten vorgenommen werden. Das Eigenwertkriterium eignet sich damit weniger für Items aus Fragebögen, da hier zumeist keine genauen Angaben zu den Reliabilitäten, sondern nur Schätzungen aus den Kommunalitäten vorliegen.

hohe Reliabilitäten Hohe Reliabilitäten der Items begünstigen allgemein die Verwendung des Eigenwertkriteriums, da durch das Vorhandensein einer höheren systematischen Varianz auch die Extraktion mehrerer Faktoren gerechtfertigt ist.

Scree-Test nach Cattell

Alternativ kann ein Scree-Test durchgeführt werden (s. Cattell, 1966). Grundlage dafür ist der sog. *Scree-Plot*, der den Eigenwertverlauf vor der Rotation grafisch darstellt. In der Darstellung werden die Eigenwerte auf der Ordinate und die Faktoren mit ihrer Ordnungszahl auf der Abszisse abgetragen. Die Eigenwerte werden dabei nach Größe geordnet durch eine Linie verbunden. Bei der Interpretation des Scree-Plots werden die Faktoren als relevant erachtet, die vor einem deutlichen Eigenwertabfall (dem „Knick" in der Linie) liegen, ab dem sich der Graph asymptotisch der Abszisse annähert. *Scree-Plot*

Diese Methode gilt zwar als bewährt, wenn auch subjektiv. Zudem fällt der Eigenwertverlauf mit abnehmender Reliabilität der Items immer flacher aus (ähnlich einer Zufallsvariablen), was eine Interpretation erschwert.

Parallelanalyse nach Horn

Für das aufwendigste Verfahren, die Parallelanalyse, werden zunächst zahlreiche Datensätze (> 100) von Zufallswerten generiert, die hinsichtlich Variablenanzahl und Stichprobenumfang dem empirischen Datensatz entsprechen (s. Horn, 1965). Daran anschließend werden die zufällig korrelierenden Variablen jedes Zufallsdatensatzes einer Faktorenanalyse unterzogen und die pro Analyse gewonnenen Eigenwerte für jeden Faktor gemittelt. Diese gemittelten Eigenwerte aus der Parallelanalyse bilden den Vergleichsmaßstab für die empirisch ermittelten Eigenwerte: Als relevant wird ein Faktor aus den empirischen Daten dann angesehen, wenn deren Eigenwert größer ist als die Eigenwerte der Parallelanalyse. *Eigenwertvergleich*

Im Allgemeinen ist die Parallelanalyse sehr zuverlässig und unterschätzt die wirkliche Faktorenanzahl nur bei sehr starken ersten Hauptkomponenten mit hohem Eigenwert (PCA). Auch verliert die Parallelanalyse an Genauigkeit bei stark korrelierten oder einer großen Anzahl von Komponenten.

Minimum-Average-Partial-Test von Velicer (MAP-Test)

Der MAP-Test (O'Connor, 2000) basiert auf Partialkorrelationen von jeweils extrahierten Komponenten aus der Korrelationsmatrix der beobachteten Items. Dazu ist zunächst eine Faktorenanalyse durchzuführen, Faktorwerte für die erste Hauptkomponente zu bestimmen und diese (mittels einer Partialkorrelation) aus der Korrelationsmatrix zwischen den Items auszupartialisieren. Es entsteht eine *Residualmatrix*, bei der die Varianz der ersten Hauptkomponente entfernt wurde. *Partialkorrelation*

Die Partialkorrelationen werden (ober- oder unterhalb der Matrixdiagonalen) quadriert und anschließend gemittelt. Es resultiert eine *mittlere quadrierte Partialkorrelation*.

Diese Schritte werden nun für alle anderen Faktoren so lange wiederholt, wie Items (abzüglich eines Items) im Datensatz vorhanden sind. Die Anzahl der relevanten Faktoren ergibt sich aus der Gegenüberstellung des extrahierten Faktors und der Suche nach der kleinsten mittleren quadrierten Partialkorrelation. Genau an dieser Stelle sind die systematischen Varianzanteile zwischen den Items ausgeschöpft.

Zusammengefasst: Vier Abbruchkriterien können unterschieden werden: das Eigenwertkriterium, der Scree-Test, die Parallelanalyse und der MAP-Test. Generell erweist es sich als günstig, mehrere Extraktionskriterien zu verwenden und unterschiedliche Resultate an einer sinnvollen Interpretierbarkeit der Faktoren zu messen. Dabei erlauben es Exploratorische Faktorenanalysen auch, die Anzahl der Faktoren vorab festzulegen. Eine zu große Zahl extrahierter Faktoren gilt dabei generell als weniger kritisch als eine zu geringe Zahl extrahierter Faktoren. Das Eigenwertkriterium sollte dabei nur bei hoher und bekannter Reliabilität der Items verwendet werden oder wenn eine differenzierte Aufgliederung eines Konstruktes angestrebt wird. Empfehlenswerter sind daher die Parallelanalyse und der MAP-Test. Die Parallelanalyse sollte allerdings nicht bei einer starken ersten Hauptkomponente, bei starker Korrelation der Komponenten oder der Annahme vieler Komponenten eingesetzt werden.

7.1.4 Rotationsmethoden

Einfachstruktur Das beschriebene Verfahren extrahiert die Faktoren nach maximalen Eigenwerten (Prinzip der Varianzmaximierung), was eine Interpretation des resultierenden Faktorenraums hinsichtlich der Ladungsmuster erschwert. Daher wird zur besseren Interpretierbarkeit der Faktorenlösung eine *Faktorenrotation* vorgenommen: Dabei handelt es sich um eine Transformation der Faktorladungen durch Drehung des Faktorenraumes, ohne dabei die Position der Variablen zu verändern. Ziel dieses Verfahrens ist es, ein Faktorenmuster zu erreichen, das der sog. *Einfachstruktur* entspricht (s. Überla, 1971).

Eine **Einfachstruktur** besteht, wenn jede beobachtete Variable auf einem Faktor eine hohe (Primär-)Ladung und auf allen anderen Faktoren keine oder nur eine geringe (Sekundär-)Ladung aufweist (s. Abb. 7.2).

Zur Erreichung dieser Einfachstruktur stehen verschiedene Methoden zur Verfügung, die prinzipiell in *orthogonale* (rechtwinklige) und *oblique* (schiefwinklige) Rotationsverfahren unterteilt werden. Während die orthogonalen Verfahren die Annahme unkorrelierter Faktoren und damit einer unabhängigen Interpretation der Faktoren beibehalten, wird diese Annahme bei den obliquen Verfahren aufgegeben (zum weiteren Überblick s. Exkurs „Exploratorische Faktorenanalyse in IBM® SPSS® Statistics" am Ende dieses Unterkapitels).

orthogonale und oblique Rotation

Varimax-Rotation: Das bekannteste orthogonale Rotationsverfahren zur Erreichung hoher Primärladungen und geringer Sekundärladungen ist die *Varimax-Rotation*, bei der die Varianz der quadrierten Faktorladungen $Var(\lambda_{ik}^2)$ innerhalb der Faktoren maximiert wird. Ist der Einsatz der Faktorenanalyse auf eine Datenreduktion ohne ein theoretisches Modell zur Dimensionalität ausgerichtet, sollte dieses Verfahren bevorzugt werden.

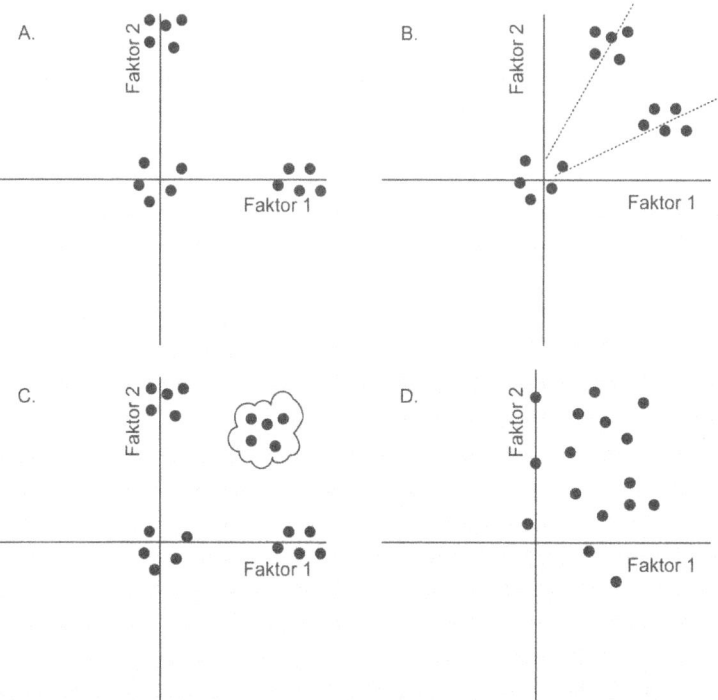

Abb. 7.2: Faktorenräume mit jeweils zwei Faktoren für verschiedene Variablenkonstellationen. A. Orthogonale Struktur (Einfachstruktur), B. oblique Struktur, C. Vorhandensein einer zusätzlichen Faktors, D. keine erkennbare faktorielle Struktur

Oblimin-Rotation: Die bekannteste oblique Rotationsmethode ist die *Oblimin-Rotation*, bei der eine simultane Optimierung hinsichtlich eines orthogonalen und obliquen Rotationskriteriums angestrebt wird. Durch Angabe einer Winkelgröße kann der Grad der Faktoreninterkorrelation spezifiziert werden. Liegt eine theoretische Begründung über korrelierte Faktoren vor, kann der Einsatz dieser Methode zweckmäßig sein.

Target-Rotation: Hier wird vorab eine Referenzstruktur als Faktorladungsmatrix formuliert. Dabei lassen sich einige Faktorladungen auf null setzen (wie bei der Konfirmatorischen Faktorenanalyse), andere als unbekannt angeben. Die Rotation wird so angepasst, dass die resultierende Ladungsmatrix möglichst der Zielvorstellung entspricht. Das Verfahren kann sowohl für orthogonale als auch für oblique Rotation spezifiziert werden und bietet sich bei inhaltlich begründeten Sekundärladungen anstatt einer Einfachstruktur an.

Geomin-Rotation: Diese Variante verwendet das geometrische Mittel der Produkte der quadrierten Faktorladungen pro Item und summiert diese auf. Über eine spezifische Maßzahl wird dabei die Modellidentifikation sichergestellt. Die Rotationsmethode lässt sich insbesondere dann anwenden, wenn die Items einer Einfachstruktur folgen.

7.1.5 Voraussetzungen zur Durchführung

Die erfolgreiche Durchführung einer Faktorenanalyse ist an verschiedene Voraussetzungen gekoppelt, die vorab zu prüfen sind:

Items pro Faktor
- *Itemanzahl.* Einer Faktorenanalyse sollte ein ausreichender Satz von Items zugrunde liegen, bei dem die psychometrischen Eigenschaften bekannt sind. Pro gebildeten Faktor stellen drei bis fünf Items die Untergrenze dar, eine größere Zahl (> 5) von Items pro Faktor ist aber grundsätzlich anzuraten. Für die Inhaltsvalidität (s. Kap. 6.2.1) ist günstig, wenn alle Faktoren die gleiche Anzahl von Items besitzen, damit die Faktoren dieselbe Generalitätsebene aufweisen. Auch sollte für jeden Teilaspekt eines Konstruktes dieselbe Itemanzahl verwendet werden.

erforderlicher Stichprobenumfang
- *Itemqualität.* Eine Eignungsbeurteilung von Items kann anhand der Kommunalität vorgenommen werden. Als optimal gilt dabei ein Wert von $h_i^2 > 0{,}60$, bei dem bereits ein Stichprobenumfang von $n = 60$ zur Durchführung einer Faktorenanalyse ausreichend ist. Sind die Kommunalitäten $h_i^2 \approx 0{,}50$, beträgt das empfohlene n bereits 100 bis 200. Noch geringere Kommunalitäten erfordern ein $n \geq 300$ (dies gilt auch für Faktoren mit einer Variablenbesetzung an der Untergrenze). Bei sehr geringen Kommunalitä-

ten und sehr schwach besetzten Faktoren kann ein n von 500 bis 1.000 erforderlich werden. Ein wachsender Stichprobenumfang erhöht demnach die Stabilität einer Faktorlösung ebenso, wie eine hohe Kommunalität bzw. Reliabilität der Items.

- *Itemkorrelation*. Eine optimale Faktorlösung kann erwartet werden, wenn substanzielle (signifikant von 0 verschiedene) Korrelationen zwischen Variablen bestehen. Anhaltspunkte für die Eignung von Items durch eine Faktorenanalyse liefert der *Kaiser-Meyer-Olkin-Koeffizient (KMO)*. Dieser dividiert den gemeinsamen Varianzanteil (quadrierten Korrelationskoeffizienten) aller Items durch den gemeinsamen Varianzanteil aller Items plus einen quadrierten Partialkoeffizienten (zwischen 2 Variablen unter Auspartialisierung aller anderen Variablen). Der Koeffizient wird klein, wenn die untersuchten Items einen hohen spezifischen Varianzanteil besitzen, den sie mit keinem anderen Item teilen. Eine Faktorenanalyse kann durchgeführt werden, wenn der KMO-Koeffizient > 0,60 ist. Bei Werten < 0,60 sollte von einer Faktorenanalyse abgesehen werden. — **Eignung von Items**

- *Itemverteilungen*. Weisen einzelne Items unterschiedliche Verteilungen auf, wirkt sich dies auf die Höhe der Korrelation aus, da Items dann nicht mehr maximal korrelieren können. In gleicher Weise können Ausreißer- oder Extremwerte einen linearen Zusammenhang verändern (vergrößern oder verkleinern). Eine Schiefe kann ggf. durch eine nicht lineare Transformation kompensiert werden (s. Kap. 3.6.4). Für Ausreißerwerte hingegen kann eine Transformation in Anteilsschätzungen vorgenommen werden, die dann in z-Werte transformiert als Normrangwerte bezeichnet werden (z. B. in IBM® SPSS® Statistics mittels der Transformation von Werten in Ränge; s. Pospeschill, 2018). — **Schiefe und Ausreißerwerte**

Exkurs: Exploratorische Faktorenanalyse in IBM® SPSS® Statistics

IBM® SPSS® Statistics erlaubt die Durchführung verschiedener Faktorenanalysen (u. a. PCA, PFA und MLF) unter Verwendung verschiedener Rotationstechniken und zusätzlicher Statistiken (s. Bühner, 2021; Pospeschill, 2018).

KMO-Koeffizient und Bartlett-Test: Vor Durchführung sollte die Eignung der Daten festgestellt werden. Hierzu dienen einerseits der *KMO-Koeffizient* (s. Kap. 7.1.5), andererseits der *Bartlett-Test auf Sphärizität*. Letzterer testet die Nullhypothese der Nullkorrelation aller Itemkorrelationen. Wird die Prüfgröße nicht signifikant, sind die Items (zu stark) unkorreliert und für die Faktorenanalyse ungeeignet. Berücksichtigt werden sollte allerdings, dass der Bartlett-Test bei einem großen n fast immer zu einem signifikanten Ergebnis führt.

Bei der Durchführung der Faktorenanalyse kann die Hauptkomponentenanalyse gewählt werden, wenn eine Reproduktion der Hauptkomponentenmatrix durch weniger Faktoren oder eine Beschreibung der Faktoren gewünscht ist. Alternativ steht eine Hauptachsenanalyse zur Verfügung, wenn die Analyse der gemeinsamen Varianz aller Items geplant oder eine Erklärung der Korrelationen zwischen den Items erfolgen soll. Schließlich kann auch eine Maximum-Likelihood-Analyse durchgeführt werden, wenn die Analyse der gemeinsamen Varianz, eine Erklärung zu den Korrelationen zwischen Items oder eine Generalisierung auf eine Population geplant ist.

Orthogonale Rotationsmethoden: Bei den orthogonalen Rotationstechniken stehen neben der bereits beschriebenen *Varimax-Rotation* (zur Maximierung der Varianz der quadrierten Ladungen der Items innerhalb der Faktoren) noch die *Quartimax-Rotation* (zur Minimierung der Komplexität der Items und damit der Faktorenanzahl, bei der ein starker genereller erster Faktor und mehrere Gruppenfaktoren entstehen) und die *Equamax-Rotation* (zur Minimierung der Komplexität der Faktoren und der Items, als Kompromiss aus Varimax und Quartimax) zur Verfügung.

Oblique Rotationsmethoden: Bei den obliquen Rotationstechniken stehen neben der *Oblimin-Methode* (mit einer Gradangabe zur Interkorrelation der Faktoren, wobei Delta = 0 maximale Korrelation und Delta = -4 orthogonale Faktoren bedeutet) noch die *Quartimin-Methode* (führt wie Oblimin mit Delta = 0 zu hoch korrelierenden Faktoren) und die *Promax-Methode* (orthogonale Ladungen werden mit einem Exponenten Kappa = 2, 4 oder 6 potenziert, um geringe Ladungen auf 0 zu setzen, hohe Ladungen aber nur geringfügig zu reduzieren) zur Verfügung.

Interpretation rotierter Lösungen: Generell gilt, dass die Ergebnisse orthogonaler Rotation leichter zu interpretieren sind, da nur eine Ladungsmatrix interpretiert werden muss. Auch gering korrelierende Faktoren ($< 0{,}10$) erlauben dieses Vorgehen. Hier wird bevorzugt die Varimax-Rotation eingesetzt. Bei obliquer Rotation resultieren eine Mustermatrix (mit den partiellen standardisierten Regressionsgewichten der Items auf den Faktoren) und eine Strukturmatrix (mit den Korrelationen zwischen den Items und den Faktoren). Bevorzugt interpretiert wird hier die Mustermatrix. Als empfehlenswert gilt hier die Promax-Rotation.

Anti-Image-Matrix: Bei den Ausgaben kann zusätzlich eine *Anti-Image-Matrix* ausgegeben werden. Als Image eines Items wird dabei die durch eine multiple Regression der verbleibenden Items aufgeklärte Varianz bezeichnet. Das Anti-Image bezieht sich auf denjenigen Varianzanteil, der von den anderen Variablen unabhängig ist. In der Anti-Image-Matrix stehen ober- und unterhalb der Diagonalen die Partialkorrelationen jeweils eines Itempaars (unter Auspartialisierung aller anderen Items). Diese sollten nahe Null sein. In der Diagonale stehen die (wichtigeren) sog. *MSA-Koeffizienten (measure of sample adequacy)*. Dabei handelt es sich um ein Maß zur Eignung der einzelnen Items für die Faktorenanalyse. Betrachtet werden die Korrelationen bzw. Partialkorrelationen zwischen einem Item und den noch verbleibenden Items. Ein hoher Wert (> 0,80) deutet auf eine gute Eignung der Items hin.

Zur Beurteilung der Faktorextraktion kann in IBM® SPSS® Statistics nur nach dem Kaiser-Guttman-Kriterium oder mittels des Scree-Plots eine Entscheidung getroffen werden. Zur Durchführung einer Parallelanalyse oder eines MAP-Tests stehen aber adäquate Prozeduren mit einer Befehlsyntax zur Verfügung (s. O'Connor, 2000; weitere Beschreibungen finden sich in Bühner, 2021).

Reproduzierte Matrizen: Zur Ergebnisbeurteilung kann optional eine Matrix mit den *reproduzierten Korrelationen* (ober- und unterhalb der Diagonalen) und *Kommunalitäten* (in der Diagonalen) sowie eine Matrix mit den *Residuen* (als Differenz zwischen beobachteten und reproduzierten Korrelationen) ausgegeben werden. Nicht redundante Residuen (mit einer Residualkorrelation >0,05) werden dabei ausgezählt und als Prozentwert zusammengefasst. Je geringer die Anzahl nicht redundanter Residuen, umso besser die Passung zwischen beobachteten Korrelationen und reproduzierten Korrelationen.

Faktor-Plots: Schließlich lassen sich optional *Faktor-Plots* erzeugen, mit denen sich unrotierte gegenüber rotierten Lösungen vergleichen lassen.

Alternativ stehen für das Statistikprogramm R das Paket „psych" (Procedures for Psychological, Psychometric, and Personality Research) und dort die Funktionen „principal()" für eine Hauptkomponenten- und „fa()" für eine Hauptachsen- und Maximum-Likelihood-Faktorenanalyse zur Verfügung.

Zusammengefasst: Bei hohen Reliabilitäten, hohen Kommunalitäten, einer Normalverteilung sowie einer Intervallskalierung der Items unterscheiden sich PCA, PFA und MLF kaum. Dies ändert sich allerdings, wenn die Kommunalitäten sinken und/oder nur wenige Items einen Faktor bilden. Sollen Rückschlüsse auf eine Population gezogen werden, empfiehlt sich die MLF, sofern die Voraussetzungen einer multivariaten Normalverteilung und einer großen Stichprobe hinreichend gegeben sind. Besonders praktikabel ist die Hauptkomponentenanalyse, da sie immer zu einer Lösung führt und eine genaue Bestimmung der Faktorwerte erlaubt. Sie bietet sich besonders zur Datenreduktion an. Sollen in einer Stichprobe Zusammenhänge zwischen Items und latenten Variablen aufgedeckt werden, ist die Hauptachsenanalyse ein adäquates Verfahren.

Als letzten Schritt sollte immer die Passung zwischen Faktorenmodell und empirischen Daten überprüft werden, z. B. durch Analyse der (standardisierten) Residualmatrix, in der die Differenzen zwischen empirischen und modellgeschätzten Korrelationen abgetragen sind. Dabei deuten positive Differenzen in der Residualmatrix auf eine Unterschätzung (z. B. bei einer zu geringen Zahl extrahierter Faktoren) und negative Differenzen auf eine Überschätzung der empirischen Korrelationen durch das Modell hin.

7.2 Konfirmatorische Faktorenanalyse

Modellspezifikation Die Konfirmatorische Faktorenanalyse (*confirmatory factor analysis*, *CFA*) ist (im Gegensatz zur EFA) ein hypothesenprüfendes Verfahren, bei der die inhaltliche Bestimmung der Faktoren schon vor der Analyse bekannt sein muss (s. Brown, 2006). Dazu ist es erforderlich, vor Durchführung (mindestens) ein theoretisches Modell zu spezifizieren, in dem die Zuordnung von Variablen zu Faktoren, die Beziehung zwischen den Variablen und den Faktoren sowie die Beziehung zwischen den Faktoren festgeschrieben sind. Für dieses Modell kann dann entweder (nach einem strikt konfirmatorischen Ansatz) geprüft werden, ob ein ausreichender Fit (Anpassungsgüte) zwischen den empirischen Daten und dem theoretischen Modell besteht oder nicht. Alternativ können über die Konfirmatorische Faktorenanalyse auch konkurrierende Modelle überprüft werden, die auf denselben Datensatz angewendet werden. Häufig werden dabei hierarchisch geschachtelte Modelle spezifiziert, welche dieselbe Modellstruktur aufweisen, sich aber in den Parameterfixierungen bzw. Parameterfreigaben unterscheiden.

Allen verwendeten Schätzmethoden gemeinsam ist dabei, dass eine aus den empirischen Daten gewonnene Varianz-Kovarianzmatrix (des a priori vorgegebenen Modells) auf Abweichungen gegenüber einer impliziten Varianz-Kovarianzmatrix (abgeleitet aus dem spezifizierten Modell) geprüft wird. Kovarianzen und Korrelationen zeigen dabei Zusammenhänge zwischen latenten Faktoren auf. Nicht standardisierte oder standardisierte partielle Regressionsgewichte zeigen die relative Bedeutsamkeit (in der CFA als „Ladung" bezeichnet) der Items bezüglich der latenten Faktoren an. Fehlervarianzen geben Varianzanteile wieder, die durch die manifesten und latenten Variablen nicht aufgeklärt werden können. **Vergleich zweier Kovarianzmatrizen**

Konfirmatorische Faktorenanalysen (mit manifesten und latenten Variablen) gehören damit neben Pfadanalysen (mit ausschließlich manifesten Variablen) in eine Verfahrensgruppe, die als *Strukturgleichungsmodelle* (*structural equation model*; s. Hoyle, 1995; Weiber & Mühlhaus, 2009) bezeichnet werden. Man setzt sie explizit über die Schätzung von Modellparametern zur Überprüfung von Modellen ein. Zur Durchführung einer Konfirmatorischen Faktorenanalyse sind drei Verfahrensschritte zu durchlaufen:

- Spezifizierung des Modells (Zuordnung manifester Variablen zu Faktoren und Festlegung der Beziehung zwischen den Faktoren);
- Spezifizierung der Datenbasis (z. B. Korrelations- oder Varianz-Kovarianzmatrix) und der Methode zur Parameterschätzung (z. B. Maximum-Likelihood-Schätzung);
- Evaluation des Modells (Beurteilung der Gütekriterien).

7.2.1 Modellspezifikation

Die Hypothesenformulierung erfolgt bei einer CFA in Form von Gleichungen bzw. Pfaddiagrammen, mittels derer die Anzahl der Faktoren, die Zuordnungen der Variablen zu Faktoren sowie die Beziehung zwischen den Faktoren festgelegt werden. In Pfaddiagrammen werden die Faktoren (latente Variablen) als Kreise, die beobachteten Items (manifeste Variablen) als Quadrate und die Fehlervariablen (Error-Variablen) ebenfalls als verkleinerte Kreise dargestellt. Gerichtete Beziehungen (partielle Regressionsgewichte) werden durch Pfeile, ungerichtete Beziehungen (Kovarianzen, Korrelationen) durch geschwungene Doppelpfeile symbolisiert. Gerichtete Pfeile verwei- **Pfaddiagramm** sen dabei auf die abhängige Variable, also die Variable, die erklärt werden soll. Auf jede Variable (ob beobachtet oder latent), auf die ein gerichteter Pfeil zeigt, muss zusätzlich eine Fehlervariable spezifiziert werden. Damit wird dem Umstand Rechnung getragen, dass bei jeder Vorhersage einer Variablen durch einen Prädiktor ein Anteil nicht erklärter Restvarianz (Fehlervarianz) übrig bleibt. CFA-Modelle erlauben es dabei auch, dass Fehlervariablen (durch einen Doppelpfeil verbunden) korrelieren. Ebenso lassen sich Doppelladungen definieren. Dabei besitzen zwei latente Variablen jeweils eine gerichtete Verbindung zu einer manifesten Variablen.

An den Verbindungen werden die Ladungen abgetragen, die sich als Korrelation interpretieren lassen, sofern jedes Item nur eine Ladung auf einen Faktor besitzt. Quadriert ergibt sich daraus der Varianzanteil zwischen Faktor und Item. Doppelladungen hingegen müssen (wie bei der EFA) als partielle standardisierte Regressionsgewichte interpretiert werden. Bei den Gleichungen werden die latenten unabhängigen Variablen mit ξ_k („ksi"), die latenten abhängigen Variablen mit η_k („eta"), die Faktorladungen mit λ_{ik} („lambda") und die Fehlervariablen mit ε_i („epsilon") bezeichnet.

Messmodell Ferner werden ein Mess- und ein Strukturmodell unterschieden (s. Kline, 2005). Im *Messmodell* (*measurement model*) wird festgelegt, welche der beobachteten Variablen Indikatoren für welche latenten Variablen darstellen. Annahme dabei ist, dass die latente Variable die Varianz einer beobachteten Variable bis auf den Messfehler vorhersagen kann.

Für vier beobachtete Variablen resultieren nach dem Pfadmodell folgende Gleichungen, wobei x_1 und x_2 der latenten Variable ξ_1 und x_3 und x_4 der latenten Variable ξ_2 zugeordnet werden (s. Abb. 7.3A, linke Abbildung):

$$x_1 = \lambda_{11} \cdot \xi_1 + 0 \cdot \xi_2 + \varepsilon_1$$

$$x_2 = \lambda_{21} \cdot \xi_1 + 0 \cdot \xi_2 + \varepsilon_2$$

$$x_3 = 0 \cdot \xi_1 + \lambda_{32} \cdot \xi_2 + \varepsilon_3$$

$$x_4 = 0 \cdot \xi_1 + \lambda_{42} \cdot \xi_2 + \varepsilon_4$$

Nach den Gleichungen setzt sich der Wert eines Items aus einem gewichteten Faktorwert und einem Fehler zusammen. Die Gleichungen gelten unter der Annahme, dass die Messwerte um den Mittelwert zentriert und z-standardisiert sind.

Konfirmatorische Faktorenanalyse

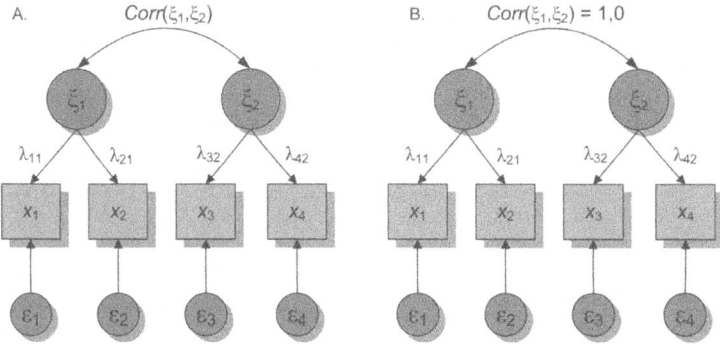

Abb. 7.3: Messmodelle zweier (konkurrierender) Modelle mit je zwei latenten Variablen (ξ_1 und ξ_2), je zwei beobachteten Variablen x_i und je zwei Fehlervariablen (ε_i). Für Modell B wird zusätzlich eine Korrelation zwischen den latenten Variablen angenommen

Mit den Gleichungen wird zum Ausdruck gebracht, wie die Itemausprägungen einer Person auf die Items ermittelt werden können. Die Korrelationen zwischen den Items x_1 und x_2 bzw. x_3 und x_4 werden in den Modellen auf die latenten Variablen ξ_1 und ξ_2 zurückgeführt – die Pfeile in Abb. 7.3 auf die Items symbolisieren dies. Die Items weisen zudem spezifische Ladungen (λ_{11} bis λ_{42}) auf. Allen beobachteten Variablen sind Fehlervariablen (ε_1 bis ε_4) zugeordnet, die eine spezifische Fehlervarianz quantifizieren.

Im *Strukturmodell* (*structural model*) werden die Beziehungen zwischen den latenten Variablen definiert. Darüber hinaus lassen sich beobachtete Nichtindikatorvariablen und ihre gerichteten Beziehungen zu latenten Variablen berücksichtigen. Dazu werden zwei Arten beobachteter (x_i- und y_i-Variablen) und latenter Variablen (ξ_k- und η_k-Variablen) unterschieden. ξ_k-Variablen sind latente unabhängige Variablen, die eine andere latente abhängige η_k-Variable vorhersagen. Indikatoren der η_k-Variablen sind y_i-Variablen. Der Wert auf der abhängigen latenten η_k-Variablen setzt sich aus dem mit γ_{ik} („gamma") gewichteten latenten Variable ξ_k und einem Fehler ζ_i („zeta") zusammen. Dies ergibt die Grundgleichung für das Strukturmodell:

Strukturmodell

$$\eta_k = \gamma_{ik} \cdot \xi_k + \zeta_i$$

Schließlich werden drei Modelltypen unterschieden: *Rekursive Modelle* sind durch die ausschließliche Verwendung gerichteter Pfade charakterisiert, auch die Fehlervariablen besitzen hier keine korrelativen Beziehungen. *Nicht rekursive Modelle* hingegen erlauben Pfade in unterschiedliche Richtungen, ebenso sind korrelierende Fehlervariablen erlaubt. *Partiell-rekursive Modelle* besitzen nur gerichtete Pfade, aber korrelierende Fehlervariablen.

Modelltypen

Abb. 7.4: Messund Strukturmodell mit zwei latenten Variablen (ξ und η), sechs beobachteten Variablen x_i und y_i, einer beobachteten Nichtindikatorvariable u_1, sechs Fehlervariablen (ε_i), sowie einer Ladung γ und der Fehlervarianz ζ der latenten Variable η

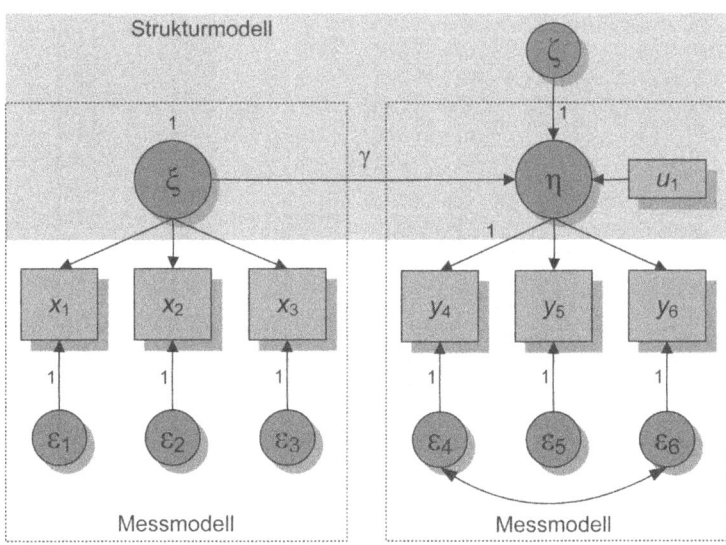

7.2.2 Modellidentifikation

ausreichende empirische Information

Eine wesentliche Voraussetzung zur Schätzung der Parameter ist, dass das Modell identifiziert sein muss. Nur im Falle ausreichender empirischer Informationen können Modellparameter wie Faktorladungen, Faktorvarianzen, Faktorkovarianzen sowie Fehlervarianzen ermittelt werden. Die Bedingung ist an eine positive Zahl von Freiheitsgraden (*df*) geknüpft und gilt, wenn die Anzahl s der empirischen Varianzen und Kovarianzen größer ist als die Anzahl *t* der zu schätzenden Parameter:

$$df = s - t > 0$$

Ist diese Bedingung erfüllt, lassen sich die Parameter schätzen. Ist die Bedingung nicht erfüllt – gibt es also mehr zu schätzende Parameter als bekannte Parameter –, ist das Modell unteridentifiziert (*underidentified*). In der Folge gibt es verschiedene Lösungen für die Parameterschätzungen. Besitzt das Modell genauso viele zu schätzende wie bekannte Parameter, resultiert *df* = 0. Ein solches Modell gilt als gerade noch identifiziert (*just identified*). Liegen mehr bekannte als zu schätzende Parameter vor, gilt das Modell als überidentifiziert (*overidentified*). Es existieren dann verschiedene Möglichkeiten, die Modellparameter zu schätzen. Gerade noch identifizierte Modelle ermöglichen

keinen Modelltest, überidentifizierte Modelle hingegen schon. Probleme bei der Identifikation können vermieden werden, wenn pro latenter Variable mindestens drei beobachtete Indikatoren verwendet werden.
Mit den Varianzen latenter Variablen kann dabei auf zwei Wegen verfahren werden:

Varianz latenter Variablen

- Die Varianz der latenten Variablen wird auf den Wert Eins fixiert. Damit liegt die Variable standardisiert vor, d. h. der Mittelwert der latenten Variablen wird Null und die Varianz Eins. Gleichzeitig entspricht die Kovarianz zwischen den standardisierten Variablen ihrer Korrelation. Mit dieser Variante besteht die Möglichkeit, die Signifikanz der Ladungen für jedes Item zu ermitteln.
- Eine Faktorladung wird pro Konstrukt auf Eins fixiert. Damit ist die Varianz der latenten Variablen gleich der erklärten Varianz dieser Indikatorvariablen. Eine Indikatorvariable, deren Ladung auf Eins fixiert wird, erhält die Bezeichnung *Referenzvariable*. Ist die Veränderung der Varianzen von Interesse, wird diese Alternative bevorzugt. Die Referenzvariable sollte aber in diesem Fall bestmöglicher Indikator für die latente Variable sein und eine hohe Reliabilität besitzen.

Die Parameter in der CFA ohne eine vorherige Wertefestlegung werden als *freie Parameter* (*free parameters*), mit einer Konstante versehene Parameter hingegen als *fixe Parameter* (*fixed parameters*) bezeichnet. Fixe Parameter werden nicht frei geschätzt, sondern a priori auf einen bestimmten Wert gesetzt. Erhalten Parameter gleiche Indizierungen oder Werte, werden die damit verbundenen Ladungen, Korrelationen oder Kovarianzen gleichgesetzt.

freie und fixe Parameter

Überprüfung der Dimensionalität
Mittels der CFA kann die Eindimensionalität, also ob eine Skala genau ein latentes Konstrukt misst, überprüft werden (s. Gäde, Schermelleh-Engel & Brandt, 2020). Dabei spielt die *Messäquivalenz* der Indikatorvariablen, deren Modellannahmen bei der Reliabilitätsschätzung zu berücksichtigen sind (s. Kap. 6.1.5), eine zentrale Rolle:

- Das (weniger strenge) τ-*kongenerische Messmodell* lässt zu, dass sich der Faktor auf die Indikatorvariablen unterschiedlich stark auswirkt (erkennbar durch unterschiedliche Faktorladungen λ_{ij}), die Variablen unterschiedliche Mittelwerte und die Indikatorvariablen unterschiedliche Messfehlervarianzen (ε_i) besitzen.
- Das (strengere) *essentielle* τ-*äquivalente Messmodell* erwartet hingegen bei den Messungen gleiche Faktorladungen. Die Indikatorvariablen dürfen zwar unterschiedliche Mittelwerte und Faktorladungen aufweisen, die Anteile wahrer Varianz müssen aber gleich sein.

- Das (sehr strenge) *essentielle τ-parallele Messmodell* erwartet gleiche Faktorladungen und gleiche Fehlervarianzen für alle Indikatorvariablen. Die Mittelwerte der Indikatorvariablen dürfen sich weiterhin unterscheiden.

Die Beurteilung der Eindimensionalität ist schließlich daran geknüpft, dass keine substanziellen Fehlerkovarianzen zwischen den Indikatorvariablen nachweisbar sind.

Bei mehrdimensionalen Messmodellen, z.B. mit Subskalen, bei der Messwerte von Items wesentlich durch jeweils spezifische Faktoren erklärt werden, gibt es weitere Grundformen, die sich zudem zu komplexeren Modellen erweitern lassen:

- *Messmodelle mit korrelierten Faktoren* ordnen jedes Item genau einem Faktor zu (Einfachstruktur) und fixieren die Faktorladungen auf den jeweils anderen Faktoren auf null. Hier besteht ein wesentlicher Unterschied zur exploratorischen Faktorenanalyse (EFA), die Ladungen von Items auf alle Faktoren zulässt.
- *Messmodelle mit Faktoren höherer Ordnung* sind solche, bei denen Faktoren erster Ordnung einem übergeordneten Generalfaktor zugeordnet werden. Die Kovarianzen der Faktoren erster Ordnung besitzen dabei einen erklärten Varianzanteil gegenüber dem Generalfaktor und eine Residualvarianz. Der Varianzanteil der Indikatorvariablen, der (indirekt) auf den Generalfaktor oder (direkt) auf den spezifischen Faktor erster Ordnung zurückgeht, lässt sich zudem anhand der Modellparameter ermitteln. Dabei gilt, dass der indirekte Effekt des Generalfaktors auf alle Indikatorvariablen eines Faktors erster Ordnung identisch ist (equality constraint).
- Um diese Gleichheitsrestriktion zu umgehen kann alternativ ein *Bifaktor-Messmodell* spezifiziert werden, bei dem der Generalfaktor auf derselben Ebene modelliert wird, wie die spezifischen Faktoren. Entsprechend wirkt hier der Generalfaktor direkt auf die Indikatorvariablen, im klassischen Modell unter der Annahme, dass die spezifischen Faktoren untereinander als auch zum Generalfaktor unkorreliert sind. Die spezifischen Faktoren sind hier allerdings Residualfaktoren, aus denen der Varianzanteil des Generalfaktors auspartialisiert wird. Auch werden für die Indikatorvariablen je eine Varianzquelle pro Faktor (General- und Residualfaktor) angenommen.

Methode der Parameterschätzung

ML-Schätzungen Im Allgemeinen werden Maximum-Likelihood-Schätzungen bevorzugt eingesetzt. Diese setzen intervallskalierte Indikatorvariablen und eine multivariate Normalverteilung der Daten voraus (zu weiteren Schätzmethoden s. Exkurs „Konfirmatorische Faktorenanalyse mit AMOS™" am Ende dieses Unterkapitels). Ziel der Schätzungen ist es, eine Übereinstimmung zwischen der vom Modell implizierten theoretischen (impliziten) Kovarianzmatrix (unter Verwendung der geschätzten Parameter) und der empirischen (beobachteten) Kovarianzmatrix herzustellen. Dabei können Rohwerte als auch transformierte Werte gleichermaßen eingesetzt werden. Daneben existieren auch Verfahren für nicht-normalverteilte, metrische Indikatorvariablen und kategoriale Indikatorvariablen.

Während die beobachtete Kovarianzmatrix (mit den Itemvarianzen in der Diagonale) einfach berechnet werden kann, ist die Bestimmung der impliziten Kovarianzmatrix nur aus den Grundgleichungen des Mess- und Strukturmodells möglich. Dabei wird für jedes Element der impliziten Kovarianzmatrix eine Gleichung aufgestellt. Da bei überidentifizierten Modellen die Parameter nur geschätzt werden können, werden anhand von Startwerten (vorläufige Werte) die Varianzen und Kovarianzen berechnet. Die Diskrepanz zwischen den anfänglichen Startwerten der impliziten Kovarianzmatrix und den Werten der empirischen Kovarianzmatrix ist allerdings zumeist groß, so dass die Werte durch einen iterativen (schrittweisen) Prozess optimiert werden müssen. Die ML-Schätzung dient dazu, diese Diskrepanz zu minimieren. Nach jeder Iteration werden die implizite und die beobachtete Kovarianzmatrix verglichen und die gewichtete Differenz beider Matrizen in einer Residualmatrix gespeichert. Der Iterationsprozess wird gestoppt, wenn sich die Differenz beider Matrizen nicht mehr verringern lässt. Zu diesem Zeitpunkt *konvergiert* die Schätzung. Aus der residualen Diskrepanz kann eine Prüfgröße (Goodness-of-Fit-Test) abgeleitet werden, die dann als Modelltest der Anpassungsgüte dient. Wird der χ^2-Test signifikant, ist die Abweichung der geschätzten modelltheoretischen Kovarianzmatrix gegenüber der empirisch ermittelten Kovarianzmatrix signifikant von Null verschieden.

Iterationsprozess

Eine signifikante Abweichung kann allerdings auch dann entstehen, wenn eine deutliche Verletzung der multivariaten Normalverteilungsannahme vorliegt. Dies führt zu überhöhten Schätzungen des χ^2-Modelltests und damit zur Verwerfung auch passender Modells. In diesem Fall können entsprechende Korrekturen (wie z. B. die Bollen-Stine-Bootstrap-Methode) vorgenommen werden. Darüber hinaus können von dieser Verletzung auch Pfade und Korrelationen zwischen manifesten Variablen, zwischen latenten Variablen oder zwischen manifesten und latenten Variablen betroffen sein. Diese werden durch den zu geringen Standardfehler der Parameterschätzungen signifikant. Lediglich Faktorladungen und Korrelationen lassen sich unter der Verletzung der Verteilungsannahme noch korrekt schätzen.

multivariate Normalverteilungsannahme

Bei Verletzung der Normalverteilungsannahme kann die robuste ML-Schätzmethode MLR verwendet werden, die eine Korrektur des Erwartungswertes der Teststatistik und des Standardfehlers vornimmt.

Auch für kategoriale Indikatorvariablen (mit mindestens fünf Abstufungen) kann die MLR-Methode robuste Schätzungen liefern. Zur Berechnung steht im Statistikprogramm R das Paket „lavaan" (Latent Variable Analysis) zur Verfügung.

Zusammengefasst: Die CFA unterscheidet ein Messmodell (als Darstellung der beobachteten Indikatoren und latenten Variablen) von einem Strukturmodell (als Darstellung der Beziehungen zwischen latenten Variablen). Sowohl gerichtete Beziehungen (interpretiert als standardisierte partielle Regressionsgewichte) als auch ungerichtete Beziehungen (interpretiert als Korrelationen oder Kovarianzen) sind bei der Modellspezifikation erlaubt. Aus Mess- und Strukturmodell werden die Gleichungen abgeleitet, mittels derer die Modellparameter (Ladungen, Korrelationen oder Kovarianzen und Varianzen der latenten oder Fehlervariablen) geschätzt werden können. Für das Modell ist dabei zu prüfen, ob es identifiziert ist (also mindestens so viele bekannte Parameter wie zu schätzende Parameter besitzt). Die Modellparameter werden durch ein iteratives Verfahren geschätzt. Die daraus abgeleitete implizite Kovarianzmatrix wird mit der beobachteten Kovarianzmatrix auf Diskrepanz verglichen. Aus einer Diskrepanzfunktion wird dann ein Maß abgeleitet, das über die Annahme (bei einem nicht signifikanten Ergebnis) oder Ablehnung (bei einem signifikanten Ergebnis) des Modells entscheidet.

7.2.3 Modellevaluation

Unter Verwendung einer spezifischen Schätzmethode (z. B. Likelihood-Ratio-Statistik) und Annahme einer χ^2-Verteilung kann bei einer hinreichend großen Stichprobe (n = 200–250) die Anpassungsgüte des Modells überprüft werden. Dies erfolgt sowohl über einen Signifikanztest (χ^2-Test) als auch über verschiedene deskriptive Fitmaße.

Hypothesen

Prüfung des Modellfits: Ein χ^2-Wert spricht dann für einen guten Modellfit, wenn dieser möglichst klein ausfällt. Folgerichtig wird die Annahme der Nullhypothese H_0 bei folgender Hypothesenformulierung angestrebt:

- H_0: $\Sigma(\theta) = \Sigma$. Es besteht eine Passung zwischen Modell (impliziter bzw. reproduzierter Kovarianzmatrix $\Sigma(\theta)$) und Datenstruktur (Kovarianzmatrix der Population Σ, die durch die empirische bzw. beobachtete Kovarianzmatrix S geschätzt wird).
- H_1: $\Sigma(\theta) \neq \Sigma$. Es besteht keine Passung zwischen Modell und Datenstruktur.

Die Prüfung der Geltung der Nullhypothese H_0 ist allerdings nicht unproblematisch. In diesem Fall ist nämlich der Beta-Fehler (die H_0 zu Unrecht beizubehalten) zu kontrollieren und nicht, wie bei Prüfung der Geltung der Alternativhypothese H_1, der Alpha-Fehler (die H_0 zu Unrecht zu verwerfen). Da es zur Bestimmung des Beta-Fehlers aber kein Effektstärkemaß gibt, bleibt nur, den Beta-Fehler durch Erhöhung des Alpha-Fehlers (z. B. auf 0,20) zu kontrollieren. Dies stellt allerdings nur eine indirekte Kontrolle des Beta-Fehlers dar und bietet daher keine wirkliche Sicherheit, unpassende Modelle zu entdecken. **Prüfung der Nullhypothese**

Eine weitere Einflussgröße auf die Hypothesenentscheidung stellt die Stichprobengröße dar. Eine CFA erwartet grundsätzlich ein größeres n als eine EFA, um stabile Parameterschätzung vornehmen zu können. Ein zunehmender Stichprobenumfang verkleinert den Stichprobenfehler und liefert entsprechend exaktere und stabilere Resultate. Dadurch erhält der χ^2-Modelltest eine höhere Teststärke gegenüber Modellabweichungen. Kleinere Abweichungen führen daher eher zu einer Ablehnung der H_0. Bei der ML-Methode können zudem kleine Stichproben zu Konvergenzproblemen bei der Parameterschätzung führen. **größere Stichprobenumfänge**

Wird die Passung eines Modells festgestellt (also H_0 angenommen), darf dies allerdings nicht darüber hinwegtäuschen, damit etwa ein „richtiges" oder sogar das „beste" Modell gefunden zu haben. Daran ändert auch die wiederholte Bestätigung (Replikation) eines Modells nichts, da dies nur als Beleg der Stabilität gewertet werden kann. Prinzipiell können zahlreiche äquivalente Modelle existieren, bei denen die Kriterien der Anpassungsgüte ebenso erfüllt sind – die Möglichkeit einer endgültigen Modellbestätigung existiert daher nicht (s. Jöreskog, 1993). Auch nimmt die Sensitivität der Konfirmatorischen Faktorenanalyse deutlich ab, wenn sich die Ladungen verringern. Dies kann Bestätigungen eines Modellfits zur Folge haben, obwohl die Passung zwischen Modell und Daten unzureichend ist. **Äquivalenz von Modellen**

Modelltest

In den χ^2-Modelltest geht je nach gewählter Schätzmethode ein Kennwert F (value of fitting function) für die gewichtete Abweichung zwischen beobachteter und impliziter Kovarianzmatrix ein. Nach der ML-Methode berechnet sich dieser Wert F_{ML} folgendermaßen (s. Chou & Bentler, 1995): **Abweichungskennwert F**

$$F_{ML} = \log|\Sigma(\theta)| + \text{Trace}(\Sigma(\theta)^{-1} \cdot S) - \log|S| - p$$

Dabei entspricht *Trace* der Spur der Matrix. Diese ergibt sich aus der Summe der Varianzen in der Diagonalen einer Varianz-Kovarianzmatrix. $\Sigma(\theta)$ entspricht der impliziten Kovarianzmatrix und **S** der beobachteten Kovarianzmatrix und p der Anzahl der manifesten Variablen (der Fettdruck kennzeichnet, dass sich einige Indizes auf Matrizen beziehen). $\Sigma(\theta)^{-1}$ bezeichnet das Inverse der impliziten (reproduzierten) Kovarianzmatrix. Dabei gilt: $\Sigma(\theta) \cdot \Sigma(\theta)^{-1} = E$; E ist dabei die Einheits- bzw. Identitätsmatrix (mit Einsen in der Hauptdiagonalen und Nullen für alle anderen Elemente). $|\Sigma(\theta)|$ bzw. $|S|$ stehen für die Determinante der jeweiligen Matrix. Determinanten sind Werte einer Matrix von ± unendlich und zeigen bei einer Korrelationsmatrix mit dem Wert Eins an, dass alle Korrelationen Null sind, und mit dem Wert Null, dass lineare Abhängigkeiten in der Matrix oder Skalenwerte zusammen mit daraus gebildeten Gesamtwerten in der Matrix bestehen.

χ^2-Modelltest Zur Ermittlung des χ^2-Wertes wird der Kennwert F_{ML} (nach der ML-Methode) mit $(n - 1)$ multipliziert:

$$\chi^2 = (n - 1) \cdot F_{ML}$$

Die Freiheitsgrade ergeben sich nach:

$$df = \left(b \cdot \frac{b+1}{2}\right) - f$$

Dabei sind b die Anzahl der beobachteten Parameter und f die Anzahl der frei zu schätzenden Parameter. Allgemein wird der χ^2-Wert nach folgender Daumenregel interpretiert: $\chi^2 \leq 2 \cdot df$, d. h. der χ^2-Wert sollte gegenüber den Freiheitsgraden um den Faktor 2 kleiner ausfallen, um die Nullhypothese beibehalten zu können.

Modifikationsindizes Wird der χ^2-Modelltest hingegen signifikant, sollten die Vorzeichen der Residuen in der entsprechenden Residualmatrix der Kovarianzen genauer inspiziert werden. Ein positives Residuum zeigt an, dass die Korrelation oder Kovarianz zweier Items vom Modell unterschätzt wird, während ein negatives Residuum eine entsprechende Überschätzung durch das Modell anzeigt. Um dennoch zu einer Modellanpassung zu gelangen, können (explorativ) sog. *Modifikationsindizes* verwendet werden. So kann über zusätzliche Ladungen, Kovarianzen oder Varianzen eine Anpassung hergestellt werden. Dieses Vorgehen bedarf allerdings der späteren Validierung an einer neuen Stichprobe.

Über Modifikationsindizes sind die Reduzierungen des χ^2-Wertes ablesbar, wenn entsprechende Modifikationen vorgenommen werden.

Eine signifikante Verbesserung des Modellfits wird an einer Veränderung des χ^2-Wertes nahe Vier festgemacht (χ^2 (df = 1) = 3,84). Ein Modell allerdings ausschließlich anhand dieses statistischen Maßes zu optimieren ist nicht empfehlenswert, solange Veränderungen in den Ladungen oder Kovarianzen bzw. Korrelationen und korrelierten Fehlern nicht theoretisch Sinn ergeben. Zudem müssen derartige Änderungen kreuzvalidiert werden, um das geänderte Modell gegen die mögliche Abhängigkeit von der Stichprobe abzusichern.

Fit-Indizes
Die Evaluierung eines Modells erfolgt primär über den χ^2-Modelltest, kann aber über spezielle Fit-Indizes ergänzt werden. Zur Beurteilung dieser Fit-Indizes existieren allerdings nur „Daumenregeln", die insbesondere bei Datensätzen mit zahlreichen Items häufig nicht eingehalten werden (können). Moderatere Grenzwerte können daher vertretbar sein.

Ein bekanntes Maß zur Beurteilung des Modellfits stellt der *RM-SEA*-Index (*Root Mean Square Error of Approximation*) dar. Dabei handelt es sich um einen Badness-of-Fit-Index, bei dem hohe Werte für einen schlechten Modellfit sprechen: **RMSEA**

$$RMSEA = \sqrt{\frac{\chi^2 - df}{n \cdot df}}$$

Da komplexere Modelle zu einer geringeren Anzahl von Freiheitsgraden führen, vergrößert sich in diesem Fall der Zähler. Auch im Nenner führt eine geringere Anzahl von Freiheitsgraden zu einem kleineren Wert. Entsprechend vergrößert sich der *RMSEA*-Index bei komplexeren Modellen. Für die Interpretation des Index existieren grobe Regeln: Für eine gute Passung spricht allgemein ein Wert von *RMSEA* ≤ 0,05, während ein Cut-off-Wert ab 0,10 für eine schlechte Passung spricht (s. Bollen & Long, 1993). In Abhängigkeit von der Stichprobengröße sollte bei einem n > 250 ein *RMSEA* ≤ 0,06, bei einem n < 250 ein *RMSEA* ≤ 0,08 erzielt werden. Diese Angaben tragen dem Umstand Rechnung, dass der *RMSEA*-Index bei kleinen Stichproben auch passende Modelle verwerfen kann (s. Bühner, 2021).

Maße wie der *CFI* (*Comparative Fit Index*) und NFI/NNFI (*Normed Fit Index/Nonnormed Fit Index*) sind deskriptive Maße. Sie vergleichen das untersuchte Modell mit dem sog. Unabhängigkeitsmodell (*independence model*), in dem alle manifesten Variablen als unkorreliert angenommen werden. In den Maßen wird verglichen, in **CFI und NFI** welchem Ausmaß das untersuchte Modell besser zu den Daten passt als das restriktive Unabhängigkeitsmodell:

$$CFI = 1 - \frac{\chi_P^2 - df_P}{\chi_N^2 - df_N}$$

Der Index *CFI* setzt dazu das getestete Modell (*proposed model*) mit dem Unabhängigkeitsmodell (*null model*) in Beziehung und zieht den Wert Eins davon ab. Entsprechen sich beide Modelle, ergibt sich ein *CFI* von Null. Je größer deren Abweichung, desto stärker nähert sich der *CFI* dem maximalen Wert Eins. Für einen guten Modellfit sprechen hier Werte von *CFI* ≥ 0,97 und *NFI* ≥ 0,95. Durch einen *Modelldifferenzentest* können mittels des CFI auch hierarchisch geschachtelte Modelle verglichen werden. Hier werden die χ^2-Werte beider Modelle verglichen:

$$\Delta\chi^2(\Delta df) = \chi_1^2(df_1) - \chi_2^2(df_1)$$

Des Weiteren existieren Fit-Indizes wie der Tucker-Lewis-Index (*TLI* Cut-off ≈ 0,95), der Fit-Index von Bollen (*BL89* Cut-off ≈ 0,95) und der Relative-Noncentrality-Index (*RNI* Cut-off ≈ 0,95).

SRMR Schließlich gibt es den *SRMR*-Index (Standardized-Root-Mean-square-Residual), der die mittlere Abweichung der Residualkorrelationsmatrix kennzeichnet. Dieser Index berücksichtigt allerdings nicht die Modellkomplexität, besitzt dafür aber eine geringere Sensitivität gegenüber der Stichprobengröße (*SRMR* Cut-off ≤ 0,11).

Interpretation von Fit-Indizes: Generell müssen zur Interpretation der verschiedenen Fit-Indizes zwei Aspekte mitbedacht werden. Zum einen betrifft dies die Stichprobengröße, zum anderen die (Nicht-)Signifikanz des χ^2-Modelltests (s. Bühner, 2021):

- Ist die Stichprobe *groß* und der χ^2-Modelltest wird *signifikant*, besteht kein guter Modellfit. Ob im Modell wirklich fehlerhafte Spezifikationen vorliegen oder ob das Modell durch die hohe Teststärke abgelehnt wird, kann dann über die Fit-Indizes eruiert werden.
- Ist die Stichprobe *groß* und der χ^2-Modelltest wird *nicht signifikant*, besteht ein guter Modellfit. Da das Modell trotz hoher Teststärke nicht abgelehnt wird, ist die Betrachtung der Fit-Indizes nicht unbedingt erforderlich.
- Ist die Stichprobe *klein* und der χ^2-Modelltest wird *signifikant*, besteht kein guter Modellfit. Da das Modell mit geringer Teststärke abgelehnt wird, ist die Betrachtung der Fit-Indizes überflüssig.
- Ist die Stichprobe *klein* und der χ^2-Modelltest wird *nicht signifikant*, besteht ein guter Modellfit. Obwohl das Modell mit geringer Teststärke nicht abgelehnt wird, können trotzdem fehlerhafte Spezifikationen im Modell vorliegen, die sich über die Fit-Indizes bestimmen lassen.

Reliabilitätsschätzungen

Bei der Interpretation von Zusammenhängen zwischen latenten Variablen ist es wichtig, die Reliabilität der Indikatoren (die den latenten Variablen zugeordneten manifesten Variablen) mitzuberücksichtigen. Ist die Reliabilität der den Items zugrunde liegenden Skalen gering, werden die Zusammenhänge zwischen latenten Variablen überschätzt, da die Korrelation der latenten Variablen minderungskorrigiert ist (also unterschiedliche Reliabilitäten der Skalen berücksichtigt).

Für die Items kann eine Mindestschätzung der Reliabilität anhand der Kommunalitäten vorgenommen werden. In der CFA werden die Reliabilitäten durch eine Regression der Items auf die latente Variable bestimmt – je höher der Anteil erklärter Varianz eines Items durch die latente Variable, umso reliabler das Item. Für Skalenwerte kann eine Schätzung der Reliabilität über Cronbachs α vorgenommen werden. Für den Fall, dass die Schätzung der Kommunalität für einen Skalenwert unter der Schätzung von Cronbachs α liegt, müssen die (minderungskorrigierten) Korrelationen zwischen den latenten Variablen (da überschätzt) mit Vorsicht interpretiert werden.

Mindestschätzung der Reliabilität

Schätzprobleme

Typische Schätzprobleme entstehen, wenn im Modell geschätzte Werte auftreten, die außerhalb des zulässigen Wertebereichs liegen. Auslöser dafür ist zumeist, dass die Determinante einer Matrix Null wird und dadurch negative Varianzen oder Korrelationen größer Eins geschätzt werden. Auch können Schätzprobleme auftreten, wenn partielle standardisierte Regressionsgewichte deutlich größer Eins auftreten.

Die Auslöser dieser Fehlschätzungen können sehr unterschiedlich sein: Häufige Ursache sind fehlerhaft spezifizierte Modelle oder zu kleine Stichproben. Aber auch Verletzungen bei den Voraussetzungen der Schätzverfahren (wie nicht normalverteilte Daten, Ausreißer- und Extremwerte, stark unterschiedliche Metriken der Items oder Multikollinearität in den Ausgangsdaten) können zu „nicht positiv definiten Varianz-Kovarianzmatrizen" führen, die das Verfahren erwartet.

Auslöser von Fehlschätzungen

Die Abbildung 7.5 zeigt ein Modell mit einer latenten Variable ξ und acht beobachteten Variablen x_1 bis x_8, um die Eindimensionalität eines latenten Konstruktes zu überprüfen. An den Pfeilen sind die Ladungen (partielle standardisierte Regressionsgewichte) abgetragen, die in diesem Fall (da jedes Items nur auf einen Faktor lädt) Korrelationen darstellen. Die Werte, die leicht versetzt neben den beobachteten Variablen stehen, sind multiple quadrierte Korrelationskoeffizienten (r^2). Sie zeigen an, wie viel erklärte Varianz einem Item hinsichtlich der latenten Variablen zukommt, und können als Kommunalitäten der Items (Mindestschätzungen der Reliabilität) interpretiert werden. Wird der Wert Eins von der Kommunalität subtrahiert, ergibt sich die standardisierte Fehlervarianz.

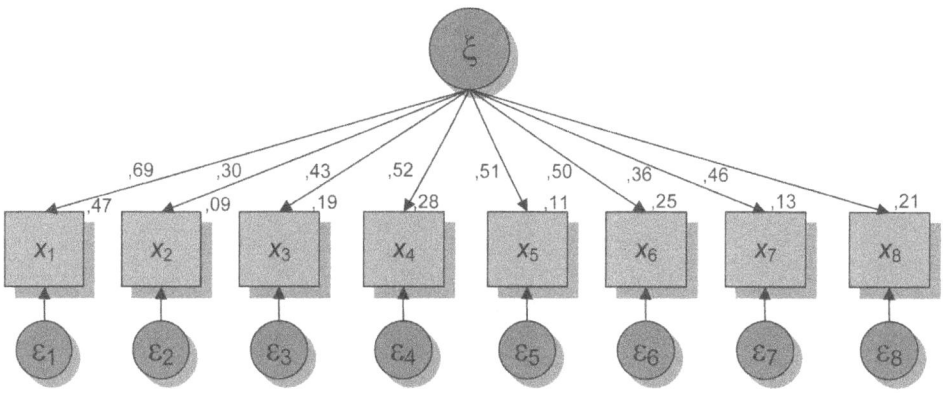

Abb. 7.5: Beispiel für ein einfaktorielles CFA-Modell mit abgetragenen Ladungen und multiplen quadrierten Korrelationen

Die vorliegenden Kommunalitäten als Mindestschätzungen der Reliabilität sind in diesem Fall teilweise sehr niedrig und damit nicht akzeptabel. Mögliche Ursache können unterschiedliche Verteilungen der Items sein, die eine maximale Korrelation verhindern. Ist die Annahme der multivariaten Normalverteilung verletzt, wird der χ^2-Modelltest überschätzt (also eher signifikant).

Testung der Messinvarianz Eine weiterführende Anwendung der CFA besteht in der Überprüfung eines Messinstrumentes auf seine psychometrischen Eigenschaften bei einem Gruppenvergleich oder einer messwiederholten Anwendung. Dabei können verschiedene Restriktionsstufen der Messinvarianz modelliert werden: nur gleiche Anzahl der Faktoren und Zuordnung der Items (*konfigurale Invarianz*), zusätzlich gleiche Faktorladungen pro Item (*metrische Invarianz*), zusätzlich gleiche Mittelwertunterschiede pro Item (*skalare Invarianz*) bis hin zu zusätzlich gleichen Fehlervarianzen pro Item (*strikte Invarianz*) im Vergleich der Gruppen oder Messwiederholungen. Man testet dazu zunächst das (schwächste) konfigurale Modell und erweitert dieses dann um weitere Invarianzstufen. Dabei können die Invarianzen auch für einzelne Items aufgehoben werden (partielle Invarianz). Ein Vergleich erfolgt schließlich mittels Modelldifferenzentest, bei dem nicht signifikante Abweichungen für das restriktivere Modell sprechen.

7.2.4 Voraussetzungen zur Durchführung

Modellannahmen. Die Konfirmatorische Faktorenanalyse (CFA) erwartet ein explizites (theoretisches) Vorwissen über das zu testende Modell. Entsprechend werden im Modell nur die Ladungen geschätzt, die als modellrelevant angesehen werden. Während bei der EFA Itemladungen auf allen Faktoren zugelassen werden, lässt die CFA i. d. R. nur Faktorladungen auf einem Faktor zu (s. Abb. 7.6). Dennoch ergänzen sich beide Methoden: Während sich über die EFA die Struktur in Daten und die Bildung von Faktoren untersuchen lässt, kann mittels der CFA (an einer neuen Stichprobe) ein daraus abgeleitetes Modell überprüft werden. — **explizites theoretisches Modell**

Datenmatrix. Einer Konfirmatorischen Faktorenanalyse liegt als Datenbasis entweder eine Kovarianz- oder Korrelationsmatrix zugrunde. Bei Verwendung einer einheitlichen Skalierung (z. B. Items mit gleicher Stufenskala) ist die Kovarianzmatrix zu bevorzugen. Unterschiede in den Metriken der Items können grundsätzlich zu Schätzproblemen führen. Daher sollten die Ladungen über eine Korrelationsmatrix standardisiert werden. Alternativ können solche Items auch vorab z-standardisiert oder in eine einheitliche Skala transformiert werden. Zwingend wird die Verwendung einer Kovarianzmatrix bei längsschnittlichen Designs (mit Veränderungen der Variabilität über Zeitpunkte hinweg) und Multigruppendesigns. — **Korrelations- oder Kovarianzmatrix**

Stichprobengröße. Konfirmatorische Faktorenanalysen erwarten größere Mindeststichproben ($n = 200$–250) als Exploratorische Faktorenanalysen ($n = 60$–100). Allerdings sollte dabei nicht vergessen werden, dass auch andere Bedingungen (wie z. B. die Itemqualität und die Itemkorrelation) Einfluss auf den (optimalen) Stichprobenumfang ausüben (s. Kap. 7.1.5). — **Mindeststichprobengrößen**

Verteilungsannahmen. ML- und GLS-Methode gehen von einer multivariaten Normalverteilung der Daten aus; diese Annahme lässt sich mittels des Mardia-Tests überprüfen (s. Exkurs „Konfirmatorische Faktorenanalyse mit AMOS™" am Ende dieses Unterkapitels). Die ADF-Methode macht die Annahme zwar nicht zur Voraussetzung, erwartet dafür aber große Stichproben ($n > 500$). Ist die Normalverteilungsannahme verletzt, kann ein spezielles Bootstrap-Verfahren (s. Kap. 5.4.2) angewendet werden, um korrigierte p-Werte für den χ^2-Test zu erhalten. Problematisch sind Ausreißer- und Extremwerte in den Daten, da dadurch der lineare Zusammenhang zwischen den Variablen verzerrt wird. Diese sollten aus dem Datensatz entfernt werden. Für nicht-normalverteilte und kategoriale Daten stehen alternative robuste ML-Schätzverfahren zur Verfügung.

A. Exploratorische Faktorenanalyse (EFA)

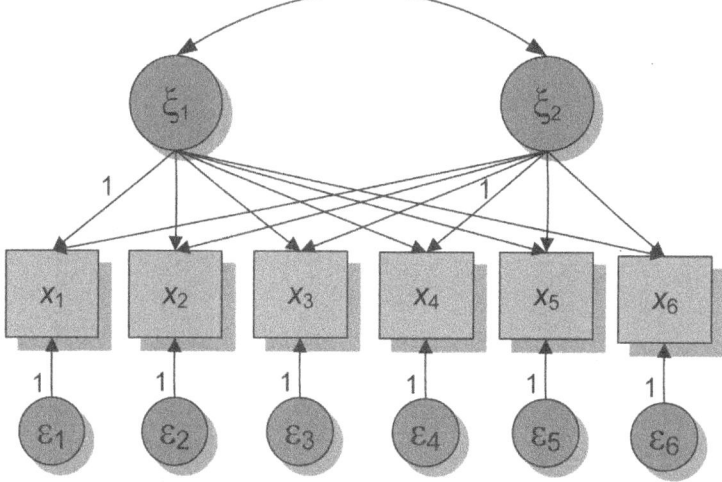

B. Konfirmatorische Faktorenanalyse (CFA)

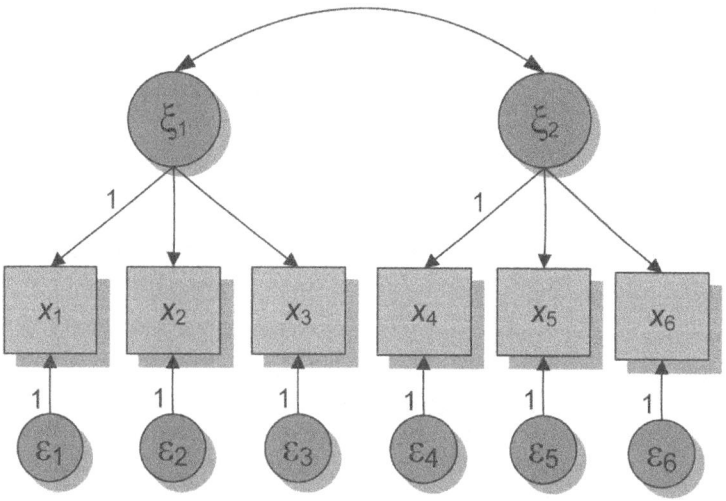

Abb. 7.6: Vergleich zulässiger Itemladungen bei EFA und CFA

Indikator-Faktor-Verhältnis. Das Verhältnis von Itemzahl zu Stichprobengröße sollte mindestens im Verhältnis 1:5, besser 1:10 stehen. Jeder latenten Variablen (Faktor) sollten zudem mindestens drei bis fünf Items zugeordnet sein.

Bildung von Itemaggregaten. Liegen sehr viele Einzelitems vor, können diese zu homogenen Aggregaten zusammengefasst werden. Ist gewährleistet, dass ein Aggregat von (korrelierten) Items die gleiche latente Variable erfasst, erhöhen sich dadurch die Reliabilität bzw. Kommunalität sowie der Prozentsatz gemeinsamer Varianz (gegenüber der spezifischen Varianz). Ebenso besitzen homogene Aggregate günstigere Verteilungseigenschaften als Einzelitems. Abgesehen werden sollte allerdings von einer Aggregation, wenn die betroffenen Items nur geringe Korrelationen oder Doppelladungen mit anderen latenten Variablen aufweisen.

Zusammenfassung von Items

Multikollinearität. Korrelieren mehrere Variablen sehr hoch miteinander (*Corr* > 0,85), wird von Multikollinearität gesprochen. Dies kann bei der CFA zu Schätzproblemen führen.

Exkurs: Konfirmatorische Faktorenanalyse in AMOS™

Grafischer Editor: AMOS™ (ein Produkt von IBM® SPSS®) ist ein Programm zur Analyse linearer Strukturgleichungsmodelle und Konfirmatorischer Faktorenanalysen, das Daten im SPSS-Format des gleichnamigen Statistikprogramms verarbeiten kann (s. Byrne, 2009; Bühner, 2021). Zur Erstellung eines Mess- und Strukturmodells bietet das Programm eine grafische Oberfläche, auf der zunächst die latenten Variablen (als Kreise) erstellt sowie anschließend die beobachteten Variablen (als Quadrate) zugeordnet und benannt werden. Durch Doppelpfeile lassen sich (wenn die Annahme besteht) Kovarianzen zwischen den latenten Variablen hinzufügen. Regressionsgewichte für Pfade und Varianzen für beobachtete oder latente Variablen können (z. B. mit dem Wert 1) fixiert werden. Auch kann ein Pfad mit einem Buchstaben versehen werden. Dann nimmt das System an, dass die beiden Pfade gleich hohe (un)standardisierte Regressionsgewichte besitzen. Abschließend sind die Fehlervariablen (als verkleinerte Kreise) zu bestimmen und zu benennen.

Schätzmethoden: Für die Schätzung (*estimation*) können neben der häufig eingesetzten ML-Methode (*Maximum Likelihood*) in AMOS™ noch drei andere Verfahren von Schätzverfahren gewählt werden, die als GLS (*Generalized Least Squares*), ULS

(*Unweighted Least Squares*) und ADF (*Asymptotically Distribution Free*) bezeichnet werden: Alle Schätzmethoden verwenden unterschiedliche Diskrepanzfunktionen.

- Die *ADF-Methode* kann als nicht verteilungsabhängige Alternative dann von Interesse sein, wenn im Modell dichotome, ordinale und kontinuierliche Variablen enthalten sind oder wenn die kontinuierlichen Variablen von der Normalverteilung signifikant abweichen. Allerdings werden zur Anwendung große Stichproben ($n > 500$) und Modelle geringer Komplexität vorausgesetzt.
- Die *ULS-Methode* setzt zwar ebenfalls keine Normalverteilung voraus, ist aber *nicht* skaleninvariant, d.h. die Ergebnisse unterscheiden sich je nach verwendeter Kovarianz- oder Korrelationsmatrix. Daher ist diese Methode im Allgemeinen nicht empfehlenswert.
- Die *GLS-Methode* und die *ML-Methode* können auch bei kleineren Stichproben ($n > 100$) eingesetzt werden, setzen allerdings eine multivariate Normalverteilung und ein Intervallskalenniveau der Daten voraus. Die ML-Methode gilt dabei im Vergleich als weniger sensitiv gegenüber Variationen des Stichprobenumfangs, robust gegenüber Verletzungen der Normalverteilungsannahme und liefert exaktere Schätzungen.

Ausgabeoptionen: Für die Ausgabe stehen zahlreiche Optionen zur Verfügung: Neben einer nicht standardisierten kann eine standardisierte Lösung (*standardized estimates*) angegeben werden. Ferner können quadrierte multiple Korrelationen zwischen den Variablen im Modell, auf die ein Pfeil zeigt oder ausgeht, angezeigt werden (*squared multiple correlations*). Im Falle von Indikatoren für latente Variablen handelt es sich um Kommunalitäten. Die Ausgabe kann um die Strukturmatrix ebenso erweitert werden (*all implied moments*) wie um eine standardisierte Residualmatrix (*residual moments*). Auch lassen sich Modifikationsindizes (als Betragswert für χ^2) für die Spezifizierung entsprechender Pfade, Kovarianzen oder Korrelationen anfordern (*modification indices*).

Test auf multivariate Normalverteilung: Schließlich kann die Annahme einer multivariaten Normalverteilung der Items mittels des *Mardia-Tests* überprüft werden (*test for normality and outliers*). Der Test ermittelt einen Critical-Ratio-Wert (der als z-Wert interpretierbar ist) für den multivariaten Exzess (*kurtosis*) als auch für die Schiefe (*skewness*) und den Exzess der einzelnen Items. Wird der Test signifikant (c. r. $> 1{,}96$), kann über die Bollen-Stine-Bootstrap-Prozedur eine p-Wertkorrektur für den χ^2-Test vorgenommen werden (*perform bootstrap* und *bollen-stine bootstrap*). Dabei sollten als Anzahl für die Bootstrap-Stichproben 1.000 gewählt werden (*number of bootstrap samples*).

Modellberechnung: Sind alle gewünschten Ausgaben aktiviert, kann die eigentliche Modellberechnung vorgenommen werden (*calculate estimates*). Bei Schätzproblemen treten typische Fehlermeldungen auf wie „The sample covariance matrix ist not positive definite" oder „The solution is not admissible". Das Programm erlaubt dann über eine spezielle Option („Allow non positive definite sample covariance"), bei Verwendung der ML-Methode, auch die Schätzung nicht positiv bestimmter Kovarianzmatrizen.

Alternativ stehen für das Statistikprogramm R das Paket „lavaan" (Latent Variable Analysis) zur Verfügung.

Zusammengefasst: Die CFA testet theoretische oder empirisch fundierte Modelle auf ihre Modellgüte, indem latente Variablen erfasst und auf Indikatorvariablen zurückgeführt werden. Grundlage der dazu notwendigen Schätzungen sind aus den beobachteten Variablen errechnete Kovarianz- oder Korrelationsmatrizen. Die Durchführung einer CFA setzt dabei eine ausreichende Zahl von Variablen (3–5 Items pro latenter Variable) mit adäquaten Verteilungseigenschaften und hohe Reliabilitäten der manifesten Variablen voraus. Die Modellevaluation erfolgt anhand eines χ^2-Modelltests und mehrerer (mindestens zweier) Fit-Indizes einschließlich der Angabe eines Konfidenzintervalls (z. B. für RMSEA). Lässt sich eine Übereinstimmung zwischen Modell und beobachteten Daten herstellen, spricht dies für die Passung (Beibehaltung) des Modells, lässt aber offen, ob es nicht ebenso passende äquivalente Modelle gibt.

7.2.5 Konfirmatorische MTMM-Analyse

Der Multitrait-Multimethod-(MTMM-)Ansatz (Campbell & Fiske, 1959) stellt eine Strategie dar, die konvergente und diskriminante Validität eines Tests (Konstruktvalidität) zu ermitteln (s. Kap. 6.2.3). Dazu wird angenommen, dass sich jede Messung aus einem systematischen Trait-Methoden-Komplex (also dem Zusammenspiel aus gemessener Fähigkeit oder Eigenschaft und der dazu verwendeten Messmethode) und einem unsystematischen Fehleranteil zusammensetzt.

Konstruktvalidität

232　Faktorenanalyse

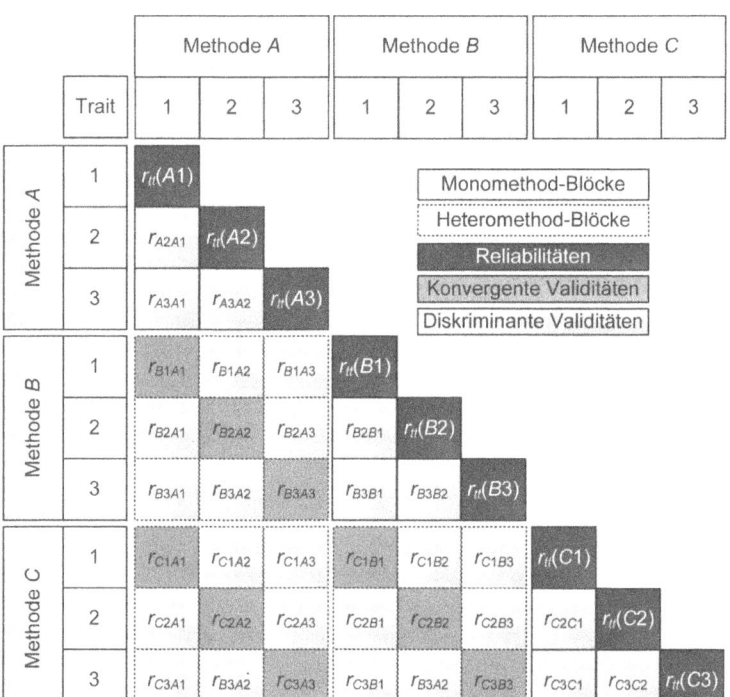

Abb. 7.7: Beispiel für eine MTMM-Matrix dreier Methoden (A, B, C) und dreier Traits (1, 2, 3) mit der Unterscheidung von Monomethod- und Heteromethod-Blöcken, Reliabilitäten in der Hauptdiagonalen, konvergenten Validitäten in der Nebendiagonalen und diskriminanten Validitäten in den Dreiecksmatrizen ober- und unterhalb der Haupt- bzw. Nebendiagonalen

Trait- und Methodenvarianz　Das Verfahren ist darauf ausgerichtet, als Varianzquelle nicht nur unterschiedliche Fähigkeiten oder Eigenschaften von Personen (*Traitvarianz*) anzunehmen, sondern als weitere Quelle eine methodenbedingte Varianz (*Methodenvarianz*) aufzudecken. Die dabei angenommenen Methodeneffekte beruhen auf spezifischen Charakteristika der Messinstrumente (z. B. bei Einsatz eines sprachgebundenen und eines sprachfreien Tests), die sich als methodenspezifischer Varianzanteil abbilden lassen. Anhand einer besonderen Korrelationsmatrix, die als MTMM-Matrix bezeichnet wird, werden die Korrelationen aller Traits mit allen verwendeten Methoden getrennt dargestellt, um die Varianzanteile, die auf den Trait zurückzuführen sind, von den Varianzanteilen, die auf die Methode zurückzuführen sind, zu trennen. Dazu werden vier verschiedene Koeffizienten unterschieden (s. Abb. 7.7):

- *Monotrait-Monomethod-Koeffizienten*. Dies sind Kennwerte (z. B. Reliabilitätskoeffizienten) einer Fähigkeit, die mit der gleichen Methode erfasst

wurde. Diese Kennwerte sollten hoch ausfallen und keine zu großen Unterschiede aufweisen.
- *Monotrait-Heteromethod-Koeffizienten.* Dies sind Kennwerte (z. B. Korrelationen) einer Fähigkeit, die mit unterschiedlichen Methoden gemessen wurde. Diese konvergenten Validitäten der Traits sollten geringer korrelieren, aber statistisch signifikant von Null verschieden sein.
- *Heterotrait-Monomethod-Koeffizienten.* Dies sind Kennwerte (z. B. Korrelationen) unterschiedlicher Fähigkeiten, die aber mit der gleichen Methode erhoben wurden. Diese Koeffizienten der diskriminanten Validität sollten noch geringere Korrelationen aufweisen.
- *Heterotrait-Heteromethod-Koeffizienten.* Diese Kennwerte unterschiedlicher Fähigkeiten, die mit unterschiedlichen Methoden erhoben wurden, sollten die geringste Korrelation aufweisen. Auch hierbei handelt es sich um Koeffizienten der diskriminanten Validität.

Eine Möglichkeit der Analyse der MTMM-Matrix besteht in der Inspektion der verschiedenen Korrelationen (s. Campbell & Fiske, 1959). Allerdings gibt es für diesen Vergleich der Korrelationen und deren maximale Abweichung keine verbindlichen Kriterien, so dass über die (Nicht-)Erfüllung der Annahme konvergenter und diskriminanter Validität nur durch Häufigkeitsauszählungen (nicht) signifikanter Korrelationen oder durch Einzelvergleiche der Korrelationskoeffizienten entschieden werden kann. Ein besonders schwerwiegendes Problem dabei ist, dass durch die Betrachtung korrelativer Beziehungen zwischen manifesten Variablen, Rückschlüsse hinsichtlich latenter Variablen (Traits und Methoden) gezogen werden. **Inspektion über Korrelationen**

Daher erfolgt die Überprüfung, wie viel Varianz in einer Leistung auf den Trait und wie viel auf die Methode zurückgeht, inzwischen primär über Konfirmatorische Faktorenanalysen. In den entsprechenden CFA-Modellen werden dabei sowohl die Traits als auch die Methoden als Faktoren (latente Variablen) definiert. Mindestvoraussetzungen sind neun Messvariablen (Indikatoren), die jeweils auf einem Trait- und einem Methodenfaktor laden. Trait- und Methodenfaktoren können dabei jeweils miteinander korrelieren. Allerdings dürfen zwischen Trait- und Methodenfaktoren keine Korrelationen bestehen, da solche Modelle nicht identifiziert sind (s. Kap. 7.2.2). Typischerweise werden zwei Modelle, ein *Correlated-Trait-Correlated-Method-Modell* (CTCM) und ein *Correlated-Uniqueness-Modell* (CUM), verglichen. **Inspektion über CFA**

Das *CTCM-Modell* zeichnet sich dadurch aus, dass hier anstatt korrelierender Fehlervariablen Methodenfaktoren spezifiziert werden (s. Abb. 7.8). Dadurch lassen sich die Trait- und Methodenvarianz der Indikatoren getrennt schätzen und die konvergente und diskriminante Validität unabhängig von der verwendeten Methode bestimmen. Für eine konver- **CTCM-Modell** gente Validität sprechen hohe Ladungen auf den Traitfaktoren, für eine diskriminante Validität geringe Korrelationen zwischen den Traits. Der Methodeneffekt kann aus der Höhe der Ladungen auf den Methodenfaktoren ersehen werden. CTCM-Modelle können allerdings Schätzprobleme mit sich bringen, wenn zu viele freie Parameter zu schätzen sind. Modellrestriktionen können in solchen Fällen erforderlich sein.

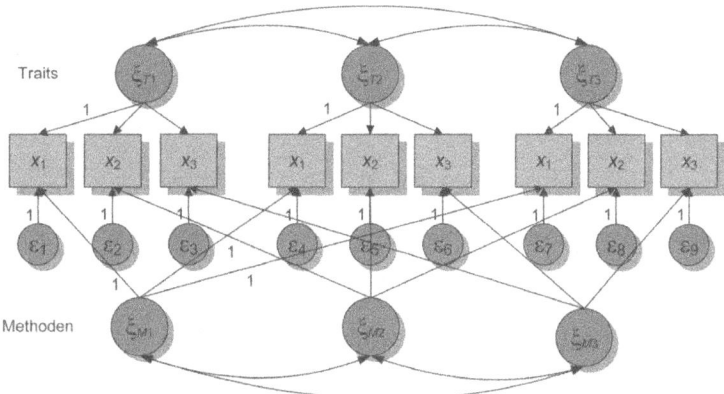

Abb. 7.8: Beispiel für ein Correlated-Trait-Correlated-Method-Modell (CTCM). Das Modell spezifiziert drei verschiedene Messungen x_1, x_2, x_3 (z. B. 3 verschiedene Tests), drei latente Variablen für verschiedene Traits ξ_{T1}, ξ_{T2}, ξ_{T3} und drei latente Variablen für verschiedene Methoden ξ_{M1}, ξ_{M2}, ξ_{M3}

CUM-Modell Im *CUM-Modell* hingegen werden alle Fehlervariablen innerhalb jeder Methode korreliert (s. Abb. 7.9). Dadurch wird die Methodenvarianz aus der Gesamtvarianz der Indikatoren auspartialisiert. Die Methodeneffekte sind hier entsprechend in den Fehlervariablen als systematische Anteile enthalten.

Aufspaltung der Gesamtvarianz Der besondere Vorteil dieser CFA-Modelle besteht darin, dass sich die Gesamtvarianz des Modells in additive Anteile aufspalten lässt: in die systematische Varianz, die durch die latente Traitvariable erklärt wird; in die Methodenvarianz, die auf die Anwendung der gleichen Methode zurückzuführen ist; und in die unsystematische Fehlervarianz. Unabhängig davon lässt sich die Güte des Gesamtmodells (χ^2-Test) und der Modellfit anhand verschiedener Gütekriterien (RMSEA, CFI, NFI) überprüfen.

Eine Alternative zu den CFA-Modellen stellt das CTC(M-1)-Modell dar (Eid et al., 2003), das eine (theoretisch oder empirisch herausgehobene) Referenzmethode ohne eigenen Methodenfaktor festlegt,

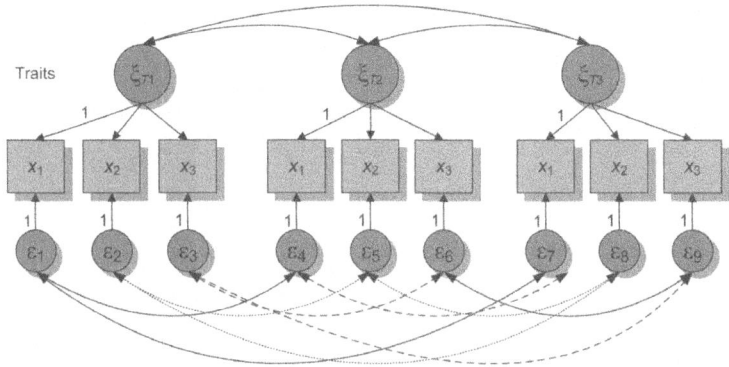

Abb. 7.9: Beispiel für ein Correlated-Uniqueness-Modell (CUM). Das Modell spezifiziert drei verschiedene Messungen x_1, x_2, x_3 (z. B. 3 verschiedene Tests), drei latente Variablen für verschiedene Traits ξ_{T1}, ξ_{T2}, ξ_{T3} und korrelierende Fehlervariablen pro Test

während es für die verbleibenden Methoden je einen Methodenfaktor spezifiziert. Ziel ist es, im Modell die Referenzmethode gegen die anderen Methoden als Trait-Faktoren zu kontrastieren. Die Faktoren besitzen zum einen eine systematische Trait-Varianz und zum anderen eine Methodenvarianz der Referenzmethode, die sich aber nicht voneinander differenzieren lassen. Die Nicht-Referenzmethoden werden als Residualfaktoren aufgefasst und bilden jeweils die Aspekte ab, die von der Referenzmethode nicht geteilt wird.

Zusammengefasst: Faktorenanalysen stellen multivariate Analyseverfahren dar, mittels derer sich ein Variablensatz auf eine deutlich geringere Zahl gemeinsamer Dimensionen (Hauptkomponenten oder Faktoren) reduzieren lässt. Die Exploratorische Faktorenanalyse sucht entsprechende Zusammenhänge zwischen beobachteten Variablen, um sie in einer faktoriellen Struktur abzubilden, während die Konfirmatorische Faktorenanalyse bereits bestehende faktorielle Modelle überprüft. Die EFA reduziert dazu die beobachtete Korrelationsmatrix auf eine faktorielle Struktur, die es inhaltlich zu interpretieren gilt. Die CFA hingegen erlaubt, über Modelltests Hypothesen über faktorielle Strukturen zu testen, wobei eine inhaltliche Interpretation aber bereits vorliegen muss. Für die Durchführung einer EFA ist eine Methode der Faktorextraktion auszuwählen, es sind Faktorladungen, Eigenwerte und Kommunalitäten zu bestimmen, und es muss anhand

236 Faktorenanalyse

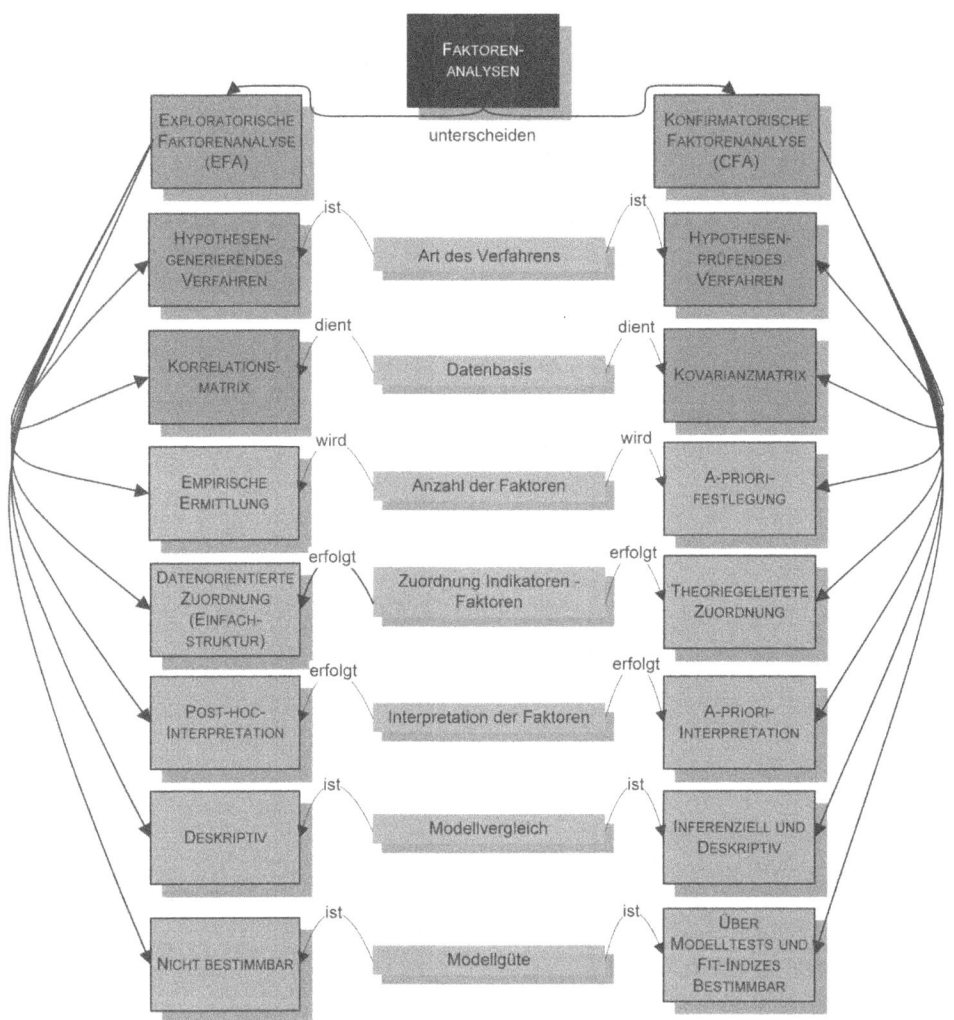

Abb. 7.10: Vergleich zentraler Charakteristika Exploratorischer und Konfirmatorischer Faktorenanalyse

eines Abbruchkriteriums die Anzahl der Faktoren bestimmt werden. Abschließend wird die Faktorlösung orthogonal oder oblique rotiert, um ein Ladungsmuster zu erzielen, das dem Kriterium der Einfachstruktur entspricht. Zur Durchführung der CFA hingegen muss ein theoriegeleitetes Modell spezifiziert werden, in dem die Anzahl der den Variablen zugrunde liegenden Faktoren, die Beziehungen zwischen den Variablen und Faktoren sowie die Beziehungen zwischen den Faktoren definiert sind. Strikt konfirmatorisch kann dann über

Modelltests die Anpassungsgüte des Modells gegenüber den empirischen Daten oder es können verschiedene hierarchisch geschachtelte Alternativmodelle geprüft werden. Schließlich lassen sich über die CFA auch die Effekte verschiedener Varianzquellen (Methodenvarianz und Traitvarianz) differenziert untersuchen.

Testfragen

1. Welche Schritte sind erforderlich, um eine Exploratorische Faktorenanalyse durchzuführen?
2. Welche Extraktionsmethoden werden unterschieden?
3. Was ist eine Faktorladung?
4. Was unterscheidet bei der obliquen Rotation die Struktur- von der Mustermatrix?
5. Worin unterscheiden sich Eigenwert und Kommunalität?
6. Was ist ein Faktorwert?
7. Anhand welcher Abbruchkriterien kann die Anzahl relevanter Faktoren festgelegt werden? Mit welchen Vor- und Nachteilen sind die jeweiligen Kriterien verbunden?
8. Was unterscheidet eine orthogonale von einer obliquen Rotation?
9. Welche Voraussetzungen müssen zur Durchführung einer Exploratorischen Faktorenanalyse erfüllt sein?
10. Welche Schritte sind erforderlich, um eine Konfirmatorische Faktorenanalyse durchzuführen?
11. Was unterscheidet das Mess- vom Strukturmodell?
12. Was bedeutet es, wenn ein Modell unteridentifiziert, gerade noch identifiziert oder überidentifiziert ist?
13. Wie lauten die Hypothesen bei einem CFA-Modelltest? Wie verfährt man hier mit dem Alpha- und Beta-Fehler?
14. Was prüft ein CFA-Modelltest?
15. Was sind Fit-Indizes und wovon ist deren Interpretation abhängig?
16. Wodurch können bei der Konfirmatorischen Faktorenanalyse Schätzprobleme entstehen und wie äußern sich diese?

Notationstabelle lateinischer Buchstaben

$\bar{x}$	Arithmetisches Mittel (*mean*)
$\tilde{x}$	Median
AIC	Akaike's Information Criterion
a_v	Antwortmuster
BIC	Bayesian Information Criterion
BL89	Fit-Index von Bollen
c	Gewichtungsfaktor
CAIC	Consistent Akaike's Information Criterion
CFI	*Comparative Fit Index*
cf_k	kumulierte Häufigkeit
Corr	Korrelation (unspezifisch)
Cov	Kovarianz (unspezifisch)
D/D_i	Diskriminationsindex
df	Freiheitsgrade (*degrees of freedom*)
$E(x_i\|g)$	Erwartungswert der Itemantworten innerhalb g
$E(x_v)$	Erwartungswert des Testwertes x_v
$E(x_{vi})$	Erwartungswert der Messung x_{vi}
$E(\varepsilon_{vi})$	Erwartungswert für den Zufallsfehler einer Messung
$Eig(F_k)$	Eigenwert des Faktors
F	Fehlerrate (*false*)
f_k	absolute Häufigkeit
F_k	Faktor
f_{kv}	Faktorwert
F_{ML}	Kennwert für gewichtete Abweichung zwischen beobachteter und impliziter Kovarianzmatrix nach der ML-Methode
G	Anzahl der Klassen (Gruppen)
g	Klasse (Gruppe)

H	Trefferrate (*hits*)
h^2	Kommunalität
i	beliebiges Item
I_{iv}	Iteminformationsfunktion
IQR	Interquartilabstand (*interquartil range*)
IQ_v	IQ-Abweichungswert von x_v
I_v	Testinformation
k	Anzahl der Antwortstufen / Kategorien eines Items
K	Exzess (*kurtosis*)
L	Likelihood(funktion)
L^2	Test zur statistischen Absicherung von LR
LR	Likelihood-Ratio-Test
m	Gesamtumfang der Items
m_A	Anzahl ausgelassener Antworten (pro Proband)
m_F	Anzahl falscher Antworten (pro Proband)
m_{FG}	Anzahl falsch geratener Antworten (pro Proband)
m_G	Anzahl geratener Antworten (pro Proband)
m_R	Anzahl korrekter Antworten (pro Proband)
m_{RG}	Anzahl richtig geratener Antworten (pro Proband)
m_U	Anzahl unbeantworteter Antworten (pro Proband)
n	Stichprobenumfang der Probanden
n'	Untergruppe von n
n_A	Anzahl ausgelassener Antworten (pro Item)
n_F	Anzahl falscher Antworten (pro Item)
NFI	*Normal Fit Index*
n_R	Anzahl korrekter Antworten (pro Item)
n_U	Anzahl unbeantworteter Antworten (pro Item)
p	Irrtumswahrscheinlichkeit (*probability*)
$P(a_v)$	Antwortwahrscheinlichkeit für a_v
$P(a_v\|g)$	bedingte Antwortwahrscheinlichkeit für a_v
$P(g\|a_v)$	bedingte Wahrscheinlichkeit für die Klassenzuordnung
$P(x_{vi} = 0)$	Wahrscheinlichkeit, ein Item nicht zu lösen
$P(x_{vi} = 1)$	Wahrscheinlichkeit, ein Item zu lösen
$P(x_{vi} = 1\|g)$	bedingte Wahrscheinlichkeit, ein Item zu lösen
$P(x_{vi} = k\|g)$	bedingte Wahrscheinlichkeit für Antwortkategorie k

p_{FG}	Wahrscheinlichkeit falsch geratener Antworten
P_i	Schwierigkeitsindex
p_i	Wahrscheinlichkeit, ein Item zu lösen
P_{ig}	Antwortwahrscheinlichkeit innerhalb g
p_{RG}	Wahrscheinlichkeit richtig geratener Antworten
PR_v	Prozentrangnorm
P_v	PISA-Normwert von x_v
$Q(x_{vi} = 0,\ldots,m)$	Schwellenwahrscheinlichkeit
Q_1	erstes Quartil
Q_3	drittes Quartil
q_i	Wahrscheinlichkeit, ein Item nicht zu lösen
r_{12}/r_{XY}	(bivariater) Korrelationskoeffizient
r^2	R-Quadrat (Anteil erklärter Varianz)
Range	Spannweite (*range*)
r_c	Minderungskorrigierter Korrelationskoeffizient
Rel	Reliabilität (unspezifisch)
r_{it}	Trennschärfe
$r_{it(i)}$	Trennschärfe mit Part-Whole-Korrektur
RMSEA	*Root Mean Square Error of Approximation*
RNI	*Relative-Noncentrality-Index*
r_{pbis}	punktbiseriale Korrelation
$r_{pbis(i)}$	punktbiseriale Korrelation mit Part-Whole-Korrektur
$r_{tt'}$	Reliabilitätskoeffizient (Paralleltest-Reliabilität)
r_{tt}	Reliabilitätskoeffizient (Test-Retest-Reliabilität)
$r_{tt\alpha}$	Reliabilitätskoeffizient (Splithalf-Reliabilität)
s	Anzahl empirischer Varianzen zu Kovarianzen
S	Schiefe (*skewness*)
$SD(r)$	Standardabweichung der Iteminterkorrelationen
$SD(x)$	Standardabweichung der Testwerte x
$SD(x_i)$	Standardabweichung des Items i
$SD(z)$	Standardabweichung des z-Wertes
$SD(\varepsilon)$	Standardmessfehler
S_{el}	Selektionskennwert
SRMR	*Standardised-Root-Mean-square-Residual*
S_v	Stanine-Normwert von x_v

t	Anzahl der zu schätzenden Modellparameter
TLI	Tucker-Lewis-Index
T_v	T-Wert von x_v
v	beliebiger Proband
Var	Varianz (unspezifisch)
Var(x)	beobachtete Itemvarianz
Var(x_i)	Itemvarianz (variance)
Var$(x_i\|g)$	Varianz der Itemantworten innerhalb g
Var(z_i)	standardisierte Varianz
Var(ε)	Fehlervarianz
Var(τ)	wahre Varianz
x	beliebige Antwortkategorie
x_v	Testwert
x'_v	zufallskorrigierter Testwert
x_{vi}	beliebiger Itemwert einer manifesten Variablen
z_v	transformierter z-Wert von x_v
z_{vi}	standardisierte Messung

Notationstabelle griechischer Buchstaben:

Σ	(„sigma groß") beobachtete Kovarianzmatrix
$\Sigma(\theta)$	(„sigma groß") („theta") implizite Kovarianzmatrix
α	(„alpha") Reliabilitätskoeffizient (Cronbachs α)
α_p	Präzision von Alpha
γ_k	(„gamma") Ladungsgewicht
ε_{vi}	(„epsilon") zufälliger Fehlerwert einer Messung
ζ_i	(„zeta") Fehlervarianz der latenten Variable
η_k	(„eta") latente abhängige Variable
λ_i	(„lambda") Itemdiskriminationsparameter
λ_{ik}	Faktorladung
ξ	(„ksi") latente Variable im Sinne einer Merkmalsausprägung
ξ_v	(individuell ausgeprägter) Personenparameter
π_g	(„pi") relative Klassengröße
ρ_i	(„rho") Rateparameter
σ_{is}	(„sigma") Summe der Schwellenparameter bis Schwelle s
σ_{ix}	Summe der Schwellenparameter eines Items i bis Kategorie x
σ_v	Itemschwierigkeitsparameter
τ_i	(„tau") Schwellenparameter
τ_v	wahrer Wert (*true score*)
χ	(„chi") Symbol der Chiquadrat-Verteilung
ω	(„omega") Reliabilitätsmaß

Literatur

Anderson, E. N. (1973). A goodness of fit test for the Rasch model. *Psychometrika, 38*, 123–140.

Backhaus, K., Erichson, B. & Plinke, W. (2017). *Multivariate Analysemethoden* (14. Aufl.). Berlin: Springer.

Baumert, J., Bos, W. & Lehmann, R. H. (Hrsg.). (2000). *TIMSS/III. Dritte internationale Mathematik- und Naturwissenschaftsstudie. Band 1: Mathematische und naturwissenschaftliche Grundbildung am Ende der Pflichtschulzeit.* Opladen: Leske + Budrich.

Bock, R. D. & Mislevy, R. J. (1982). Adaptive EAP estimation of ability in a microcomputer environment. *Applied Psychological Measurement, 6*, 431–444.

Bollen K. A. & Long, J. S. (Eds.) (1993). Testing structural equation models. Newbury Park, CA: Sage Publications.

Borkenau, P. & Ostendorf, F. (1993). *NEO-Fünf-Faktoren-Inventar (NEO-FFI)*. Göttingen: Hogrefe.

Bortz, J. & Schuster, C. (2016). Statistik für Human- und Sozialwissenschaftler (7. Aufl.). Berlin: Springer.

Brandt, H. (2020). Exploratorische Faktorenanalyse (EFA). In: H. Moosbrugger & A. Kelava (Hrsg.), *Testtheorie und Fragebogenkonstruktion* (3. Aufl.), 575–614. Heidelberg: Springer.

Brandt, H. & Moosbrugger, H. (2020). Planungsaspekte und Konstruktionsphasen von Tests und Fragebogen. In: H. Moosbrugger & A. Kelava (Hrsg.), *Testtheorie und Fragebogenkonstruktion* (3. Aufl.), 39–66. Heidelberg: Springer.

Brennan, R. L. (2001). *Generalizability Theory*. New York: Springer.

Brown, T. A. (2006). *Confirmatory Factor Analysis for Applied Research.* New York: Guilford Publications.

Bryant, F. B. (2000). Assessing the Validity of Measurement. In L. G. Grimm & P. R. Yarnold (Eds.), *Reading and understanding MORE multivariate statistics* (pp. 99–146). Washington, DC: American Psychological Association.

Bühner, M. (2021). *Einführung in die Test- und Fragebogenkonstruktion.* (4. Aufl.) München: Pearson Studium.

Buss, D. M. & Craik, K. H. (1980). The frequency concept of disposition: Dominance and prototypically dominant act. *Journal of Personality, 48*, 379–392.

Byrne, B. M. (2009). *Structural Equation Modeling with AMOS* (2. Ed.). Routledge: Chapman & Hall.

Campbell, D. T. & Fiske, D. W. (1959). Convergent and discriminant validation by the multitrait-multimethod matrix. *Psychological Bulletin, 56*, 81–105.

Cannell, C. F., Miller, P. V. & Oksenberg, L (1981). Research on interviewing techniques. In S. Leinhardt (Ed.), *Sociological Methodology* (pp. 389–437). San Francisco, CA: Jossey-Bass.

Carstensen, C. H. & Rost, J. (2003). *MULTIRA ein Programm zur Analyse mehrdimensionaler Rasch-Modelle.* [Computer Software]. Kiel: Institut für die Pädagogik der Naturwissenschaften.

Cattell, R. B. (1966). The scree test for the number of factors. *Multivariate Behaviorial Research, 1*, 245–276.

Chen, S.-K., Hou, L. & Dodd, B. G. (1998). A comparison of maximum likelihood estimation and expected a posteriori estimation in CAT using the partial credit model. *Educational and Psychological Measurement, 58*, 569–595).

Chou, C.-P. & Bentler, P. M. (1995). Estimates and Tests in Structural Equation Modeling. In: R. H. Hoyle (Ed.), *Structural equation modelling: concepts, issues and applications* (pp. 37–55). Thousand Oaks: Sage Publications.

Cortina, J. M. (1993). What is coefficient alpha? An examination of theory and applications. *Journal of Applied Psychology, 78(1)*, 98–104.

Costa, P. T. & McCrae, R. R. (1992). *Revised NEO Personalità Inventory (NEO-PI-R) and NEO Five Factor Inventory. Professional manual*. Odessa, FL: Psychological Assessment Resources.

Cronbach, L. J. (1951). Coefficient alpha and the internal structure of tests. *Psychometrika, 16*, 297–334.

Cronbach L. J. (1980). Selection theory for a political world. *Public Personel Management, 9*, 37–50.

Cronbach, L. J. & Meehl, P. E. (1955). Construct validity in psychological tests. *Psychological Bulletin, 52*, 281–302.

Dahl, G. (1971). Zur Berechnung des Schwierigkeitsindex bei quantitativ abgestufter Aufgabenbewertung. *Diagnostica, 17*, 139–142.

Davier, M. von (2001). *WINMIRA 2001*. [Computer Software]. University Ave, St. Paul: Assessment Systems Corporation.

DIN (2002, 2016). *DIN 33430. Anforderungen an Verfahren und deren Einsatz bei berufsbezogenen Eignungsbeurteilungen*. Berlin: Beuth Verlag.

Döring, N. & Bortz, J. (2015). *Forschungsmethoden und Evaluation: Für Human- und Sozialwissenschaftler* (5. Aufl.). Berlin: Springer.

Efron, B., Tibshirani, R. J. (1993). *An introduction to the bootstrap*. New York: Chapman & Hall.

Eid, M., Lischetzke, T., Nussbeck, F. W. & Trierweiler, L. I. (2003). Separating trait effects from trait-specific method effects in multitrait-multimethod models: a multiple-indicator CT-C (M-1) model. *Psychological methods, 8*(1), 38.

Fabrigar, L. R., Wegener, D. T., MacCallum, R. C. & Strahan, E. J. (1999). Evaluating the use of exploratory factor analysis in psychological research. *Psychological Methods, 4(3)*, 272–299.

Fisseni, H. J. (2004). *Lehrbuch der psychologischen Diagnostik* (3. Aufl.). Göttingen: Hogrefe.

Flynn, J. R. (1999). Searching for justice: The discovery of IQ gains over time. *American Psychologist, 54*, 5–20.

Folstein, M. F., Folstein, S. E. & McHugh, P. R. (1975). Mini-Mental State (a practical method for grading the state of patients for the clinician). *Journal of Psychiatric Research, 12*, 189–198.

Formann, A. K. (1984). *Die Latent-Class-Analyse: Einführung in Theorie und Anwendung*. Weinheim: Beltz.

Fowler, F. J. (1995). *Improving survey questions: design and evaluation*. Thousand Oaks, CA: Sage Publications, Inc.

Frey, A. (2006). *Validitätssteigerungen durch adaptives Testen*. Frankfurt am Main: Peter Lang.

Gäde, J.C, Schermelleh-Engel, K. & Brandt, H. (2020). Konfirmatorische Faktorenanalyse (CFA). In: H. Moosbrugger & A. Kelava (Hrsg.), *Testtheorie und Fragebogenkonstruktion* (2. Aufl.), 615–659. Heidelberg: Springer.

Goldhammer, F., & Hartig, J. (2020). Testwertinterpretation, Testnormen und Testeichung. In *Testtheorie und Fragebogenkonstruktion* (3. Aufl.), 171–195. Heidelberg: Springer.

Gollwitzer, M. (2020). Latent-Class-Analysis. In: H. Moosbrugger & A. Kelava (Hrsg.), *Testtheorie und Fragebogenkonstruktion* (3. Aufl.), 547–574. Heidelberg: Springer.

Green, D.M. & Swets, J.A. (1966). *Signal detection theory and psychophysics.* New York: John Wiley and Sons.

Guttman, L. (1950). The basis for scalogram analysis. In S.A. Stouffer (Ed.), *The American Soldier: Studies in social psychology in World War II.* Princeton: Princeton University Press.

Guttman, L. (1954). Some necessary conditions for common-factor analysis. *Psychometrika, 19*, 149–161.

Häcker, H., Leutner, D. & Amelang, M. (1998). Standards für pädagogisches und psychologisches Testen. *Zeitschrift für Differentielle und Diagnostische Psychologie, Supplementum 1.* Göttingen: Hogrefe.

Hartig, J., Frey, A. & Jude, N. (2020). Validität. In: H. Moosbrugger & A. Kelava (Hrsg.), *Testtheorie und Fragebogenkonstruktion,* (3. Aufl.), 529–545. Heidelberg: Springer.

Hartig, J. & Klieme, E. (2006). Kompetenz und Komptenzdiagnostik. In. K. Schweizer (Hrsg.), *Leistung und Leistungsdiagnostik,* 127–143. Berlin: Springer.

Hathaway, S.R., McKinley, J.C., Deutsche Bearbeitung von R. Engel (2000). *Minnesota Multiphasic Personality Inventory 2.* Göttingen: Hogrefe.

Horn, J.L. (1965). A rationale and test for the number of factors in factor analysis. *Psychometrika, 30,* 179–185.

Hoyle, R.H. (1995). *Structural equation modeling: concepts, issues and applications.* Thousand Oaks: Sage Publications.

Jöreskog, K. (1993). Testing Structural Equations Models. In. K.A. Bollen & J.S. Long (Eds.), *Testing Structural Equation Models* (pp. 294–316). Newbury Park, CA: Sage Publications.

Kaiser, H.F. & Dickmann, K. (1959). Analytic determination for common factors. *American Psychologist, 14,* 425–439.

Kelava, A. & Moosbrugger, H. (2020a). Deskriptivstatistische Itemanalyse und Testwertbestimmung. In: H. Moosbrugger & A. Kelava (Hrsg.), *Testtheorie und Fragebogenkonstruktion* (3. Aufl.), 143–158. Heidelberg: Springer.

Kelava, A. & Moosbrugger, H. (2020b). Einführung in die Item-Response-Theorie (IRT). In: H. Moosbrugger & A. Kelava (Hrsg.), *Testtheorie und Fragebogenkonstruktion* (3. Aufl.), 369–410. Heidelberg: Springer.

Kessler, J., Markowitsch, H.J. & Denzler, P. (2000). *Mini-Mental-Status-Test (MMST).* Göttingen: Beltz Test.

Klauer, K.C. (1995). The assessment of person fit. In G.H. Fischer & I.W. Molenaar (Eds.), *Rasch models: Foundations, recent developments, and applications* (pp. 97–110). Berlin, Heidelberg, New York: Springer.

Klieme, E. Beck, B. (Hrsg.). (2007). *Sprachliche Kompetenzen-Konzepte und Messung. DESI-Studie (Deutsch Englisch Schülerleistungen International).* Weinheim: Beltz.

Kline, R.B. (2005). *Structural equation modeling* (2nd Ed.). New York: The Guilford Press.

Kristof, W. (1983). Klassische Testtheorie und

Testkonstruktion. In H. Feger & J. Bredenkamp (Hrsg.), *Messen und Testen* (Enzyklopädie der Psychologie, Serie I: Forschungsmethoden der Psychologie, Band 3, 544–603). Göttingen: Hogrefe.

Kubinger, K. D. (2003a). Gütekriterien. In: Kubinger, K. D. & Jäger, R. S. (Hrsg.). *Schlüsselbegriffe der Psychologischen Diagnostik*, 195–204. Weinheim: Beltz PVU.

Kubinger, K. D. (2003b). Adaptives Testen. In: Kubinger, K. D. & Jäger, R. S. (Hrsg.). *Schlüsselbegriffe der Psychologischen Diagnostik*, 1–9. Weinheim: Beltz PVU.

Kubinger, K. D. & Wurst, E. (2000). *Adaptives Intelligenz Diagnostikum 2 (AID2)*. Göttingen: Beltz

Lazarsfeld, P. F. & Henry, N. W. (1968). *Latent structure analysis*. Boston: Houghton Mifflin.

Lienert, G. A. (1989). *Testaufbau und Testanalyse* (4. Aufl.). Weinheim; Beltz.

Lienert, G. A. & Raatz, U. (1998). *Testaufbau und Testanalyse* (6. Aufl.). Weinheim: Beltz, PVU.

Linden, W. J. van der & Hambleton, R. K. (Eds.) (1996). *Handbook of modern item response theory*. New York: Springer.

Lord, F. M. & Novick, M. R. (1974). *Statistical theories of mental test scores* (2nd Ed.). Reading MA: Addison-Wesley.

Marcus, B. (2003). Persönlichkeitstests in der Personalauswahl: Sind „sozial erwünschte" Antworten wirklich nicht wünschenswert? *Zeitschrift für Psychologie*, 211, 138–148.

McCutcheon, A. L. (1987). *Latent Class Analysis*. Sciences Series No. 64. Thousand Oaks, CA: Sage Publications.

Michel, L. & Conrad, W. (1982). Testtheoretische Grundlagen psychometrischer Tests. In: K. J. Groffmann & L. Michael (Hrsg.). *Enzyklopädie der Psychologie, Themenbereich B: Methodologie und Methoden, Serie II: Psychologische Diagnostik, Band 1: Grundlagen Psychologischer Diagnostik*, 1–129. Göttingen: Hogrefe.

Molenaar, I. W. (1995). Estimation of item parameters. In G. H. Fischer & I. W. Molenaar (Eds.), *Rasch models: Foundations, recent developments, and applications*. Berlin, Heidelberg, New York: Springer.

Moosbrugger, H., Gäde, J. C., Schermelleh-Engel, K. & Rauch, W. (2020). Klassische Testtheorie (KTT). In: H. Moosbrugger & A. Kelava (Hrsg.), Testtheorie und Fragebogenkonstruktion. (2. Aufl.). S. 275–304. Heidelberg: Springer.

Moosbrugger, H. & Hartig, J. (2002). Factor analysis in personality research: Some artefacts and their consequences for psychological assessment. *Psychologische Beiträge, 1(44)*, 136–158.

Moosbrugger, H. & Hartig, J. (2003). Faktorenanalyse. In. K. Kubinger & R. Jäger (Hrsg.). *Schlüsselbegriffe der Psychologischen Diagnostik*, 137–145. Weinheim: Beltz.

Moosbrugger, H. & Heyden, M. (1997). *Frankfurter Adaptiver Konzentrationsleistungs-Test*. Bern: Huber.

Moosbrugger, H. & Kelava, A. (2020). Qualitätsanforderungen an einen psychologischen Test (Testgütekriterien). In: H. Moosbrugger & A. Kelava (Hrsg.), *Testtheorie und Fragebogenkonstruktion*, (3. Aufl.), 13–38. Heidelberg: Springer.

Moosbrugger, H., Jonkisz, E. & Fucks, S. (2006). Studierendenauswahl durch die Hochschulen – Ansätze zur Prognostizierbarkeit des Studienerfolgs am Beispiel des Studiengangs Psychologie. *Report Psychologie, 3*, 114–123.

Murphy, K. R. & Davidshofer, C. O. (2001). *Psychologocial testing: Principles and ap-

plications (5th Ed.). Upper Saddle River, NJ: Prentice Hall.

O'Connor, B. P. (2000). SPSS and SAS programs for determining the number of components using parallel analysis and Velicer's MAP test. *Behavior Research Methods, Instruments & Computers, 32(3)*, 396–402.

Ones, D. S., Viswesvaran, C. & Reiss, A. D. (1996). Role of social desirability in personality testing for personnel selection: the red herring. *Journal of Applied Psychology, 81*, 660–679.

Pospeschill, M. (1996). *Praktische Statistik.* Weinheim: Beltz PVU.

Pospeschill, M. (2006). *Statistische Methoden.* Heidelberg: Elsevier, Spektrum Akademischer Verlag.

Pospeschill, M. (2018). *SPSS für Fortgeschrittene – Durchführung fortgeschrittener statistischer Analysen* (11. Aufl.). Hannover: RRZN.

Pospeschill, M. & Siegel, R. (2018). *Methoden für die klinische Forschung und diagnostische Praxis.* Berlin: Springer.

Pospeschill, M. Spinath, F. M. (2009). *Psychologische Diagnostik.* München, Basel: Ernst Reinhardt.

Rettler, H. (1999). Normorientierte Diagnostik. In R. Jäger & F. Petermann (Hrsg.), *Psychologische Diagnostik: Ein Lehrbuch* (4. Aufl.), 221–226. Weinheim: PVU.

Revelle, W. & Zinbarg, R.E. (2009). Coefficients alpha, beta omega, and the glb: Comments in Sijts-ma. *Psychometrika*, 74, 145–154.

Rost, J. (1997). Logistic mixture models. In W. J. van der Linden & R. Hambleton (Eds.), *Handbook of modern item response theory* (pp. 449–463). New York: Springer.

Rost, J. (2004). *Lehrbuch Testtheorie – Testkonstruktion.* Bern: Huber.

Russel, D. W. (2002). In search of underlying dimension: The use (and abuse) of factor analysis. *Personality and Social Psychological Bulletin, 28(12)*, 1629–1646.

Schelten, A. (1997). *Testbeurteilung und Testerstellung* (2. Aufl.). Stuttgart: Steiner Verlag.

Schermelleh-Engel, K. & Gäde, J.C.(2020). *Modellbasierte Methoden der Reliabilitätsschätzung.* In: H. Moosbrugger & A. Kelava (Hrsg.), Testtheorie und Fragebogenkonstruktion (3. Aufl.), 337–362. Heidelberg: Springer.

Schmidt-Atzert, L., Krumm, S. & Amelang, M. (2021). *Psychologische Diagnostik* (6. Aufl.). Heidelberg: Springer.

Segall, D. O. (2005). Computerized Adaptive Testing. In K. Kempf-Leonard (Ed.), *Encyclopedia of Social Measurement.* Amsterdam: Elsevier.

Steyer, R. & Eid, M. (2001). *Messen und Testen* (2. Aufl.). Berlin: Springer.

Stier, W. (1999). *Empirische Forschungsmethoden* (2. Aufl.). Berlin: Springer.

Taylor, H. C., Russell, J. T. (1939). The relationship of validity coefficients to the practical effectiveness of tests in selection: Discussion and tables. *Journal of Applied Psychology, 23*, 565–578.

Testkuratorium (1986). Beschreibung der einzelnen Kriterien für die Testbeurteilung. *Diagnostica*, 32, 358–360.

Tewes, U. (1991). *HAWIE-R – Hamburg-Wechsler Intelligenztest für Erwachsene* Revision 1991. Bern: Huber.

Thissen, D. & Mislevy, R. J. (2000). Testing Algorithms. In H. Wainer (Ed.), *Computerized Adaptive Testing: A Primer* (pp. 101–133). Mahwah: Lawrence Erlbaum Associates.

Überla, K. (1971). *Faktorenanalyse.* Berlin, Heidelberg, New York: Springer.

Vermunt, J. K. & Magidson, J. (2005). *Latent GOLD 4.5 User's guide.* Belmont, MA: Statistical Innovations Inc.

Vermunt, J. K. & Magidson, J. (2008). *LG-Syntax User's Guide: Manual for Latent GOLD 4.5 Syntax Module.* Belmont, MA: Statistical Innovations Inc.

Viswesvaran, C. & Ones, D. S. (1999). Meta-analyses of fakability estimates: Implications for personality measurement. *Educational and Psychological Measurement, 59(2),* 197–210.

Warm, T. A. (1989). Weighted likelihood estimation of ability in item response theory. *Psychometrika, 54(3),* 427–450.

Weiber, R. & Mühlhaus, D. (2009). *Strukturgleichungsmodellierung.* Berlin: Springer.

Weiss, D. J. (2008). *Manual for the FastTEST Professional Testing System* (Version 2). St. Paul, Minnesota: Assessment Systems Corporation.

Sachregister

Adaptives Testen 153–156
Akquieszenz 62 f.
AMOS 225–227
Anti-Image-Matrix 210
Antwortformat 44–58
–, gebundenes 47–51
–, offenes 45 f.
Antworttendenz 61–63
Äquidistanz 55
Arithmetisches Mittel 77, 88
Aufgabentyp 45–51
–, Auswahl- 48–50
–, Beurteilungs- 51 f.
–, Ergänzungs- 45 f.
–, Multiple-Choice- 50
–, Ordnungs- 47 f.
Auswertungsobjektivität 19 f., 156
Axiom 97, 182–183
–, Existenz- 97
–, Unabhängigkeits- 98
–, Verknüpfungs- 98

Bartlett-Test 209
Birnbaum-Modell 132 ff.
Bodeneffekt 91, 163
Bootstrapping 142
Branched Testing 127, 155

Correlated-Trait-Correlated-Method-Modell 233–234
Correlated-Uniqueness-Modell 233 f.
Cronbachs α 23 f., 167–170, 174 f., 225

Deckeneffekt 91, 163
Debriefing 69
Dichotomisierung 50, 76 f., 174, 226
Diskriminationsindex 81 f., 143 f.
Durchführungsobjektivität 19 f., 155

Eindimensionalität 117, 169 f., 176, 225
Einfachstruktur 206 f., 236
Eigenwert 204–207, 235
Empirisches Gesetz 184
Erschöpfende Statistik 126, 137
Exzess 90, 230
Faktor
–, ladung 26, 170, 202 f., 207, 214 f.
–, rotation 202, 206–210
–, wert 201, 203 f., 214
Fehler
–, Ausmaß der 172 f.
–, bei der Itembeantwortung 58
–, rate 143
–, systematische 58
–, variable 102
Fit-Index 129, 135, 141, 223 f.
Flächentransformation 94
Flynn-Effekt 29
Formel
–, von Feldt 166
–, von Kristof 165
Funktion
–, Itemcharakteristische 114, 120, 128, 193 f.
–, Iteminformations- 130 f., 155 f.
–, Kategoriencharakteristische 150
–, Likelihood- 124
–, logistische 121 f.
–, monoton steigende 121

Goodness-of-Fit 133, 201, 218
Guttman-Modell 120 f.

Härte-Effekt 61 f., 150
Hauptachsenanalyse 199, 203, 209, 212

Hauptkomponentenanalyse 200, 203, 205, 209, 212

Informationskriterium
–, AIC 128, 142 f., 144
–, BIC 128, 142 f., 144
–, CAIC 128, 142 f., 144
Interpretationsobjektivität 20
Interne Konsistenz 23 f., 167–170
Interquartilabstand 89
Item
–, anordnung 68 f.
–, art 63–66
–, auswahl 153 f.
–, bias 31
–, homogenität 80, 114, 116 f., 119, 121, 149, 166, 169 f.
–, kalibriertes 127
–, pool 40 f., 68 f., 117, 153–157
–, schwierigkeit 68, 73–79, 85 f.
–, selektion 69, 83, 85 f., 94
–, stamm 44
–, trennschärfe 80–85
–, variabilität 66 f.
–, verständlichkeit 64–66
–, vorgabe 153 f.
Itemzwilling 23, 166 f.

Kaiser-Guttman-Kriterium 204
Kaiser-Meyer-Olkin-Koeffizient 209 f.
Kommunalität 203 f., 208, 212, 224 f., 230
Konsistenzanalyse 23 f., 167–170
Konfidenzintervall 107, 112, 130, 170, 231
Konstrukt 35 f., 178, 180 f., 183–187
Konstruktionsstrategie

–, externale 41
–, induktive 42 f.
–, intuitive 43
–, rationale 40 f.
Korrelation
–, Inter-Item- 175, 209
–, Item-Test- 80
–, Partial- 206 f.
–, punktbiseriale 81
–, Produkt-Moment- 80 f.
–, quadrierte multiple 175, 201
–, reproduzierte 212
–, Test-Test- 104
Kovarianz 102 f., 104, 169, 173, 216–222
–, matrix 199, 213, 225–229
Kreuzvalidierung 42
Kritische Differenz 106

Lambda nach Guttman 169, 174
Lagemaße 88 f.
Leistungstest 37, 172
Likelihoodfunktion 124, 140 f.
Logistisches Modell
–, Dreiparameter- 133
–, Einparameter- 122–131
–, Zweiparameter- 132 f.
Lokale stochastische Unabhängigkeit 116–119, 154 f.
Logarithmierung 93

Maximum-Likelihood
–, Faktorenanalyse 202, 210
–, Methode 126 f., 140, 217–219, 229
–, Schätzer 155, 164, 174
Median 88 f.
Messmodell 214 f., 220
Methode des lauten Denkens 69 f.
Merkmalsdefinition
–, operationale 178, 180
–, theoretische 178–180
Messeffizienz 156
Messfehler 99 f., 160
Milde-Effekt 61
Minderungskorrektur 107–109
–, doppelte 108 f.
–, einfache 109

Minimum-Average-Partial-Test 205 f.
Modalwert 89
Modellkonformität 127–129, 133 f.
Modelldifferenzentest 224
Modelltest
–, Chi-Quadrat- 141, 144, 220–223
–, Likelihood-Ratio- 129, 141, 145 f.
–, grafischer 128
Modifikationsindex 222 f., 230
Multiplikationstheorem 117 f., 137
Multitrait-Multimethod-Analyse 232–237
Mustermatrix 202 f., 210

Nomologisches Netzwerk 184
Norm 28 f.
–, Alter der 29
–, Anpassungseffekt 58 f.
–, orientierung 188–193
–, Standard- 191
–, z- 190–192
Normalisierung 93
Normalverteilung
–, Abweichungen von der 90 f.
–, Annahme der 90, 93 f., 190 f.
–, multivariate 219 f., 230

Objektivität 18–20
Odd-Even-Methode 23, 166 f.

Paarbildungsgesetz 166 f.
Parallelanalyse 205
Parameter
–, fixe 217
–, freie 217
–, Itemdiskriminations- 122, 132 f.
–, Itemschwierigkeits- 120, 122
–, Personen- 120 f.
–, Rate- 122, 133
–, Schwellen- 150 f.
Parsimonitätsprinzip 128
Part-Whole-Korrektur 80, 83
Personenhomogenität 149

Persönlichkeitstest 37, 170
Pfaddiagramm 214
Popularitätsindex 73
Post-Hoc-Analyse 193
Präzision von Alpha 169
Projektives Verfahren 38
Prototypenansatz 43
Prozentrangnorm 189–190

Rasch
–, Homogenität 124 f.
–, Modell 122–131, 148 ff.
Ratekorrektur 87
Rating 52–56
–, forciertes 53
–, unforciertes 52 f.
Reliabilität 21–24
–, Analyse der 174–176, 225
–, bei Extremwerten 173
–, Definition der 21, 103 f., 160
–, nach Guttman 165
–, Paralleltest- 22, 163 f., 174
–, Test-Retest- 22, 160–163
–, Splithalf- 22 f., 165–167, 174
–, Steigerung der 104 f.
Repräsentativität 28 f.
Reproduzierbarkeitskoeffizient 121
Resampling 142
Residuum 212
Response Set 61, 149
Retest-Effekt 163
ROC-Analyse 194–196
Root Mean Square Error of Approximation 223
Rotation
–, Oblimin- 208, 210
–, Varimax- 207, 209

Schwelle 150, 193–198
–, 65%- 194
Schiefe 90
Schwierigkeitsindex 73–77
Scree-Test 205
Skala
–, Analog- 51
–, balancierte 55, 61
–, bipolare 54
–, grafische 56

Sachregister

–, Kontroll- 60
–, optische 56
–, multiple 56
–, Rating- 51–57
–, unbalancierte 55
–, unipolare 54
–, Validitäts- 60
Skalenniveau 29, 57
Skalogramm-Modell 120
Soziale Erwünschtheit 31, 58–61
Spannweite 89
Spearman-Brown-Formel 105, 165, 174
SPSS 174–176, 210–212, 229–231
Standardisierung 172 f.
–, der Messung 201
–, der Varianz 200
Standardmessfehler 105 f.
Standardnorm 191 f.
Standardschätzfehler 106
Standardwerte 191
States 36, 40
Stichprobe
–, Analyse- 38 f.
–, Eich- 38 f.
Stichprobenunabhängigkeit 128
Streuungsmaße 89
Strukturgleichungsmodell 213
Strukturmodell 215 f., 217
Strukturmatrix 202 f.
Summennormierung 125

Tailored Testing 155
Tau-Äquivalenz 168
Täuschung
–, Fremd- 59
–, Selbst- 59
Taylor-Russel-Tafel 172
Tendenz zu Mitte 61 f.
Test
–, anweisung 67 f.
–, Betaversion 69 f.
–, Definition psychologischer 16
–, batterie 16
–, fairness 31 f., 156

–, grafischer Modell- 128
–, gütekriterien 16–34, 57
–, items 16
–, Likelihood-Ratio- 128, 141
–, theorie 16
–, objektiver 16, 37, 61
–, paralleler 104 f.
–, Power- 75 f.
–, skala 16
–, Speed- 74
–, verkürzung 105
–, verlängerung 105
Testwert 80, 101, 121
–, ermittlung 86–88
–, interpretation 188–198
–, stutzung 91
–, wahrer 101 f.
Testwertevariable 102
Traits 36, 40
Transformation
–, lineare 191
–, monotone 190
–, nicht-lineare 189
–, z- 190–192
Trefferrate 142
Trennschärfe 80–86, 94, 110, 133, 143, 166, 175 f.
–, (part-whole)korrigierte 81, 175
True-score-Variable 102

Validität 24–28, 177–188
–, Augenschein- 27, 31
–, Definition der 24, 176
–, diskriminante 26, 185 f., 228
–, divergente 26
–, empirische 178
–, Inhalts- 25, 179 f., 186–188, 208
–, inkrementelle 26, 183
–, konkurrente 26, 181
–, Konstrukt- 25 f., 183–188, 232
–, Kriteriums- 26 f., 181–183, 187 f.
–, konvergente 26, 185 f., 228
–, logische 178
–, prädiktive 26, 182

–, prognostische 26, 182
–, retrospektive 26, 182
Variable
–, latente 114 f., 134, 199
–, manifeste 114 f., 225, 230
–, standardisierte 174, 201 f.
Varianz 89
–, einschränkung 173, 182
–, Fehler- 67, 99, 102 f., 156, 163, 165, 168, 171, 203, 214 f.
–, Kovarianz-Matrix 213, 222, 225
–, latenter Variablen 217
–, Methoden- 230–233
–, schätzung 103
–, Trait- 228 f.
–, wahre 102–105, 160, 165, 201, 204
–, zerlegung 102 f.
Verteilung
–, beliebige 92
–, linksschiefe 91
–, multiple 91 f.
–, Normal- 90
–, rechtsschiefe 91
–, schiefe 91
Verteilungsmaße 90

Wahrscheinlichkeit
–, bedingte 134–138
–, Schwellen- 150 f.
–, unbedingte 137
Wert
–, fehlender 62
Zeitpartitionierungsmethode 23, 166 f.
z-Norm 191–193, 197

Leseprobe aus

Markus Pospeschill: Empirische Methoden in der Psychologie

1 Methoden, Methodologie, Empirie

Einleitend werdem im Folgenden zentrale Begriffe zum empirischen Arbeiten geklärt, u. a. (wissenschaftliche) Methode, (allgemeine und spezielle) Methodologie, Empirie und empirische Variable, Hypothese, Theorie sowie Gesetzesaussage.

1.1 Methode

Im allgemeinen Sinne ist eine Methode (abgeleitet von dem griechischen Wort „méthodos", dass so viel bedeutet wie ‚der Weg auf ein Ziel hin') ein mehr oder weniger genau beschreibbarer Weg, d. h. eine endliche Folge von mehr oder weniger konkreten Handlungsanweisungen oder strategischen Maximen, zur Realisierung eines bestimmten Zieles bzw. zur Lösung einer bestimmten Aufgabe.

Eine wissenschaftliche Methode soll darüber hinaus an gewisse Regeln oder Systeme von Regeln gebunden sein, welche die einzelnen Schritte der Vorgehensweise festlegen. Diese sollten kommunizierbar, lehrbar und intersubjektiv nachprüfbar sein. Weiterhin sollten sie normativ und präskriptiv (vorschreibend) sein, d. h. ein Verstoß gegen die Regeln einer Methode kann oder soll Sanktionen zur Folge haben. Eine wissenschaftliche Methode liefert damit ein begründbares, kommunizierbares und nachprüfbares Wissen, das bestimmten wissenschaftlichen Kriterien (z. B. der Allgemeingültigkeit, der Systematisierbarkeit etc.) genügt (Sprung & Sprung, 1987).

ᴇᴠ reinhardt
www.reinhardt-verlag.de

Beispielsweise gibt es Methoden zur Planung und Durchführung von Experimenten, die u. a. die Bildung einer (oder mehrerer) Kontrollgruppe(n) vorschreiben, welche aus der gleichen Grundgesamtheit (oder Population) wie die Experimentalgruppe stammen muss (müssen). Diese Vorschrift ist kommunizier- und lehrbar und ihre Befolgung außerdem intersubjektiv kontrollierbar. Verstößt nun ein Experimentator gegen diese, indem er z. B. die Bildung einer Kontrollgruppe unterlässt oder diese aus einer anderen Population bildet als die Experimentalgruppe, dann liegt eine fehlerhafte Anwendung derjenigen Methoden vor, die zur Planung und Durchführung von Experimenten entwickelt wurden. Als mögliche Sanktion kann man sich hier z. B. die Ablehnung eines Manuskriptes durch die Gutachter einer Fachzeitschrift oder die Zurückweisung einer Studienabschlussarbeit oder Dissertation vorstellen.

Unter Methoden, insbesondere wissenschaftlichen Methoden, sollen hier also solche Methoden verstanden werden, die als Regeln vorliegen, die kommunizier- und lehrbar, normativ und präskriptiv sowie intersubjektiv nachprüfbar sind.

(...)

Leseprobe (S. 14–15) aus:

Markus Pospeschill
Empirische Methoden in der Psychologie
Mit Online-Material
2013. 274 Seiten. 41 Abb.
utb-M (978-3-8252-4010-3) kt

www.reinhardt-verlag.de

Diagnostikkenntnisse für Studierende

Markus Pospeschill / Frank M. Spinath
Psychologische Diagnostik
Mit 88 Testfragen
2009. 220 Seiten. 24 Abb. 3 Tab. Innenteil zweifarbig.
UTB-basics (978-3-8252-3183-5) kt

In Studium und Forschung sind fundierte Diagnostikkenntnisse unverzichtbar. Wer später in einem Unternehmen, in Beratung oder Therapie arbeitet, braucht diagnostisches Handwerkszeug. Die „Beschreibung" von Personen oder Personengruppen mit Hilfe von Interviews, Verhaltensbeobachtungen oder Leistungs- und Persönlichkeitstests bildet die Grundlage für jede psychologische Disziplin. Das Buch erklärt die testtheoretischen Grundlagen und stellt häufig verwendete Testverfahren vor. Anwendungsfelder diagnostischer Tests werden ausführlich beschrieben. Abschließend werden Grenzen und Entwicklungsmöglichkeiten der Psychodiagnostik kritisch hinterfragt.

www.reinhardt-verlag.de

So gelingt die Psychologie-Bachelorarbeit

Tatjana Spaeth / Margarete Imhof / Christine Eckert
Bachelorarbeit in Psychologie
Mit Online-Material
2., aktualisierte Auflage 2020. 151 Seiten. 10 Abb. 7 Tab.
utb-M (978-3-8252-5483-4) kt

Wer seine Bachelorarbeit in Psychologie schreibt, steht vor einer großen Herausforderung: Die Bachelorarbeit ist die erste größere und eigenständige wissenschaftliche, oft auch empirische Arbeit der Studierenden. Dieses Buch liefert das nötige Rüstzeug für alle Phasen der psychologischen Bachelorarbeit. Empirisch-methodisches Know-How wird dabei ebenso vermittelt wie Schreibkompetenz. Zusätzlich geben die Autorinnen strategische Tipps zur Vorbereitung der Bachelorarbeit, zum Zeitmanagement und zu Besprechungen mit den Betreuenden. Neu ab der 2. Auflage: Umfangreiches Onlinematerial mit Übungsaufgaben und Checklisten helfen beim Schreibprozess und das Erlernte zu überprüfen.

www.reinhardt-verlag.de

Meilensteine der Entwicklungspsychologie

Markus Paulus
Schlüsselexperimente der Entwicklungspsychologie
2019. 144 Seiten. 14 Abb. 1 Tab.
utb-S (978-3-8252-5258-8) kt

Welche bedeutsamen Untersuchungen der Entwicklungspsychologie haben ihr Fach revolutioniert und prägen ihre Entwicklung bis heute? Dieses Buch vereint die wichtigsten Studien der Entwicklungspsychologie. Klassische Untersuchungen wie der Fremde Situation-Test finden dabei genauso Beachtung wie aktuelle Forschungen. Die Experimente werden nicht nur kompakt und einheitlich beschrieben, es erfolgt auch eine kritische Einordnung. Studierende erhalten so praktische Einblicke hinsichtlich ethischer Fragen, möglicher Replikationen und der heutigen Bedeutung der einzelnen Experimente für die Entwicklungspsychologie.

www.reinhardt-verlag.de